참된 확신 VS. 거짓 확신

GOSPEL ASSURANCE AND WARNINGS
by Paul Washer

Copyright ⓒ 2014 by Paul Washer
Originally published in English under the title *Gospel Assurance and Warnings*
This Korean edition is translated and used by permission of Reformation Heritage Books
through arrangement of rMaeng2, Seoul, Republic of Korea.

This Korean Edition Copyright ⓒ 2014 by Word of Life Press, Korea.

이 한국어판 저작권은 알맹2 에이전시를 통하여
Reformation Heritage Books와 독점 계약한 생명의말씀사에 있습니다.
신저작권법에 의하여 한국 내에서 보호받는 저작물이므로 무단 전재와 무단 복제를 금합니다.

 참된 확신 VS. 거짓 확신

ⓒ 생명의말씀사 2014

2014년 7월 28일 1판 1쇄 발행
2023년 10월 24일 6쇄 발행

펴낸이 | 김창영
펴낸곳 | 생명의말씀사

등록 | 1962. 1. 10. No.300-1962-1
주소 | 서울시 종로구 경희궁1길 6 (03176)
전화 | 02)738-6555(본사) · 02)3159-7979(영업)
팩스 | 02)739-3824(본사) · 080-022-8585(영업)

기획편집 | 신현정, 전보아
디자인 | 최윤창
인쇄 | 영진문원
제본 | 다온바인텍

ISBN 978-89-04-16469-1 (03230)

저작권자의 허락 없이 이 책의 일부 또는 전체를
무단 복제, 전재, 발췌하면 저작권법에 의해 처벌을 받습니다.

참된 확신 VS. 거짓 확신

폴 워셔 지음 | 조계광 옮김

목차

서문 _ 복음을 회복하라 … 6

1부 성경적 확신

1장 _ 거짓 확신 … 14
2장 _ 자신을 시험하라 … 26
3장 _ 하나님의 빛 가운데 행하는가? … 38
4장 _ 죄를 고백하는가? … 46
5장 _ 하나님의 계명을 지키는가? … 62
6장 _ 그리스도를 본받는가? … 76
7장 _ 형제를 사랑하는가? … 85
8장 _ 세상을 멀리하는가? … 103
9장 _ 교회 안에 머무는가? … 122
10장 _ 그리스도를 시인하는가? … 135

GOSPEL ASSURANCE AND WARNINGS

11장 _ 자기를 깨끗하게 하는가? … 146
12장 _ 의를 행하는가? … 161
13장 _ 세상을 이기는가? … 176
14장 _ 예수님을 믿는가? … 192

2부 거짓 그리스도인들에 대한 복음의 경고

15장 _ 축소된 복음 … 216
16장 _ 좁은 문 … 229
17장 _ 좁은 길 … 261
18장 _ 내적 실체를 보여주는 외적 증거 … 293
19장 _ 거짓 고백의 위험 … 310

서문 _ 복음을 회복하라

예수 그리스도의 복음은 교회와 그리스도인에게 허락된 가장 귀한 보물이다. 복음은 많은 진리 가운데 하나가 아니라 모든 진리 위에 뛰어난 최고의 진리다. 복음은 구원을 주시는 하나님의 능력이요, 사람들과 천사들에게 하나님의 각종 지혜를 알게 하는 계시다(롬 1:16, 엡 3:10). 그래서 바울 사도는 복음을 우선시하며 온 힘을 다해 확실히 전하려고 노력했다. 심지어는 복음의 진리를 왜곡하는 사람들에게 저주를 선언하기도 했다(고전 15:3, 골 4:4, 갈 1:8, 9).

각 세대의 그리스도인들은 복음의 청지기다. 하나님은 성령의 능력으로 우리를 부르시어 우리에게 맡기신 이 보물을 잘 지키라고 명령하셨다(딤후 1:14). 충실한 청지기가 되려면, 복음 연구에 몰두하고 최선을 다해 그 진리를 깨치려고 힘쓰며 그 내용을 굳게 지키겠다는 결심이 필요하다(딤전 4:15). 그렇게 하면, 우리 자신은 물론 우리가 전하는 바를 듣는 사람들을 구원할 수 있다(딤전 4:16).

내가 이 책을 쓴 이유는 이런 청지기 정신 때문이다. 사실 나는 글쓰기라는 힘든 일을 자청하고픈 생각이 없었다. 게다가 이미 세상에는 기독교 서적이 헤아릴 수 없을 만큼 많지 않은가. 그런데도 내 설교를 책으로 펴내는 이유는 말로 전할 때만큼 강렬한 충동이 느껴지기 때문이다. 나는 "내가 다시는 …… 그의 이름으로 말하지 아니하리라 하면 나의 마음이 불붙는 것 같아서 골수에 사무치니 답답하여 견딜 수 없나이다"(렘 20:9)라고 말한 예레미야와 같은 심정이다. 바울 사도도 "만일 복음을 전하지 아니하면 내게 화가 있을 것이로다"(고전 9:16)라고 말했다.

흔히 알고 있는 대로, "복음"은 "좋은 소식"을 뜻하는 헬라어 "유앙겔리온"(euangelion)에서 유래했다. 어떤 점에서 보면 성경 전체가 복음이라고 할 수 있지만, 이 말은 특별히 하나님의 아들 예수 그리스도의 삶과 죽음, 부활과 승천을 통해 완성된 구원 사역에 관한 메시지를 가리킨다.

하나님의 영원하신 아들, 곧 하나님의 본체시요 그분과 동등하신 성자께서는 자원하여 하늘의 영광을 버리셨다. 그리고 성부의 기쁘신 뜻을 따라 성령으로 동정녀의 몸에 잉태되어 하나님이자 사람이신 나사렛 예수라는 신분으로 세상에 나타나셨다(행 2:23, 히 1:3, 빌 2:6, 7, 눅 1:35). 예수님은 사람의 모습으로 세상에 사시는 동안, 하나님의 율법에 온전히 복종하셨다(히 4:15). 그리고 마침내 때가 되자, 그분은 사람들에게 배척당하고 십자가에 처형되셨다. 십자가에서 인류의 죄를 짊어지신 예수님은 하나님의 진노를 감당하셨으며 죄인들을 대신해 죽으셨다(벧전 2:24, 3:18, 사 53:10). 하나님은 예수님이 죽으신 지 사흘 후에 그분을 다시 살리셨다. 부활은 성부께서 성자의 죽음을 속죄의 희생으로 받아들이셨다는 것을 공표하는 사건이다. 예수님은 인간의 불순종에 대한 형벌을 감당하셨고, 의의 요구를 충족시키셨으며, 하나님의 진노를 가라앉히셨다(눅 24:6, 롬 1:4, 4:25). 부활하신 지 40일 후, 하나님의 아들은 하늘에 오르시어 성부의 오른편에 앉으셨고, 만물을 다스리는 권세와 영광과 존귀를 얻으셨다(히 1:3, 마 28:18, 단 7:13, 14). 그분은 성부 앞에서 자기 백성을 위하여 간구하신다(눅 24:51, 빌 2:9-11, 히 1:3, 7:25). 하나님은 자신의 부패함과 무력함을 인정하고 그리스도를 의지하는 모든 사람을 온전히 용서하시고 의롭게 여기시며 그분과 화목하게 하신다(막 1:15, 롬 10:9, 빌 3:3). 이것이 하나님과 그분의 아들 예수 그리스도의 복음이다.

오늘날 그리스도인들이 저지르는 가장 큰 죄 가운데 하나는 복음을 소홀히 하는 것이다. 이렇게 복음을 소홀히 하는 데서 온갖 병폐가 비롯된다. 타락한 세상은 복음에 무관심하다기보다 복음에 무지하다. 복음을 전하는 사람들이 그 근본 진리에 무지하기 때문이다. 복음의 핵심 주제는 하나님의 공의, 인간의 철저한 타락, 속죄의 피, 참된 회심의 본질, 구원 확신의 성경적 근거 등이다. 그러나 강단에서 이런 주제를 다루지 않는 설교자가 굉장히 많다. 교회는 복음을 몇 가지 신조로 축소하고, 회개를 인간의 결정이라고 가르친다. 그리고 "죄인의 기도"를 드리기만 하면, 곧바로 구원받았다고 선언한다.

이런 식으로 복음을 축소하면서 많은 폐해가 발생했다. 첫째, 회개하지 않은 사람들의 마음이 더욱 강퍅해졌다. 오늘날 "회심자"들 가운데에는 교회와 지속적으로 관계를 맺는 사람이 거의 없다. 그들은 종종 다시 타락하거나 죄의 습관에 매여 속된 삶을 일삼는다. 예수 그리스도의 참된 복음으로 변화되지 못하고 예배당 자리만 채우다가 떠나는 사람이 헤아릴 수 없을 만큼 많다. 그런데도 그들은 일생에 단 한 번, 전도 집회에서 손을 들었다거나 기도를 따라했다는 이유로 자신의 구원을 확신한다. 이런 그릇된 확신은 그들이 참된 복음을 듣지 못하게 방해하는 걸림돌이 된다.

둘째, 축소된 복음은 입으로는 하나님을 안다고 말하지만 행위로는 부인하는 세속적인 사람들의 집합체로 교회를 전락시킨다(딛 1:16). 이런 교회는 거듭난 그리스도인들의 영적 공동체가 아니다. 참된 복음을 전한다면, 사람들은 기쁜 마음으로 교회에 나올 것이다. 복음이 주는 은혜 외에 다른 선물을 약속하거나 특별 행사를 계획하거나 재미있는 오락거리를 제공하지 않더라도 말이다. 참된 복음을 들은 자들은 그리스도를 진정으로 바라며 성경의 진리와 진정한 예배, 봉사할 기회를 갈망할 것이다. 그러나 교회가 전하는 복음이 온전하지 못하면, 예배당이 하나님의 일에 무관심한 속된 사람들로 가득 채워질 수밖에 없다(고전 2:14). 그런 사람들을 관리하는 것은 교회에 큰 짐이 된다. 그런 경우, 교회는 복음의 혁신적인 요구를 편리한 도덕주의로 대체하고, 그리스도를 향한 참된 헌신을 도외시한 채 성도의 필요 욕구를 충족시키는 활동에만 집착하는 잘못을 저지르기 쉽다. 다시 말해 교회가 그리스도 중심이 아닌 활동 중심으로 변하고, 육에 속한 다수의 교인들을 즐겁게 하기 위해 진리를 가감하거나 왜곡하기에 이르는 것이다. 교회가 성경의 위대한 진리와 정통 기독교에서 벗어나면, 교회의 운영과 성장에 도움이 되는 것은 무엇이나 용납할 수 있다는 실용주의가 판을 칠 수밖에 없다.

셋째, 축소된 복음은 최근의 문화적 흐름을 주의 깊게 관찰한 결과를 바탕으로 기발한 마케팅 전략을 구축한다. 이것은 인간의 힘으로 복음전도와 선교의 사명을 감당하려는 태도를 부추긴다. 이러한 비성경적인 복음이 드러내는 무기력함을 지켜보면서 복음이 아무런 효력이 없다고 속단하는 그리스도인이 많은 듯하다. 그들은 인간이라는 존재가 매우 복잡하기 때문에 사람들의 반감을 부추기는 단순한 복음으로는 그들을 구원하거나 변화시킬 수 없다고 생각한다. 요즘에는 타락한 세상을 구원할 수 있는 유일한 복음의 메시지를 이해하고 전하는 것보다 세상 문화를 이해하는 것을 더 많이 강조하는 편이다. 그 결과, 복음을 현대 문화에 적절하게 꿰어 맞추기 위해 끊임없이 왜곡하는 현상이 나타나고 있다. 참된 복음은 모든 문화에 항상 적절하다. 그 복음은 하나님이 만민에게 주신 영원한 말씀이기 때문이다. 그러나 오늘날, 우리는 이 사실을 망각하고 있다.

넷째, 축소된 복음은 하나님의 이름을 욕되게 한다. 온전하지 못한 복음을 전하면, 회개하지 않은 속된 사람들이 교회 안에 들어오기 마련이다. 성경이 가르치는 교회의 권징을 소홀히 하는 탓에 그들은 어떠한 책망이나 훈육도 받지 못한 채 교회 안에 머문다. 그로 인해 교회는 순결함과 명예를 잃고, 하나님의 이름은 비그리스도인들 가운데서 모독을 받는다(롬 2:24). 결국 하나님의 영광은 가려지고, 교회는 굳건히 서지 못하며, 회개하지 않은 교인들은 구원받지 못하고, 비그리스도인들에게는 아무런 증거의 능력도 발휘하지 못하는 결과를 가져오게 된다.

목회자든 평신도든, "복되신 하나님의 영광의 복음"(딤전 1:11)이 온전하지 못한 복음으로 대체되는 것을 뻔히 지켜보면서도 두 손 놓고 있는 것은 결코 온당하지 못하다. 유일하고 참된 복음을 회복해 모든 사람에게 명확하고 담대하게 선포하는 것은 복음의 청지기인 우리의 의무다. 우리는 찰스 스펄전의 말에 귀를 기울여야 한다.

요즘에는 복음의 기본 진리를 다시 점검해야겠다는 생각이 든다. 평화로운 시기에는 마치 먼 곳까지 유람을 떠나듯 여러 가지 흥미로운 진리를 자유롭게 살펴볼 수 있는 여유가 있다. 그러나 지금은 집에 머문 채 믿음의 기본 원리들을 수호하여 마음을 굳게 지키고, 교회라는 가정을 보호해야 할 시기다. 오늘날 교회 안에 왜곡된 것을 말하는 사람이 많이 나타났다. 개인의 철학과 새로운 해석으로 우리를 혼란스럽게 하는 사람이 많다. 그들은 자신들이 가르치겠다고 다짐한 교리를 부인하며, 굳게 지키겠다고 서약한 믿음을 훼손한다. 따라서 우리가 믿는 것을 알고 있고 무엇이든 숨김없이 솔직하게 말하는 사람들이 우리 가운데서 분연히 일어나 우리의 견해를 굳게 고수하며 생명의 말씀을 전하고, 예수 그리스도의 복음의 근본 진리를 명확하게 선포해야 한다.[1]

이 시리즈가 복음의 진리를 온전히 체계적으로 제시하는 것은 아니다. 그러나 이 책들은 근본 진리의 대부분, 특히 이 시대 기독교가 가장 소홀히 취급하는 진리를 다루고 있다. 아무쪼록 이 책을 통해 복음의 아름다움과 지혜, 구원하는 능력을 발견할 수 있기를 바란다. 또한 복음을 회복하여 모두의 삶이 변화되고 말씀이 능력 있게 선포되어 하나님이 큰 영광을 거두시기를 간절히 기도한다.

믿는 자들의 형제 폴 데이비드 워셔

---

[1] Charles H, Spurgeon, *The Metropolitan Tabernacle Pulpit* (repr., Pasadena, Tex.: Pilgrim Publications), 32:385.

너희는 믿음 안에 있는가 너희 자신을 시험하고 너희 자신을 확증하라 예수 그리스도께서 너희 안에 계신 줄을 너희가 스스로 알지 못하느냐 그렇지 않으면 너희는 버림받은 자니라(고후 13:5).

내가 하나님의 아들의 이름을 믿는 너희에게 이것을 쓰는 것은 너희로 하여금 너희에게 영생이 있음을 알게 하려 함이라(요일 5:13).

1

성경적 확신

1
거짓 확신

그들이 하나님을 시인하나 행위로는 부인하니 가증한 자요 복종하지 아니하는 자요 모든 선한 일을 버리는 자니라(딛 1:16).

그날에 많은 사람이 나더러 이르되 주여 주여 우리가 주의 이름으로 선지자 노릇하며 주의 이름으로 귀신을 쫓아내며 주의 이름으로 많은 권능을 행하지 아니하였나이까 하리니 그때에 내가 그들에게 밝히 말하되 내가 너희를 도무지 알지 못하니 불법을 행하는 자들아 내게서 떠나가라 하리라(마 7:22, 23).

"복음 회복" 시리즈의 세 번째 책인 이 책은 복음과 구원에 관한 논의에서 아주 중요한 주제를 다룬다. 우리는 자신에게 이렇게 물어야 한다.

"내가 진정으로 거듭나 하나님의 자녀가 되었다는 사실을 어떻게 알 수 있는가?"

지금 이 시대에는 그리스도께 영원한 소망을 두었다고 주장하면서도 삶에서 그분의 가르침을 실천하지 못하는 사람이 수두룩하다. 이 질문은 지금 이러한 시대에 매우 적절해 보인다.

특히 21세기의 설교와 복음전도가 복음의 내용, 복음의 부름, 구원의 확신을 얻는 수단을 철저하게 변질시켜왔다는 것을 생각하면 문제가 심각하다는 것이 훨씬 분명하게 드러난다. 오늘날에는 그 진정한 의미와 능력은 설명하지도 않고 모두 빼버린 채 간단하고 편리한 진술문 형태로 복음을 제시하는 설교자가 매우 흔하다. 회개와 믿음을 요구하는 복음의 부름은 죄인의 기도를 드려 그리스도를 영접하라는 요청으로 대체되었다. 그리고 감정적이고 심리적인 복음 초청이 이루어진 뒤에는 대부분 전도지 마지막 장에 기록된 죄인의 기도를 결론으로 제시하는 경우가 많다. 자신의 회심과 삶의 태도를 성경에 비춰 주의 깊게 살펴보아 구원을 확신하게 되는 사람은 찾아보기 어려워졌다. 누군가가 어느 정도 진지한 마음으로 그리스도를 영접하겠다고 기도하기만 하면, 목회자들은 곧바로 구원의 온전한 축복을 선언하고 구원의 확신을 심어준다.

복음이 이런 식으로 변질된 탓에 구원받은 은혜의 증거를 보여주지 못하면서도 구원을 확신하는 사람이 많이 생겨났다. 이들은 누가 자신의 고백을 의심하면 강하게 반발한다. 또한 종교 권위자의 확증을 통해 마음속으로 구원을 확신하고, 스스로 구원받았다고 믿으며 의심하지 않는다. 이들은 공허한 신앙고백을 경고하는 복음의 말씀이나 성경의 빛에 자신을 비춰보고 회심의 객관적인 증거를 살펴보라는 권고를 거의 들어본 적이 없다(마 7:13-27, 고후 13:5, 딛 1:16). 게다가 부르심과 택하심을 굳게 해야 할 필요나 긴급성을 전혀 의식하지 못한다.

복음 사역자를 향한 경고

구원에 냉담하고 확신에 깊이가 없는 분위기가 어쩌다가 이렇게 만연해졌을까? 이렇게 된 데는 복음 사역자로 일하는 사람들의 책임이 크다. 복음에 대한 잘못된 견해와 부주의한 태도가 이렇게까지 만연해진 원인은, 성경을 주의 깊게 읽고 위대한 신앙고백과 가르침을 진지하게 받아들인 지난 세대의 그리스도인들과는 아무 상관이 없다. 이렇게 된 이유는 아무 두려움 없이 함부로 복음을 전하고, 사람들의 영혼을 피상적으로 다루는 사역자들 때문이다.

복음을 마구 다뤄 그 가치를 훼손하는 오늘날의 풍조는 20세기에 접어들면서 진지하고 경건한 태도로 성경의 진리를 연구하던 관습이 점차 사라진 데서 비롯한 결과다. 신중한 태도로 성경의 진리를 연구해야만 하나님을 높이 우러르고, 복음을 존중하며, 사역자에게 주어진 엄숙한 책임을 충실히 감당하는 능력을 얻을 수 있다. 그러나 오늘날 많은 사역자가 영적 능력을 방법론으로, 예언의 말씀을 실용주의로, 성령의 능력을 교묘하게 고안된 마케팅 전략으로 대체했다. 오늘날의 "선지자 학교"는 미래의 최고 경영자와 경영진을 양성하기 위한 리더십 훈련센터를 더 많이 닮았다. 목회자들은 복음 설교보다 행복한 삶의 원리를 가르치는 데 우선순위를 둔다. 교회의 순결보다는 교인수의 신속한 증가와 인력 동원이 더 중요시되고, 죄인의 기도를 드리고 교회의 사명 선언문에 동참하는 것이 회심의 증거로 간주된다.

사역자에게는 많은 것이 위탁되었기 때문에 장차 많은 것이 요구될 것이다(눅 12:47-48). 따라서 사역자는 성령을 통해 자신에게 위탁된 "아름다운 것"을 지켜야 하고(딤후 1:14), 하나님의 말씀 안에 명시된 "옛적 길"로 돌아가야 한다(렘 6:16). 성경을 깊이 연구하여 날로 경건해지고, 복음 사역을 통해 자신의 유용성을 만인 앞에 드러내야 한다(딤전 4:15). 진리의 말씀을 옳게 분별하며, 부끄러울 것이 없는 일꾼으로 하나님께 인정받으려고 힘써야 한다(딤후 2:15). 그리고 (특히 복음을 전할 때)

자기 자신과 그 가르침을 자세히 살펴 자신과 배우는 자들을 구원으로 인도해야 한다(딤전 4:16). 복음 사역자는 어떻게 복음을 가르치고, 어떻게 회개와 믿음을 요구하며, 어떻게 구도자들을 인도하는지 주의 깊게 살펴야 한다.

예수 그리스도께서는 성령으로 거듭난 사람들, 곧 회개와 믿음을 통해 구원받아 은혜 안에서 행하며 성장하는 사람들로 구성된 교회를 이끌고 계신다. 교회는 하나님이 세우신 기관이고, 그분의 사역이 이룬 가장 놀라운 결과 가운데 하나다(엡 2:10). 교회는 하나님이 하늘에 있는 통치자들과 권세들에게 그 크신 영광을 드러내시고 각종 지혜를 알리시는 수단이다(엡 3:10). 교회는 막중한 사역을 감당하는 공동체인 것이다. 목회자와 평신도 모두 지극정성으로 교회의 덕을 세우는 데 이바지해야 한다. 교회를 약화시키거나 교회의 증언을 훼손하지 말고, 쓸 수 있는 수단을 모두 동원해 교회의 덕을 세우며, 그 아름다움을 더욱 증진시켜야 한다. 오늘날의 위협적인 상황은 바울 사도가 고린도 교회에 권고한 말을 상기시킨다.

> 이 닦아둔 것 외에 능히 다른 터를 닦아둘 자가 없으니 이 터는 곧 예수 그리스도라 만일 누구든지 금이나 은이나 보석이나 나무나 풀이나 짚으로 이 터 위에 세우면 각 사람의 공적이 나타날 터인데 그날이 공적을 밝히리니 이는 불로 나타내고 그 불이 각 사람의 공적이 어떠한 것을 시험할 것임이라 만일 누구든지 그 위에 세운 공적이 그대로 있으면 상을 받고 누구든지 그 공적이 불타면 해를 받으리니 그러나 자신은 구원을 받되 불 가운데서 받은 것 같으리라(고전 3:11-15).

예수 그리스도는 교회의 머릿돌이시다(시 118:22, 사 28:16, 마 21:42, 막 12:10, 눅 20:17, 행 4:11, 엡 2:20, 벧전 2:6-7). 따라서 교회의 터는 절대로 흔들리지 않는다. 바울은 젊은 디모데에게 이렇게 말했다.

> 그러나 하나님의 견고한 터는 섰으니 인 침이 있어 일렀으되 주께서 자기 백성을 아신다 하며(딤후 2:19).

복음 사역자는 두려움과 떨림으로 두 가지 터 위에 교회를 세우라는 부르심을 받았다. 첫째, 우리의 행위는 교회를 강하게 만들 수도 있고, 약하게 만들 수도 있다. 또한 교회를 아름답게 만들 수도 있고, 흉하게 만들 수도 있다. 둘째, 우리는 교회를 위한 사역의 질에 따라 판단 받을 것이다. 마지막 날에 심판의 불에 의해 우리의 수고가 지니는 가치가 여실히 드러날 것이다. 하나님의 은혜와 어린양의 피로 구원받았다고 해도 심판의 불이 우리가 수고한 것을 어떻게 태우는지 보게 될 것이다. 복음 사역자는 이 점을 깊이 생각하고 무슨 사역을 행하든 신중해야 한다. 복음을 전하고 영혼들을 돌보는 사역을 행할 때는 더욱 그래야 한다. 첫 돌을 잘못 놓으면 벽 전체가 약해지고, 금보다 귀한 교회의 명예가 크게 실추될 것이다.

거짓 확신의 위험

지금까지 말한 내용이 이해하기 힘들지 몰라도(요 6:60), 여러 정황으로 미루어 보아 현대 복음전도의 실상을 정확히 묘사하는 것만은 분명한 듯하다. 되도록 많은 고백을 유도하여 사람들을 교회로 불러들일 요량으로 복음을 부주의하게 다루고, 그 핵심 진리를 일반화시켜

평이하게 만드는 사람이 무척 많다. 복되신 하나님의 "영광의 복음"(딤전 1:11)이 몇 가지 영적 원리나 법칙으로 이루어진 얄팍한 신조로 바뀌었다. 누구든 그런 신조에 형식적으로 동의하기만 하면 거듭났다고 권위 있게 선언한다. 그리고 하나님의 가족으로 인정하여 교회 명부에 등재한다. 물론 그 가운데는 진정으로 회심한 사람도 있을 테지만, 불과 몇 달도 못 되어 교회에서 종적을 감추거나 그리스도인들과의 교제를 중단하는 사람이 허다하다. 교회와 관계를 유지하는 사람들도 그리스도께 냉담하고, 거룩한 삶을 도외시하며, 사역에 무관심하기 일쑤다. 그들은 그리스도와 진정으로 연합하여 교회와 관계를 맺은 사람들이 아니다. 그들이 교회를 찾는 이유는 적극적인 리더십을 갖춘 교회의 사역과 프로그램을 통해 제공되는 즐거움 때문이다. 이를테면 유익한 공동체, 흥미로운 관계, 자녀들의 성장에 좋은 환경, 필요 욕구의 충족 따위들이다.

복음이 선포되어야 할 강단이 무지와 실용주의와 두려움으로 인해 크게 무기력해졌다. 이러한 탓에 복음을 접해 보거나 복음의 경고를 들어본 적이 없는 사람들, 진정한 성경적 확신이 무엇인지도 모르는 사람들이 교회를 가득 메우는 결과가 나타났다. 더욱이 복음주의자들은 거룩함 없이 속되게 살아가는 교인들을 "육적 그리스도인"이라고 일컫기까지 한다. 이는 기독교 역사상 가장 위험한 표현 가운데 하나다. 이 표현은 예수 그리스도를 믿는 그리스도인, 곧 성령의 중생케 하심과 내주하심을 경험한 그리스도인이 속된 삶을 일삼고, 육신의 소원을 만족시키며, 하나님의 일에 무관심한 상태로 평생을 살아갈 수도 있는 것처럼 생각하게 만든다. 이런 생각은 그리스도와 사도들의 가르침에 정면으로 위배된다. 뿐만 아니라 단지 과거에 잠시 엄숙한 마음으로 그리스도를 영접하기로 결심했다는 이유만으로 구원을 확신하게 만드는 결과를 낳는다(빌 1:16). 거듭나지 못한 속된 사람들의 삶과 믿음이 서로 일치하지 않는데도 말이다.

이와 대조적으로 성경은 그리스도를 믿는다고 고백하는 사람들에게 회심의 경험을 엄밀하게 점검하라고 한다. 또한 회심 이후의 삶을 자세히 살펴 구원 확신의 여부를 결정하라고 권고한다. 성경은 거룩함이 없으면 아무도 하나님을 보지 못한다고 말한다(히 12:14). 하나님의 거룩하게 하시는 사역의 증거가 삶을 통해 계속 나타나는가? 선한 일을 시작하신 하나님이 그 일을 온전히 이루고 계시는가?(빌 1:6) 회개와 믿음에 합당한 열매를 맺고 있는가?(마 3:8) 경건한 행위를 통해 신앙고백의 진정성을 입증하고 있는가?(약 2:18)

주재권 구원

복음주의자들 사이에서 이른바 "주재권 구원"(lordship salvation)으로 표현된 가르침을 둘러싸고 많은 논쟁이 불거져왔다. 이 가르침을 지지하는 사람들은 예수 그리스도를 구원자이자 주님으로 영접해야만 구원을 받을 수 있다고 믿는다. 그러나 이런 가르침을 지지하지 않는 사람들은 구원은 오직 그리스도를 구원자로 영접하는 것으로 이루어지고, 그분의 주재권을 인정하는 것은 전혀 다른 문제라고 역설한다. 이들은 그리스도의 주재권에 복종하라는 요구는 오직 믿음으로 말미암아 은혜로 구원받는다는 교리와 충돌을 일으킨다고 주장한다(엡 2:8). 이들은 구원을 얻기 위해 그리스도의 주재권에 복종한다면 이는 은혜가 아닌 행위에 근거한 구원을 추구하는 것이라고 생각한다(롬 11:6).

나는 믿음으로 말미암아 은혜로 구원받는다는 핵심 교리를 보호하려는 모든 진지한 노력에 찬사를 보내고 싶다. 그러나 그 견해에는 동의하지 않는다. 나는 예수님의 주재권에 복종하라는 요청이 죄인들을 향한 복음의 부름과 본질적인 관계를 맺는다고 믿는다. 나는 믿음을 고백한 그리스도인이 주 예수 그리스도께 복종해 나가는 과정을 참된 회심의 증거로 간주한다. 이런 나의 확신은 다음의 진리에 근거한다.

첫째, 그리스도께서는 삶에서 자신의 주재권에 진심으로 복종하는 것이 반드시 필요하다고 가르치셨다. 그리고 그것이 곧 구원의 본질적 측면이라고 가르치셨다. 구원받으려면 그리스도의 주재권을 인정하고, 고백의 증거를 보여주어야 한다. 그리스도께서는 산상설교의 결론부에서 자신의 주재권에 복종하는 것이 참된 고백을 가려내는 시금석이라고 강조하셨다. 그분은 생명에 이르는 문은 좁고 그 길은 협착해 심지어는 자기를 주님으로 부르는 이들 가운데도 그 길을 찾는 사람이 적다고 말씀하셨다(마 7:13-14). 그분은 이렇게 선언하셨다.

> 나더러 주여 주여 하는 자마다 다 천국에 들어갈 것이 아니요 다만 하늘에 계신 내 아버지의 뜻대로 행하는 자라야 들어가리라(마 7:21).

그리스도께서는 행위에 근거한 구원이 아닌 성경 전체를 관통하는 진리를 가르치셨다. 하나님과 그리스도의 주재권에 복종하는 것, 즉 하나님의 뜻에 복종하는 것이 구원 신앙의 증거다. 믿음과 행위가 둘 다 있어야 구원받는다는 가르침은 이단 사상이 분명하다. 그러나 행위가 구원의 결과이자 그 진정성의 증거라고 믿는 것은 지극히 성경적인 진리이며, 역사적 기독교의 정통 교리에 속한다.

둘째, 예수 그리스도의 주재권에 복종하는 것은 사도적 복음 선포의 본질적 측면이다. 사도들은 유대인과 헬라인들에게 하나님이 십자가에 못 박히신 예수님을 주와 그리스도가 되게 하셨다고 엄숙히 선언했다(행 2:36, 20:21, 고전 2:8). 사도들의 복음 선포에 따르면 그리스도의 우주적인 주재권에 대한 복종은 구원의 필수요소다.

> 네가 만일 네 입으로 예수를 주로 시인하며 또 하나님께서 그를 죽은 자 가운데서 살리신 것을 네 마음에 믿으면 구원을 받으리라(롬 10:9).

이 말씀은 성경에서 가장 중요한 신조 중 하나이자 복음주의자들이 복음을 전할 때 널리 사용하는 성경구절이다. 바울 사도가 죄인들에게 진정한 마음 없이 입술로만 그리스도의 주재권을 인정하라고 요구했을까? 예수님의 뜻에 복종할 생각 없이 그분을 주님으로 고백하는 것이 과연 가당키나 한 일일까? 이토록 위대한 진리를 마음으로 믿고 입으로 시인하는데도 삶의 방식이나 목적이나 방향이 아무런 영향도 받지 않는 것이 정말로 가능할까? 만일 그럴 수 있다고 생각한다면 큰 오산이다. 그리스도의 주재권에 복종하겠다고 고백하고는 실제로 그분의 뜻을 행하지 않는다면, 그것은 영원한 파멸을 피하기 어려운 공허한 고백에 지나지 않는다(마 7:23).

셋째, 주재권 구원을 반대하는 주장은 구원의 본질, 특히 중생과 견인 교리의 본질을 오해한 데서 비롯한다. 성경은 예수님의 주재권에 대한 복종이 삶을 통해 확연하게 드러나는 것을 구원의 증거이자 구원 확신의 증표로 삼는다.[2] 물론 그리스도의 주재권에 복종한다고 해

---

[2] 예수님의 주재권에 복종하는 것은 열매를 맺는 것(마 7:16, 20), 예수님의 뜻에 복종하는 것(마 7:21), 행함이 있는 믿음을 갖는 것(약 2:14-26)과 같은 의미다.

서 저절로 구원을 받거나 구원이 보존되는 것은 아니다. 그것은 그리스도인 안에서 이루어지는 하나님의 위대한 구원 사역의 결과일 뿐이다. 이 사역은 이중적이다. 먼저 회개하고 믿어 구원에 이른 사람은 성령으로 거듭났다. 중생은 하나님의 초자연적인 재창조 사역으로 그리스도인의 본성 안에서 실질적인 변화를 일으킨다. 그리스도인은 의를 사랑하고, 거룩함과 참된 경건을 추구하는 성향을 지닌 새로운 피조물로 거듭난다(고후 5:17). 또한 회개하고 믿어 구원에 이른 사람은 하나님의 사역을 통해 창조된다(엡 2:10). 구원받은 후에도 하나님의 은혜로운 사역은 계속되고, 그 덕분에 참된 그리스도인은 갈수록 거룩해진다. 이는 그리스도인의 의지나 그리스도인 자신의 결심에 의한 행위의 결과가 아니다. 하나님의 사역이 그리스도인 안에서 이루어진 데서 비롯한 결과다. 죄인이 회심할 때 선한 사역을 시작하신 하나님이 마지막 날까지 계속 사역을 행하신다. 그리스도인의 삶이 갈수록 거룩해지는 이유는 하나님이 자기의 기쁘신 뜻을 위해 "소원을 두고 행하게" 하시기 때문이다(빌 2:13).

참된 그리스도인은 성령의 거듭남과 성화의 사역 덕분에 예수 그리스도의 주재권에 더욱 복종하면서 그분의 형상을 닮아간다. 모든 그리스도인이 같은 속도나 같은 수준으로 성장하는 것은 아니다. 그러나 그리스도인이라면 누구나 성장의 증거를 보여줄 수 있어야 한다. 심지어 가장 경건한 그리스도인도 때때로 생각이나 언행으로 잘못을 저지를 수 있다. 그러나 참된 그리스도인은 인생을 살아가는 동안 그리스도의 주재권에 복종한다는 확실한 증거, 곧 의의 행위와 삶의 열매를 확연히 드러내기 마련이다. 1689년『런던 신앙고백』과『웨스트민스터 신앙고백』도 이 점에 온전히 동의한다. 웨스트민스터 신앙고백 13장 1-3항을 인용해 보겠다.

> 1항 그리스도와 연합하여 유효 소명을 받아 거듭남으로써 그 내면에서 새 마음과 새 영이 창조된 사람들은 그리스도의 죽음과 부활의 효력과 그들 안에 거하는 말씀과 성령을 통해 실제로, 또 인격적으로 더욱 거룩해진다. 온몸을 주관하는 죄의 권세가 깨어지고, 거기에서 비롯하는 여러 가지 정욕이 차츰 약화되거나 억제되어 구원의 은혜 가운데서 더욱더 활기와 능력을 얻어 진정으로 거룩한 삶을 살아가게 된다. 이런 거룩함이 없으면 주님을 볼 수 없다.
> 2항 성화는 전인에 영향을 미치지만, 이 세상에서는 불완전하다. 모든 부분에 부패함의 잔재가 남아 있어 결코 화해될 수 없는 싸움이 계속된다. 육신의 소욕은 성령을 거스르고, 성령은 육체를 거스르신다.
> 3항 이 싸움에서 잠시 동안은 잔존하는 부패함이 크게 우세할 수 있지만 성결하게 하시는 그리스도의 영으로부터 계속 공급되는 힘을 통해 거듭난 부분이 승리를 거두기에 이른다. 그 결과 성도들은 은혜 안에서 성장하며 하나님을 두려워하는 가운데서 거룩함을 온전히 이룬다. 또한 신령한 삶을 추구하고, 왕이요 머리이신 그리스도께서 말씀 안에서 명령하신 모든 것에 복음적으로 복종하게 된다.[3]

『런던 신앙고백』과 『웨스트민스터 신앙고백』만으로는 참된 구원 신앙이 성화와 삶의 열매를 요구한다는 것을 입증하는 증거로 충분하지 않다고 생각된다면, 『벨직 신앙고백』(1561) 22항과 24항을 아울러 참조하기 바란다. 여기에서도 행위를 구원 신앙의 증거로 간주하는 성경

---

3) 로버트 쇼, 『웨스트민스터 신앙고백 해설』, 생명의말씀사.

의 가르침과 믿음으로 말미암은 구원의 교리가 서로 일치하는 것을 알 수 있다.

> 그러므로 그리스도만으로는 부족하고 다른 것이 또한 필요하다는 주장은 하나님을 모욕하는 가장 큰 오류에 해당한다. 만일 그렇다면 예수 그리스도께서는 반쪽짜리 구원자가 되실 수밖에 없다. …… 따라서 우리는 바울처럼 우리가 "율법의 행위"가 아닌 오직 "믿음으로" 의롭다 하심을 받는다고 선언하는 바이다(롬 3:28).
> 우리는 하나님의 말씀을 듣는 것과 성령의 사역을 통해 생겨난 이 참 신앙이 그리스도인을 "새로운 피조물"(고후 5:17)로 거듭나게 만들어 "새 생명"(롬 6:4)을 살게 하고, 그리스도인을 죄에 속박된 상태에서 자유롭게 한다고 믿는다. …… 그러므로 이 거룩한 신앙은 인간 안에서 열매를 맺지 않을 수 없다. 우리가 말하는 믿음은 공허한 믿음이 아니라, 성경이 "사랑으로써 역사하는 믿음"(갈 5:6)으로 일컫는 믿음, 곧 하나님이 말씀 안에서 명령하신 행위를 스스로 실천하도록 이끄는 믿음을 가리킨다.

구원은 믿음으로 말미암아 은혜로 이루어진다. 그러나 구원에 이르게 하는 믿음은 본질상 실질적이고 실천적인 증거를 수반하지 않을 수 없다. 진정으로 그리스도를 믿어 구원에 이른 사람들은 회심의 경험을 성경의 빛에 비춰 살피고, 회심한 이후의 삶을 철저히 점검하여 더 큰 확신에 도달할 수 있다. 그리스도인은 누구든 많은 실수를 저지를 수 있고, 작은 유혹에도 쉽게 굴복할 수 있다. 하지만 믿음을 계속 유지하려는 의지와 점진적인 성화를 통해 구원의 확실한 증거와 확신의 굳건한 토대를 발견할 수 있다.

2
자신을 시험하라

너희는 믿음 안에 있는가 너희 자신을 시험하고 너희 자신을 확증하라 예수 그리스도께서 너희 안에 계신 줄을 너희가 스스로 알지 못하느냐 그렇지 않으면 너희는 버림받은 자니라(고후 13:5).

내가 하나님의 아들의 이름을 믿는 너희에게 이것을 쓰는 것은 너희로 하여금 너희에게 영생이 있음을 알게 하려 함이라(요일 5:13).

지금부터 하나님과 그리스도인의 관계를 다룬 핵심 교리 가운데 하나를 논하고자 한다.

"그리스도인이 죄 사함을 받고 하나님과 화목하게 되었다고 확신할 수 있는 근거는 무엇일까?"

참된 그리스도인이라면 누구나 그리스도와 그분의 사역(그리스도의 신성, 성육신, 완전한 삶, 속죄의 희생, 부활, 하나님 오른편으로 승천하심)을 믿어 구원받는다고 믿는다. 그러나 우리가 거짓 믿음에 현혹되지 않고 믿음으로 구원에 이르렀다는 것을 어떻게 알 수 있을까?(롬 1:16, 10:10, 딤후 3:15, 벧전 1:5) 그리스도를 믿는다고 고백하면서도 행위로는 그분을 부인하는 사람들, 자신을 양으로 생각했지만 결국에는 염소로 판명되어 영원한 징벌을 받게 될 사람들에 대해 엄숙하고 진지한 어조로 경고하는 말씀을 성경 곳곳에서 발견할 수 있다(마 7:21-23, 25:41-46, 딛 1:16). 예수님이 "청함을 받은 자는 많되 택함을 입은 자는 적으니라"고 결론지으신 혼인 잔치의 비유는, 아무 준비 없이 잔치에 참여한 사람은 왕 앞에서 한마디 변명도 하지 못하고 손발을 결박당한 채 바깥 어두운 데로 내쳐질 것이라고 증언한다(마 22:8-13). 믿음으로 말미암아 은혜로 구원받지만 우리가 그런 구원 신앙을 소유했는지 어떻게 알 수 있을까? 구원은 믿는 자에게 주어지지만 참 믿음을 소유했는지는 무엇으로 확인할 수 있을까?

자기 진단의 필요성

고린도 교회는 큰 축복을 받았다. 바울 사도가 인정하는 대로 그들은 그리스도 안에서 모든 언변과 지식에 풍족했고, 모든 은사에 아무 부족함이 없었다(고전 1:4-7). 그러나 그들에게는 몇 가지 심각한 문제가 있었다. 그들 가운데는 다툼, 분쟁, 시기, 우월의식, 교만, 부도덕, 교인들끼리의 법정 소송, 속된 삶, 자유의 남용, 무질서한 예배, 부활 교리에 대한 불신이 존재했다(고전 1:10, 3:3, 4:7, 8, 5:1, 6:1-6, 9-20, 8:1-9:27, 11:1-14:40, 15:1-58). 이런 사실을 고려하면 바울이 이와 같이 엄히 책망할 이유가 충분했다는 것을 알 수 있다.

> 형제들아 내가 신령한 자들을 대함과 같이 너희에게 말할 수 없어서 육신에 속한 자 곧 그리스도 안에서 어린아이들을 대함과 같이 하노라 내가 너희를 젖으로 먹이고 밥으로 아니하였노니 이는 너희가 감당하지 못하였음이거니와 지금도 못하리라 너희는 아직도 육신에 속한 자로다 너희 가운데 시기와 분쟁이 있으니 어찌 육신에 속하여 사람을 따라 행함이 아니리요(고전 3:1-3).

우리는 바울이 사용한 표현을 주의 깊게 살펴봐야 한다. 그는 고린도 신자들을 부드럽게 달래지 않고, 되도록 가장 강력한 표현을 사용하여 호되게 꾸짖었다. 그는 좋게 말하면 그들이 아직 단단한 음식(성숙한 가르침)을 받아 소화할 수 없는 어린아이 같은 그리스도인에 지나지 않는다고 지적했다. 그리고 나쁘게 말하면 거듭나지 못한 육적인 사람, 곧 하나님의 성령을 받지 못한 채 이방인과 다름없이 살아가는 사람일 뿐이라고 강하게 나무랐다(엡 4:17-19). 바울은 고린도 신자들의 경건하지 못한 행위에 대해 두 가지 가능성을 제시했다. 하나는 고린도 신자들이 한동안 오류에 치우쳤다가 책망과 훈계를 통해 다시 참된 경건과 거룩함을 좇을 수 있는 미성숙한 그리스도인일 가능성이다. 다른 하나는 그들 가운데 아직 회심하지 않은 사람들이 섞여 있을 가능성이다. 그들이 "사람을 따라" 행한 이유는 육신의 정욕을 좇고 육신의 욕망을 만족시킬 뿐, 하나님의 성령의 일을 받을 수 없었기 때문이다(고전 2:14, 엡 2:3). 그들의 믿음이 참인지 거짓인지 밝혀줄 수 있는 것은 바울의 책망을 받아들이는 태도와 시간뿐이었다.

우리는 여기에서 진리에 정통한 충실한 사역자가 믿음의 고백과 삶의 태도가 서로 일치하지 않는 상황을 목격했을 때 문제를 처리해 나가는 방식을 발견할 수 있다. 사역자는 모든 것을 다 알고 있지는 못하기 때문에 두 가지 가능성을 상정하고, 그중 하나를 취할 수밖에 없다. 첫 번째 가능성은 믿음을 고백한 자들이 아직 성숙하지 못한 채 제멋대로 살아가고 있지만, 하나님의 섭리와 성령의 도우심과 말씀의 적절한 활용(교훈, 책망, 바르게 함, 교육)을 통해 차츰 옳게 회복될 수 있다는 것이다(딤후 3:16). 두 번째 가능성은 믿음을 고백한 자들이 아직도 회심하지 않은 상태일 수 있다는 것이다. 후자의 경우는 경건의 모양은 있지만 그 능력은 없고, 입으로는 그리스도를 믿는다고 고백하지만 삶으로는 그분을 부인한다(딤후 3:5, 딛 1:16). 사역자가 책망할 때 전자는 회개하고 믿어 구원에 이른다. 그러나 후자는 경고를 무시하고 계속 죄를 짓거나 잠시 행위를 바르게 했다가 "개가 그 토한 것을 도로 먹는 것같이"(잠 26:11), "돼지가 씻었다가 더러운 구덩이에 도로 눕는"(벧후 2:22) 것같이 또다시 어리석은 행위를 되풀이한다. 이런 식으로 회심의 진정성 여부를 판별할 수 있다.

물론 참된 그리스도인이라고 해서 이 세상에서 온전히 거룩해지는 것은 아니다. 육신은 천국에서 영화롭게 되기까지 완전히 근절되지 않는다(갈 5:17). 가장 경건한 삶을 살고 있다고 해도 여전히 죄와의 싸움이 계속된다. 그리고 그 과정에서 도덕적 실패를 경험하여 다시 회개와 고백을 통해 믿음을 회복해야 할 필요성이 항상 존재한다(요일 1:8-10). 그러나 믿음이 연약하더라도 진지한 태도로 죄에 맞서 싸우며 조금씩 거룩해져가는 참된 그리스도인과, 그리스도를 믿는다고 하면서 속된 삶을 일삼는 거짓 그리스도인은 확연한 차이가 있다.

> 너희는 믿음 안에 있는가 너희 자신을 시험하고 너희 자신을 확증하라 예수 그리스도께서 너희 안에 계신 줄을 너희가 스스로 알지 못하느냐 그렇지 않으면 너희는 버림받은 자니라(고후 13:5).

바울 사도가 두 번째 편지에서 방탕한 고린도 신자들에게 이렇게 권위 있게 가르친 이유는 바로 참된 회심과 거짓 회심이 그런 식으로 확연한 차이를 드러내기 때문이다.

바울이 고린도 교회에 보낸 편지에서 우리는 그들 가운데 있던 거짓 사도와 거짓 선지자들이 바울의 삶과 사역을 끊임없이 비판한 것을 알 수 있다. 또한 그들이 바울의 사도직에 대한 의심을 부추기고, 그가 지닌 믿음의 진정성을 의문시한 것을 알 수 있다(고전 9:1-3, 고후 10:1-12:21, 13:3). 바울은 반대자와 그들의 말에 귀 기울이는 사람들에게 "너희 자신을 시험하고 확증하여 믿음의 진정성 여부를 밝히라"고 논박했다.[4] 그들이 자신들의 신앙고백과 일치하지 않는 삶을 살면서도 그리스도와 연합한 것처럼 행세했기 때문이다.

바울이 고린도 신자들에게 권고한 내용은 그리스도인 안에서 이루어지는 하나님의 구원 사역은 단지 칭의에만 국한되지 않고, 실질적이고 식별할 수 있는 성화로 이어진다는 것을 분명히 보여준다. 하나님은 그리스도인을 죄의 정죄에서 해방시키실 뿐 아니라, 그의 내면에서 계속 역사하셔서 죄의 권세에서 벗어나게 하신다. 예수 그리스도를 믿는 참된 그리스도인은 모두 성령으로 거듭나 하나님과 그분의 의를 사모하는 새로운 피조물이 된다. 그리스도인을 거듭나게 하신 성령께서는 또한 그를 거룩하게 하신다. 그리스도인은 하나님의 지으심을 받은 자이며, 그리스도인 안에서 선한 일을 시작하신 하나님은 그 일을 끝까지 이루신다(엡 2:10, 빌 1:6).

현대의 복음주의 안에서 이 진리를 다시 회복하는 것은 매우 중요하다. 세계 전역에서 믿음을 고백하는 그리스도인들 가운데 여전히 속되고, 육적이며, 아무 열매도 없는 삶을 살아가는 사람이 셀 수 없이 많다. 그들은 자신의 믿음이 거짓일지 모른다고 조금도 생각하지 않고, 구원을 당연시하며 안일하게 살아가고 있다. 많은 사람이 그리

---

4) 본문의 헬라어는 강력한 강조 어법을 사용한다. 바울은 "너희 자신"을 뜻하는 "에아우투"(eautou)를 세 차례나 사용했다.

스도를 바라보지도, 그분을 적극적으로 믿지도 않으면서 단지 삶에 아무런 영향도 끼치지 못하는 과거의 결신 행위만 의지하고 있다. 설상가상으로 구원의 본질과 능력을 전혀 모르는 듯한 사역자들이 그릇된 확신을 심어주어 그들의 위험한 상태를 더욱 부추기고 있다. 그런 사역자들은 예레미야 당시의 거짓 선지자들을 꼭 닮았다.

> 그들이 내 백성의 상처를 가볍게 여기면서 말하기를 평강하다 평강하다 하나 평강이 없도다(렘 6:14).

회심자들 가운데 "물 없는 구름", "죽어 뿌리까지 뽑힌 열매 없는 가을 나무"와 같은 사람이 얼마나 많은지 아는가?(유 1:12) 그들은 주님의 날이 빛의 날이 될 것이라고 생각하고 그날을 고대하지만, 그날은 그들에게 어둠의 날이 될 것이고, 그들은 사자를 피하다가 곰을 만나거나 손을 벽에 대었다가 뱀에 물리는 운명에 처할 것이다(암 5:18-20). 그들은 자신들이 따뜻한 환영을 받으며 구주이신 예수 그리스도의 영원한 나라에 당당하게 들어갈 것이라고 철석같이 믿고 있다(벧후 1:11). 그러나 그들은 "내가 너희를 도무지 알지 못하니 불법을 행하는 자들아 내게서 떠나가라"(마 7:23)는 말씀을 듣게 될 것이다.

사자가 부르짖는다. 하나님이 말씀하신다. 그러니 두려운 마음으로 예언의 말씀을 담대히 전해야 하지 않겠는가?(암 3:8) 파수꾼이 나팔을 불어 악인들에게 경고해야 마땅하지 않겠는가?(겔 3:17-22, 33:1-9) 우리는 이렇게 외쳐야 한다.

> 잠자는 자여 깨어서 죽은 자들 가운데서 일어나라 그리스도께서 너에게

> 비추이시리라(엡 5:14).
>
> 너희는 믿음 안에 있는가 너희 자신을 시험하고 너희 자신을 확증하라(고후 13:5).
>
> 너희 부르심과 택하심을 굳게 하라(벧후 1:10).

사역자나 평신도가 다른 사람들을 판단하는 재판관이 되어야 한다는 뜻으로 하는 말은 결코 아니다. 단지 아무 능력도 없는 형식적인 복음을 믿고 선포하는 행위를 당장 중단하라고 말하고 싶은 것이다. 수많은 사람에게 거짓 확신을 심어주어 성경의 복음을 거부하게 함으로 영원한 심판을 피할 수 없게 만드는 일이 더 이상 계속되어서는 안 된다. 우리는 죄를 애통해하는 연약한 그리스도인들을 위로하고 격려해야 한다. 그러나 열매 없는 나무처럼 살아가며 복음에 위배되는 행위를 일삼는 거짓 회심자들에게는 엄중히 경고해야 마땅하다.

오늘날 복음주의 교회를 괴롭히는 가장 큰 해악을 극복하는 방법은 성경적인 구원관을 회복하는 것이다. 성경적인 구원은 놀랍고도 강력하다. 우리를 성경에서 더욱 멀어지게 만들 뿐인 새로운 전략과 전위적인 방법으로 교회를 구하겠다고 나서는 사람들을 추종해서는 안 된다. 성경은 이렇게 말한다.

> 그들이 말하는 바가 이 말씀에 맞지 아니하면 그들이 정녕 아침빛을 보지 못하고(사 8:20).

우리를 떠낸 반석과 우리를 파낸 우묵한 구덩이를 생각하자(사 51:1). 길에 서서 옛적 길, 곧 선한 길이 어디인지 살펴보자. 그러면 우리와 우리에게 위탁된 사람들의 심령이 평강을 얻고(렘 6:16), 오랫동안 황폐

했던 곳을 재건하고 예로부터 무너진 곳을 다시 일으킬 수 있을 것이다(사 61:4).

조지 휘트필드, 조나단 에드워즈, 조셉 얼라인, 찰스 스펄전, 마틴 로이드존스, 토저와 같이 교회에 영원한 승리와 유익을 가져다준 신앙의 선배들을 생각하자. 그들의 입에는 진리의 법이 있었고, 그들의 입술에는 불의함이 없었다. 그들은 화평함과 정직함으로 하나님과 동행하며, 많은 사람을 죄악에서 돌이키게 만들었다(말 2:6). 그들의 단순한 복음전도 방식을 본받아야 한다. 그들은 죄인들에게 복음을 전하고 회개와 믿음을 권했다. 또한 하나님의 사랑으로 연약한 성도를 독려했다. 게다가 그들의 주인이신 예수님처럼, 공허한 고백자들을 향해 그분을 주님으로 일컫는다고 해서 천국에 들어가는 것이 아니라 하늘에 계시는 성부 하나님의 뜻대로 행하는 자들만 천국에 들어갈 수 있다고 경고했다(마 7:21). 그들은 믿음으로 말미암아 은혜로 구원받는다는 교리에 충실했다. 그러면서 구원의 은혜는 그리스도인을 거룩하게 하기 때문에 성경의 빛에 자신을 비춰보아야만 구원의 참된 확신에 도달할 수 있다고 강조했다.

자기 진단의 기준

성경은 우리가 믿음 안에 있는지 우리 자신을 살피고 시험하여 참된 그리스도인인지 확증하라고 명령한다(고후 13:5). 그러나 이 명령은 한 가지 중요한 문제를 제기한다.

우리가 지닌 믿음의 진정성을 옳게 평가할 수 있는 권위 있는 기준이 무엇인가? 우리 삶을 시험할 수 있는 확실한 잣대는 무엇인가? 누가 우리를 판단할 수 있고, 우리 상태를 이해하도록 도울 수 있는가?

요한 사도는 우리의 마음에서 이루어지는 판단을 무조건 신뢰해서는 안 된다고 경고했다. 마음이 인정하거나 단죄하는 것이 그릇될 수 있기 때문이다(요일 3:19, 20). 바울 사도도 우리의 기준으로 우리 자신을 판단하거나 다른 사람들과 우리를 비교하는 것은 지혜롭지 못하다고 지적했다(고후 10:12). 그리스도를 거짓으로 고백하는 속된 사람을 기준으로 삼으면 거짓 확신을 갖게 될 가능성이 높다. 또한 가장 성숙한 그리스도인과 비교하면 자신을 그릇 단죄할 가능성이 높다. 다른 사람들에게 조언을 구하는 것은 지혜롭지만 그들의 견해만을 구원 확신의 근거로 삼는 것은 옳지 않다. 어떤 이들은 구원을 피상적으로 생각하여 우리에게 그릇된 확신을 심어줄 수도 있다(렘 6:14, 15). 또 어떤 이들은 성경의 기준을 넘어서는 증거를 고안하여 스스로 감당할 생각도 없고, 감당할 수도 없는 무거운 짐을 지워 우리를 그릇 단죄할 수도 있다(마 23:4).

그렇다면 무엇을 기준으로 삼아야 할까? 어떤 기준으로 우리가 지닌 믿음의 진정성과 회심의 진실성을 평가할 수 있을까?

우리가 찾는 기준이 성경에 깊이 숨겨져 있어 거의 찾을 수 없거나 오로지 탁월한 지성의 소유자만 이해할 수 있는 신비가 아닌 것은 참으로 감사한 일이다. 성경은 그 기준을 구체적으로 분명하게 명시한다. 요한 사도의 첫 번째 서신은 참된 회심의 기준을 명확하고, 간결하며, 온전하게 제시하고 있다.

요한복음과 요한일서에서 발견되는 가장 유익하고 탁월한 특징 가운데 하나는 요한 사도가 성경을 기록한 목적을 분명하게 밝혔다는 것이다.

예수께서 제자들 앞에서 이 책에 기록되지 아니한 다른 표적도 많이 행하셨으나 오직 이것을 기록함은 너희로 예수께서 하나님의 아들 그리스도이심을 믿게 하려 함이요 또 너희로 믿고 그 이름을 힘입어 생명을 얻게 하려 함이니라(요 20:30, 31).

내가 하나님의 아들의 이름을 믿는 너희에게 이것을 쓰는 것은 너희로 하여금 너희에게 영생이 있음을 알게 하려 함이라(요일 5:13).

요한은 성경의 영감과 통일성에 근거하여 예수 그리스도를 믿어 영생을 얻게 할 목적으로 복음서를 기록했다. 또한 진정으로 믿는 사람은 영생을 얻었다는 온전한 확신에 도달할 수 있다는 것을 보여줄 목적으로 요한일서를 기록했다.

요한은 요한일서에서 참된 그리스도인이 자신의 삶을 살펴 믿음의 진정성을 입증하고, 하나님의 무오한 말씀에 근거해 구원의 확신을 얻을 수 있는 판단 기준을 열거했다. 또한 그의 서신은 그리스도를 믿는다고 하면서도 참된 회심의 증거를 보여주지 못하는 거짓 그리스도인들의 그릇된 확신을 지적하는 부차적인 목적도 수행한다. 요한일서의 기록 목적을 이런 식으로 이해하는 견해를 지지하는 권위자들이 적지 않다. 존 스토트는 이렇게 말한 바 있다.

> 요한은 요한일서에서 (독자들에게) 그들 자신과 다른 사람들을 시험할 수 있는 (교리적, 도덕적, 사회적) 판단 근거를 제시했다. …… 요한복음과 요한일서의 기록 목적을 종합하여 생각하면 그 목적이 "들어야 하고, 들으면 믿어야 하고, 믿으면 살아야 하고, 살면 알아야 한다"는 네 단계로 구성되어 있는 것을 알 수 있다.[5)]

에드먼드 히버트는 이렇게 말했다.

> 저자의 실천적인 목적이 분명하게 드러난다. 저자의 기본적인 의도는 구원의 확신을 갖게 하는 것이었다. …… 그는 독자들에게 자신의 믿음과 행위를 시험함으로 마음의 확신을 새롭게 다질 수 있는 일련의 판단 근거를 제시했다. …… 요한이 염두에 둔 확신은 막연한 바람의 결과가 아니다. 그가 말하는 확신은 서신서에 제시된 다양한 증거에 확고히 근거한다.[6]

마지막으로 콜린 크루즈의 말을 인용해 보겠다.

> 저자가 서신을 기록한 일차적인 목적은 분열주의자들의 거짓 가르침을 논박하여 독자들의 구원 확신을 굳건하게 하는 데 있었다. 저자는 진정으로 영생을 얻어 하나님을 옳게 알게 된 사람들이 분열주의자가 아닌 자신의 독자라는 점을 강조함으로 그들의 확신을 독려했다. 영생을 얻은 자들의 확실한 증표를 소유한 자들은 그의 독자들이었다. 그들은 목격자들이 처음 전한 가르침을 계속 믿었고, 주님의 명령에 복종했으며, 하나님의 자녀들을 사랑했다. 이것이 영생을 소유한 자들의 본질적 특성이다.[7]

요한은 자신을 시험하여 구원 확신의 타당성을 판별할 수 있는 다양한 교리적, 도덕적 기준을 제시했다. 그는 독자들이 막연한 생각이

---

5) John R. W. Stott, *The Epistles of John: An Introduction and Commentary*(London: Tyndale, 1964), 184, 185.
6) D. Edmond Hiebert, *The Epistles of John: An Expositional Commentary*(Greenville, S.C.: Bob Jones University Press, 1991), 19, 52.
7) Colin G. Kruse, *The Letters of John*(Grand Rapids: Eerdmans, 2000), 188, 189.

나 종교적인 감정, 단순한 신앙고백이 아닌, 삶을 통해 나타난 기독교의 참된 표징에 근거하여 구원을 확신하길 원했다. 요한의 가르침에 따르면 그리스도를 믿는다고 고백하는 사람은 자신의 삶을 요한일서에 제시된 기준에 비춰보아 성경적인 구원의 확신에 도달할 수 있다.

간단히 말해 요한은 회심의 수단이 아닌 그 결과를 제시했다. 요한일서에 제시된 증거가 우리 삶에서 현실로 드러나고 있는지를 토대로 구원 확신의 타당성을 판단할 수 있다. 우리 자신을 시험했지만 그런 증거가 현실로 나타나지 않으면 우리의 상태를 심각하게 고민해야 한다. 삶의 태도가 요한이 설명한 참된 그리스도인의 표징과 모순되면 두 가지 가능성 가운데 하나를 진지하게 고려해야 한다. 하나는 우리가 하나님의 참된 자녀이지만 그분의 뜻을 무시하며 살고 있는 탓에 회개가 필요한 상태라는 것이다. 그런 경우 진정으로 회개하고 삶 속에서 하나님의 뜻을 실천한다면 참된 믿음으로 영생을 소유했다고 확신할 만한 증거가 충분하다. 다른 하나는 우리가 주님을 진정으로 알지 못했고, 우리의 믿음과 회개가 처음부터 거짓이었을 가능성이다. 이 경우에는 주님을 바라보고 그분의 은혜를 구해야 한다. 진정으로 회개할 마음이 있다면 주님이 상하고 통회하는 심령을 외면하지 않으시고, 자기에게 나아온 자는 결코 내쫓지 않으시며, 누구든지 주님의 이름을 부르는 자는 구원을 얻고, 누구든지 주님을 믿는 자는 부끄러움을 당하지 않을 것을 알고 담대히 은혜를 구할 수 있다(시 51:17, 요 6:37, 롬 10:11, 13).

다음 장부터는 요한일서에서 제시하는 판단 기준을 하나씩 설명할 것이다. 각 장 내용을 기도하면서 주의 깊게 생각하기를 바란다. 성경은 우리가 참된 그리스도인인지 우리 자신을 시험하라고 명령한다(고후 13:5). 이제부터는 이 명령에 복종하는 시간을 갖기로 하자.

3
하나님의 빛 가운데 행하는가?

> 우리가 그에게서 듣고 너희에게 전하는 소식은 이것이니 곧 하나님은 빛이시라 그에게는 어둠이 조금도 없으시다는 것이니라 만일 우리가 하나님과 사귐이 있다 하고 어둠에 행하면 거짓말을 하고 진리를 행하지 아니함이거니와 그가 빛 가운데 계신 것같이 우리도 빛 가운데 행하면 우리가 서로 사귐이 있고 그 아들 예수의 피가 우리를 모든 죄에서 깨끗하게 하실 것이요 (요일 1:5-7).

요한은 예수 그리스도를 믿는 그리스도인들에게 영생의 확신을 갖게 하려는 구체적인 목적을 염두에 두고 첫 번째 서신을 기록했다(요일 5:13). 그는 이 목적을 이루기 위해 신앙고백의 진정성을 시험하고 삶을 점검하는 데 필요한 증거, 즉 참된 회심의 본질적 특성을 몇 가지 제시했다. 그 가운데 첫 번째 특징을 간단하게 요약해 보겠다.

"그리스도인은 빛 가운데 행한다. 그리스도인의 생활방식은 하나님의 본성과 뜻을 드러낸 계시의 말씀과 일치한다."

하나님은 빛이시라

요한일서 1장 5절은 매우 중요한 진리를 선포한다. "하나님은 빛이시라 그에게는 어둠이 조금도 없으시다"(요일 1:5). 요한은 요한복음과 요한서신에서 "빛"과 "어둠"이라는 말을 자주 사용한다(요 1:4, 5, 3:19, 요일 2:8-10). 본문에서 이 두 용어의 의미를 파악하는 것은 매우 중요하다. 언뜻 생각하면 빛과 어둠을 대조하는 요한의 말은 선과 악, 거룩한 것과 속된 것을 구별하는 도덕적 의미를 지닌 것처럼 보인다. 이런 해석은 하나님의 거룩하심에 관한 성경의 계시와 일치하는 듯하다. 그러나 "하나님은 빛이시라"는 요한의 말은 그분의 도덕적인 순결만이 아니라, 그분이 자신을 스스로 나타내시는 하나님이라는 의미를 지니고 있다. 성경의 하나님은 감추어진 존재나 어둠이 아닌 빛이시다. 하나님은 자연과 역사와 성경과 더불어, 아들이신 예수 그리스도의 성육신과 구원 사역을 통해 인류에게 자신을 나타내신다.

요한일서의 역사적 상황을 고려하면, 하나님은 빛이시라는 말씀을 이런 의미로 이해하는 것이 더욱 타당해 보인다. 요한이 서신을 보낸 교회는 거짓 가르침에 영향을 받았다. 이 거짓 가르침은 나중에 교회가 직면한 가장 큰 이단 사상인 "영지주의"로 발전했다. 영지주의는 헬라 철학과 유대적 신비주의와 기독교를 혼합한 사상이다. 영지주의는 신비와 은밀한 지식과 감추어진 신, 즉 뛰어난 영성을 소유한 계층이나 영지주의를 진정으로 받아들인 사람들만 알 수 있는 신을 가르치는 비의적(秘儀的) 종교였다.

요한 사도는 이런 위험하고 파괴적인 이단 사상을 물리치기 위해 하나님은 빛이시라고 선포했다. 곧 그리스도의 성육신을 목격한 사도들과 그들에게 주어진 성령의 가르침을 통해 자신과 자신의 뜻을 나타내신 분이라고 강조했다(요일 1:1-4, 2:20, 27). 거짓 교사들의 가르침과는 달리 하나님은 감추어진 존재가 아니셨다. 더욱이 남다른 영성을 지녔다며 사도를 자처한 몇몇 사람만 그분의 진리를 알 수 있는 것도 아니었다. 하나님은 그리스도를 믿어 성령으로 거듭난 모든 사람에게 자신과 자신의 뜻을 나타내셨다. 요한은 요한일서를 마무리하면서 이 진리를 강력하게 주장했다.

> 또 아는 것은 하나님의 아들이 이르러 우리에게 지각을 주사 우리로 참된 자를 알게 하신 것과 또한 우리가 참된 자 곧 그의 아들 예수 그리스도 안에 있는 것이니 그는 참 하나님이시요 영생이시라(요일 5:20).

따라서 우리는 요한일서의 내적 증거와 그것이 기록된 역사적 상황에 근거하여 이렇게 자신 있게 말할 수 있다. 즉 "하나님은 빛이시다"라는 말씀은 그분의 완벽한 도덕적 성품은 물론, 하나님과 예수 그리스도를 믿는 모든 그리스도인과의 관계 및 그들에게 주어진 계시를 가리킨다. 하나님은 자기 백성에게 자신을 감추지 않으신다. 그분은 은혜롭고 풍성하게 자신의 본성과 뜻을 그들에게 계시하셨다. 하나님은 사랑과 정의와 공의를 세상에 행하기를 기뻐하시는 주님으로 자신을 나타내셨다(렘 9:24). 하나님은 선한 것과 우리에게 요구하시는 것을 분명하게 밝히셨다(미 6:8). 이로써 새 언약에 관한 예레미야 선지자의 예언이 성취되었다.

> 그들이 다시는 각기 이웃과 형제를 가리켜 이르기를 너는 여호와를 알라 하지 아니하리니 이는 작은 자로부터 큰 자까지 다 나를 알기 때문이라 내가 그들의 악행을 사하고 다시는 그 죄를 기억하지 아니하리라(렘 31:34).

우리가 서로 "사귐"이 있고

이번에는 "사귐"이라는 용어를 살펴보고 그 의미를 파악해 보기로 하자. 이 용어는 "관계", "교제", "교통", "동참"을 의미하는 헬라어 "코이노니아"(koinonia)에서 유래했다. 요한일서의 문맥에 따르면, 하나님과 사귐이 있다고 주장하는 사람들은 그분을 믿는 믿음을 고백하고 자신을 그분의 자녀로 선언한다. 하나님과 사귐이 없는 사람들은 아직 회심하지 않은 상태, 곧 허물과 죄로 죽어 하나님의 진노 아래 있는 상태다(엡 2:1-3, 5:6).

최근 들어 "사귐"이라는 용어의 의미가 크게 왜곡되었다. 어떤 사람들은 요한이 "진정으로 믿어 구원에 이른 사람"과 "아직 회개하지 않은 사람"을 구분한 것이 아니라고 주장한다. "하나님과 교통하는 영적인 그리스도인"과 "하나님과 교통하지 못하는 육적인 그리스도인"을 구분했을 뿐이라고 주장한다. 이런 주장은 본문의 참된 의미에서 벗어나 있다. 게다가 요한이 요한일서를 기록한 목적을 무시하는 것이다. 요한은 "내가 하나님의 아들의 이름을 믿는 너희에게 이것을 쓰는 것은 너희가 영적 그리스도인인지 육적 그리스도인인지 알게 하기 위해서다"라고 말하지 않았다. 더욱이 본문 7절은 오직 빛 가운데 행하는 사람만이 모든 죄를 씻어내는 성자의 보혈을 의지할 수 있다고 가르친다. 어둠 가운데 행하는 이들이 육적 그리스도인를 가리킨다면 그런 그리스도인은 모든 죄를 씻어내는 그리스도의 보혈을 의지할 수 없다고 결론지을 수밖에 없다. 그런데 그리스도인에게는 그런 일이 절대 있을 수 없다.

따라서 우리는 하나님과 사귐이 있다는 것이 "그리스도의 속죄 사역에서 비롯하는 모든 축복과 유익을 누리는 그리스도인이 된다는 것"을 의미한다고 자신 있게 말할 수 있다. 하나님과 사귐이 없는 것은 아직 회개하지 않은 상태, 곧 하나님과 분리되어 영원한 멸망을 당할 위험에 처한 상태를 가리킨다.

그리스도인은 빛 가운데 행한다

이번에는 참된 그리스도인의 첫 번째 특징을 생각해 보자. 참된 그리스도인은 빛 가운데 행한다. "행하다"라는 말은 "돌아다니다"를 뜻하는 헬라어 "페리파테오"(peripateo)를 번역한 것이다. 이 말은 사람의 행위나 생활 태도를 비유적으로 가리키는 의미로 종종 사용된다. "행하다"라는 동사가 현재시제로 쓰였다는 사실은 매우 중요하다. 헬라어 현재시제는 지속적인 행위를 가리킨다. 이는 요한이 이 말을 사람의 생활 태도와 생활방식과 고정된 습관을 가리킬 목적으로 사용했다는 것을 보여준다. 하나님의 참된 자녀에게서 발견되는 첫 번째 특징은 빛 가운데 행하는 것이다. 그의 생활 태도는 하나님의 본성과 뜻을 나타낸 계시의 말씀과 일치한다. 그와는 대조적으로 거짓 회심자는 어둠 가운데 행한다. 그의 생활 태도는 하나님에 대한 무지를 드러내고, 그의 행위는 성경을 통해 계시된 하나님의 본성과 뜻에 모순된다.

요한은 그리스도인이 죄 없는 완전한 상태에 도달할 수 있다고 가르치지 않았다. 또한 이 세상에서 온전한 성화를 이루어 더 이상 죄짓지 않고 살아갈 수 있다고 가르치지도 않았다. 참 믿음의 첫 번째 특징을 생각할 때는 이 점을 잊지 않도록 주의해야 한다. 요한은 그리스도인의 삶이 항상 하나님의 성품과 뜻을 완전하게 반영할 수 있다고 암시하지 않았다. 그는 단지 참된 그리스도인의 생활 태도나 행위가 대체로 하나님의 본성과 뜻을 나타낸 계시의 말씀에 일치한다고 가르쳤을 뿐이다. 그리스도인은 살아가는 동안 때때로 큰 난관이나 실패를 경험할 수 있다. 하지만 그의 삶과 행위는 비그리스도인의 삶과 행위와는 뚜렷한 차이를 드러낸다. 구원의 증거는 완전함이 아닌 하나님의 계시의 빛 가운데서 행할 수 있는 능력에 있다. 따라서 삶이 조금도 변화되지 않고 하나님의 성품과 뜻에 관한 성경의 계시와 항상 모순된다면 크게 염려해야 한다.

자신을 진단할 때는 믿음을 고백한 이후에 나타난 삶의 과정 전체에 초점을 맞춰야 한다. 하루 동안의 일만 살펴보고 우리 안에서 이루어진 하나님의 구원 사역의 진위를 판단할 수는 없다. 심지어 가장 성숙한 그리스도인도 한동안 도덕적 실패를 경험할 수 있고, 열매를 맺지 못하는 탓에 가지치기를 당할 수도 있다. 따라서 한 가지 선한 행동을 근거로 구원을 확신하는 것은 주제넘은 일이다. 또한 한 가지 잘못된 행위를 근거로 자신을 정죄하는 것은 어리석은 일이다. 우리의 신앙고백을 정확하게 평가하려면 회심했다고 생각하는 순간부터 지금까지의 생활 전체를 살펴봐야 한다. 그동안 신앙생활을 해오면서 삶이 하나님의 성품과 뜻에 더욱 가깝게 일치해 온 증거가 있는지 파악해야 한다. 이를 좀 더 구체적으로 설명해 보겠다.

잠깐 동안 한 그리스도인의 삶을 지켜보면서 그가 도덕적인 실수를 저지르는 순간을 포착하여 사진에 담았다고 가정해 보자. 그런 사진은 그가 회개하지 않았다는 것을 보여주는 정당한 증거가 될 수 없다. 회심이 이루어진 이후의 삶 전체를 보여주지 못하기 때문이다. 그러나 수년 동안 그의 삶을 지켜보면서 그 과정을 디지털 카메라에 담았다면, 그의 신앙고백의 진위를 판명하는 데 유익한 증거로 활용될 수 있다. 만일 그가 참된 그리스도인이라면 죄에 물들지 않은 완전한 삶이 아니라 변화되고 있는 삶, 곧 하나님의 성품과 뜻에 조금씩 일치해 가는 삶이 발견될 것이다. 다시 말해, 약점들이 드러나고 힘겹게 싸움에서 승리하는 등 삼보 전진 이보 후퇴가 되풀이되면서 삶이 하나님의 성품과 뜻에 점점 일치해 가는 과정이 확인될 것이다.

빛 가운데 행하는가?

본문의 의미를 이해했으니 이번에는 그 진리를 우리 자신에게 적용해 보자.

빛 가운데 행하고 있는가? 삶의 태도가 하나님의 성품과 뜻에 관한 성경의 계시에 점점 일치해 가고 있는가? 우리의 삶이 비그리스도인의 삶과 다르다는 증거를 찾아볼 수 있는가? 공정한 관찰자가 오랫동안 우리 삶을 지켜본다면 하나님의 법정 앞에서 우리가 지닌 믿음의 타당성을 주장할 수 있을 만큼의 증거를 충분히 확보할 수 있을 것인가? 아니면 증거가 부족한 탓에 달리 변호할 말을 찾지 못한 채 포기하고 말 것인가?

> 하나님은 빛이시라 그에게는 어둠이 조금도 없으시다(요일 1:5).

그 빛과 조금이라도 닮은 점이 우리에게 있는가? 빛의 자녀처럼 행하며, 착함과 의로움과 진실함으로 이루어진 빛의 열매를 맺고 있는가?(엡 5:8, 9) 아니면 마음의 허망한 것으로 행하며 총명이 어두워지고 하나님의 생명에서 떠나 있는 비그리스도인처럼 살아가는가?(엡 4:17-20) 예수님을 구주로 고백한 믿음이 성부의 뜻에 복종하는 삶을 통해 사실로 입증되고 있는가? 아니면 하나님의 성품에 일치하지 않고 영적으로 나태한 삶을 일삼으며, 그분의 계시된 뜻을 거부함으로 그 믿음이 거짓임을 드러내고 있는가?(마 7:21, 23)

그리스도인이라고 말하면서 어둠 가운데 행한다면 우리는 거짓말을 하고 있는 셈이다. 그런 거짓말이 의도적인 것이든 오늘날의 천박한 복음에 속아 넘어간 데서 비롯한 것이든 결과는 크게 다르지 않다. 그것은 우리가 넓은 문으로 들어가 멸망으로 인도하는 넓은 길을 걷고 있으며(마 7:13), 살았다는 이름만 가졌을 뿐 실상은 허물과 죄로 죽어 있는 상태라는 증거다(엡 2:1, 계 3:1). 따라서 그런 경우에는 서둘러 믿고 회개하여 하나님께 가까이 나아가 장차 다가올 진노를 피해야 한다(마 3:7, 눅 3:7, 약 4:8). 그리고 하나님을 발견할 때까지 그분을 찾아야 한다.

하나님과 사귐이 있다고 말하면서 빛 가운데 행한다면 우리는 요한이 제시한 구원 확신의 첫 번째 관문을 잘 통과했다고 말할 수 있다. 바꾸어 말해 성경에 근거한 희망의 벽, 곧 원수가 쏘아대는 의심의 불화살에도 끄떡없는 벽을 건설하기 위한 첫 번째 벽돌을 잘 쌓아올린 셈이다. 이제 우리는 겸손한 태도로 이를 용기 삼아 요한이 제시한 다른 관문을 계속 통과하고, 그 빛에 우리 삶을 비춰보아야 한다.

4
죄를 고백하는가?

만일 우리가 죄가 없다고 말하면 스스로 속이고 또 진리가 우리 속에 있지 아니할 것이요 만일 우리가 우리 죄를 자백하면 그는 미쁘시고 의로우사 우리 죄를 사하시며 우리를 모든 불의에서 깨끗하게 하실 것이요 만일 우리가 범죄하지 아니하였다 하면 하나님을 거짓말하는 이로 만드는 것이니 또한 그의 말씀이 우리 속에 있지 아니하니라(요일 1:8-10).

그리스도인의 구원 확신은 죄를 자각했을 때 올바른 태도를 취하는 것과 관련이 있다. 이 점에서 참 회심의 두 번째 증거는 가장 주목할 만하다고 하겠다. 참된 그리스도인의 표징은 죄 없는 삶이 아니라, 죄를 더욱 적대시하고 미워하는 태도에 있다. 죄의 현실은 참된 그리스도인의 회개와 고백을 이끌어낸다. 이 진리는 그리스도인과 죄에 대한 그리스도인의 태도를 묘사하는 성경말씀을 통해 분명하게 입증된다.

하나님께서 구하시는 제사는 상한 심령이라 하나님이여 상하고 통회하는 마음을 주께서 멸시하지 아니하시리이다(시 51:17).

무릇 마음이 가난하고 심령에 통회하며 내 말을 듣고 떠는 자 그 사람은 내가 돌보려니와(사 66:2).

애통하는 자는 복이 있나니 그들이 위로를 받을 것임이요(마 5:4).

> 의에 주리고 목마른 자는 복이 있나니 그들이 배부를 것임이요(마 5:6).

우리가 하나님의 자녀라는 증거는 죄를 자각했을 때 율법을 거역한 것을 두려워하며, 겸손함과 상한 마음과 통회함과 애통함으로 반응하는 것이다. 하나님이 자기 진단과 관련하여 이 진리를 처음에 계시하신 것은 그분의 뛰어나신 지혜를 반영한다. 만일 본문의 진리가 나중에 계시되었다면, 우리는 우리를 너무 가혹하게 진단하여 잘못 단죄함으로 절망에 빠졌을 가능성이 매우 높다. 또한 우리는 앞에서 살펴본 첫 번째 시험을 곡해해 잘못 적용하여 빛을 떠나 살았던 많은 세월을 돌이켜 생각하며, 아직도 회개하지 못했다고 단정 지었을 것이다. 그러나 하나님은 자기 진단의 처음 단계에서 죄로 인해 종종 고뇌하는 삶이 오히려 참이라는 증거가 될 수 있다는 점을 분명하게 일깨워 주셨다. 우리가 하나님을 알 수 있게 된 것은 우리에게 죄가 없기 때문이 아니다. 죄에 대한 우리의 태도가 이전과 완전히 달라졌기 때문이다. 참된 그리스도인은 갈수록 죄를 증오하고, 죄를 애통해하고, 죄를 고백한다.

죄와 그리스도인의 새로운 관계

회심자는 대부분 하나님과 새로운 관계를 맺었다는 말로 자신의 회심에 관한 소식을 알린다. 그러나 그는 또 다른 관계도 변화했다는 사실은 잘 의식하지 못한다. 즉 그리스도인은 죄와도 새로운 관계를 맺는다. 하나님과 새로운 관계를 맺었다는 주장의 진정성은 죄와의 관계가 어떻게 달라졌느냐에 의해 확증된다.

중생과 회심이 이루어지기 전에 죄인은 자아와 쾌락을 사랑하고,

하나님과 선한 것을 미워한다(롬 1:30, 딤후 3:2-4). 욥은 회심하지 않은 사람들이 갈증이 나 물을 마시는 것처럼 악을 저지른다고 말했다(욥 15:16). 지혜로운 솔로몬은 자연인이 정직한 길을 떠나 어두운 길로 행하며, 행악하기를 기뻐하고, 그 패역함을 즐거워한다고 말했다(잠 2:13, 14). 성경은 인간이 악을 좋아하는 성향을 지니게 된 이유를 분명하게 설명한다. 특히 예레미야 선지자는 "만물보다 거짓되고 심히 부패한 것은 마음"이라고 말하며, 인간의 마음이 철저히 부패한 것에 놀라 "누가 능히 이를 알리요"라고 부르짖었다(렘 17:9). 부패한 인간의 마음은 죄를 좋아하고, 하나님과 의를 미워하는 성향을 부추긴다.

그러나 하나님은 회심이라는 엄청난 사역을 통해 죄인의 마음을 자신의 형상대로 재창조하여 의와 진리를 추구하게 만드신다(엡 4:24). 새롭게 변화된 마음은 인간의 성향을 철저하게 변화시킨다. 자아를 사랑하는 마음이 하나님을 사랑하는 마음으로 대체되고, 불의에 목말라 하는 성향이 의에 주리고 목마른 마음으로 대체된다(마 5:6). 간단히 말해, 그리스도인은 자신이 한때 미워했던 하나님을 사랑하고, 자신이 한때 사랑했던 자아를 미워한다. 그는 전에 거부했던 의를 추구하고, 전에 좋아했던 불의를 혐오한다.

혹시 그리스도인의 변화된 마음을 비현실적으로 생각하는 사람들이 있을지도 모르겠다. 이러한 사람들은 장차 온전히 영화로운 상태에 이르렀을 때 비로소 이루어질 구원의 축복을 현재 시점에서 그리스도인에게 모두 적용하는 것은 일종의 "실현된 종말론"을 강변하는 것이나 다름없다고 생각한다. 그들은 그런 주장이 비성경적이라고 생각한다. 그리고 "만일 그것이 사실이면 내가 여전히 죄와 싸워야 하는 이유가 무엇이냐?"라고 묻는다. 성경은 이런 물음에 분명하게 대답한다. 그리스도인은 죄와 계속 큰 싸움을 벌이며 살아가고 있지만, 그렇다고 해서 중생의 능력을 무시하거나 축소시키는 것은 옳지 않다. 그리스도인이 죄와 싸우는 이유는 앞서 설명한 중생의 능력이 약하기 때문이 아니다. 조금도 약해지지 않은 것처럼 보이는 원수, 즉 육신이 그리스도인의 새로워진 마음을 대적하기 때문이다. "육신"의 개념을 정확하게 정의하기는 쉽지 않지만, 장차 영화의 단계에 이르렀을 때에 온전히 제거될 옛 사람의 잔재가 그리스도인 안에 남아 있는 것은 분명해 보인다.[8] 그리스도인의 인격 안에는 아직 속량되지 않은 요소가 남아 있다. 그 요소는 유혹에 민감하고, 새로운 피조물로 거듭난 그를 대적한다. 바울은 갈라디아서에서 그런 싸움의 현실을 이렇게 설명했다.

> 육체의 소욕은 성령을 거스르고 성령은 육체를 거스르나니 이 둘이 서로 대적함으로 너희가 원하는 것을 하지 못하게 하려 함이니라(갈 5:17).

그리스도인은 죄와 싸우며 때로 패배를 경험하지만, 그의 마음과 감정은 새롭게 변화되었다. 그는 더 이상 죄를 기뻐하거나 자랑하지 않고, 오히려 슬퍼하며 고백한다. 사실 죄의 고백으로 이어지는 슬픔은 회심의 가장 큰 증거 가운데 하나다. 그는 더 이상 마귀와 불순종의 자녀가 아닌 하나님의 자녀요, 그리스도 예수 안에 있는 새로운 피조물이다(요 8:44, 고후 5:17, 엡 2:2, 요일 3:12). 그러므로 그리스도인은 전에 즐거워하던 죄에 더 이상 흥미를 느끼지 못하고, 죄 짓는 것을 혐오하고 역겹게 생

---

8) John MacArthur, *The MacArthur Study Bible*(Nashville: Thomas Nelson, 1997), 1704.

각한다. 따라서 그리스도인은 고백을 통해 죄를 제거해야만 한다.

참된 고백

요한은 요한일서 1장 9절에서 참된 회심의 가장 큰 표징 가운데 하나가 "죄의 고백"이라고 말했다. 따라서 죄의 고백이 무엇을 의미하는지 이해하는 것이 중요하다. "고백하다"는 헬라어 "호몰로게오"(homologeo)를 번역한 것이다. 이 말은 "똑같다"라는 뜻인 "호모스"(homos)와 "말"을 뜻하는 "로고스"(logos)로 구성된 합성어다. 문자대로 옮기면 "똑같은 것을 말하다"라는 뜻이다. 이처럼 고백은 우리가 죄를 지었고, 우리 죄가 혐오스럽다는 하나님의 말씀에 동의하는 것이다. 참된 고백에는 슬픔과 통회하는 마음이 뒤따르기 마련이다.

그리스도인의 삶은 죄를 통제하는 능력이 갈수록 커져 더욱 거룩해져가는 특성을 보인다. 그러나 천국에서 영화롭게 되기 전까지는 죄의 영향력에서 온전히 벗어날 수 없다. 심지어 가장 성숙한 그리스도인도 죄를 지을 수 있다. 그러나 죄에 대한 그의 태도는, 그분의 교훈과 징계를 받는 그분의 자녀이자 가족이라는 사실을 보여준다(엡 2:2, 19, 히 12:5-11). 그리스도인이 죄를 지으면 하나님은 그의 죄를 깨우쳐주시고, 성령의 사역을 통해 죄책감을 느끼게 하신다(요 16:8, 13, 롬 8:14, 요일 2:27).[9] 하나님은 성경 공부, 신실한 그리스도인의 조언, 교회의 권징과 같은 여러 가지 자연스러운 수단을 사용하여 그리스도인의 죄를 깨우쳐주신다. 그럼에도 불구하고 그런 일은 하나님의 초자연적인 섭리에

---

9) 죄를 책망하시는 성령의 사역은 영어로 "convict", "conviction"으로 표현된다. 이 말은 헬라어 "엘렝코"(elegcho)를 번역한 것이다. 이 헬라어의 의미를 구체적으로 이해하려면 피고의 죄를 입증하기 위해 부지런히 증거를 제시하는 검사를 연상하면 된다. 성령의 사역을 통해 양심의 가책을 느끼게 된 그리스도인은 하나님 앞에서 죄를 인정하고 고백하지 않을 수 없다.

의한 사역에 해당한다. 그리스도인은 하나님의 사역에 반응하여 자신의 죄와 그 심각성을 인정한다. 그리고 상하고 통회하는 마음으로 돌이켜 죄를 고백하고 용서를 구한다.

매우 유익한 성경적인 고백의 본보기를 시편 51편 1-4절에서 볼 수 있다. 밧세바와 간음죄를 저지른 다윗은 나단 선지자의 책망을 듣고 나서 이렇게 고백했다.

> 하나님이여 주의 인자를 따라 내게 은혜를 베푸시며 주의 많은 긍휼을 따라 내 죄악을 지워주소서 나의 죄악을 말갛게 씻으시며 나의 죄를 깨끗이 제하소서 무릇 나는 내 죄과를 아오니 내 죄가 항상 내 앞에 있나이다 내가 주께만 범죄하여 주의 목전에 악을 행하였사오니 주께서 말씀하실 때에 의로우시다 하고 주께서 심판하실 때에 순전하시다 하리이다.

첫째, 다윗은 죄로 인해 마음이 크게 상했지만 두려움에 사로잡히거나 절망에 빠지지 않았다. 그는 하나님의 크신 사랑과 긍휼을 믿었기에 굳은 확신으로 용서를 기대하며, 담대히 죄를 고백했다. 그렇다면 그리스도 안에 있는 우리는 더욱 담대하게 하나님 앞에 나아가 죄를 고백해야 마땅하지 않겠는가? 성경은 하나님이 "미쁘시고 의로우사 우리 죄를 사하시며 우리를 모든 불의에서 깨끗하게 하실 것"(요일 1:9)이라고 약속하지 않는가? 가장 신뢰할 수 있는 성경이 우리의 연약함을 동정하시고 모든 일에 우리와 똑같이 시험을 받으셨지만 죄는 없으신 대제사장이 살아 계신다고 말씀하지 않는가? 담대히 은혜의 보좌 앞에 나아와 "때를 따라 돕는 은혜를" 얻으라고 하나님이 우리를 격려하지 않으시는가?(히 4:15, 16) 사랑하는 그리스도인들이여, 죄를 지었거나 실족했을 때 하나님에게서 도망치라는 소리가 들려오거든 그 소리의 출처가 지극히 높은 하늘이 아닌 지옥의 구덩이라는 것을 기억하라.

둘째, 다윗은 자신의 죄를 극도로 혐오했고, 그 죄를 깨끗이 씻어낼 수 있기를 바랐다. 거듭나지 못한 사람은 죄를 깨끗이 씻어내고 싶어 하는 마음이 없다. 단지 죄가 드러나지 않기를 바라고, 그로 인해 곤란한 일을 겪지 않기를 바랄 뿐이다. 그런 사람은 죄에서 깨끗해진다고 해도 깨끗해진 자신을 받아들이기를 싫어한다. 그의 욕망은 무엇으로도 채워지지 않는다. 그의 마음은 다시 더러운 죄의 여물통에 코를 처박고 고약한 냄새가 나는 구덩이에 누울 때까지 안정을 찾지 못한다. 그와 달리 그리스도인은 자신이 지은 죄를 혐오한다. 심지어 죄를 저지를 때 입은 옷까지 미워하고, 그것을 전염성이 있는 나병환자의 옷처럼 더럽고 부정하게 여긴다(레 13:52-57, 15:4, 7, 유 1:23). 그는 상하고 통회하는 마음으로 깊이 후회하며 슬퍼한다. 그런 반응은 그가 새로운 피조물, 곧 이전 것은 지나가고 새것이 되었다는 증거다(고후 5:17). 전에는 맛있는 음식과 같았던 죄가 이제는 더러운 오물이 되었고, 전에는 향기로운 침상과 같았던 죄의 삶이 이제는 더러운 똥밭에 뒹구는 삶으로 바뀌었다.

셋째, 다윗은 하나님이 의로우시다고 인정했다. 나단 선지자가 그의 은밀한 죄를 꾸짖으며 나무라자 그는 변명하지 않고 "내가 여호와께 죄를 범하였노라"(삼하 12:13)고 솔직하게 인정했다. 그는 시편 51편 3, 4절에서 자신의 죄를 더욱 분명하게 인정했다.

> 무릇 나는 내 죄과를 아오니 내 죄가 항상 내 앞에 있나이다 내가 주께만

범죄하여 주의 목전에 악을 행하였사오니 주께서 말씀하실 때에 의로우시다 하고 주께서 심판하실 때에 순전하시다 하리이다.

다윗은 자신의 죄를 "안다"고 말했다.[10] 다윗은 하나님의 눈으로 자신의 죄를 바라보았고, 그 가증스러운 본성과 두려운 결과를 인식했다. 그는 밧세바와 간음죄를 저지르고 우리아를 살해했다. 또한 왕이자 목자로서 맹세한 것을 어겨 이스라엘 백성에게 죄를 지었다. 그러나 궁극적으로는 하나님께 죄를 지었다는 사실을 깨달았다. 이것이 그가 자신의 죄를 그토록 혐오한 이유다.

마지막으로, 다윗은 하나님의 책망과 심판이 정당하다는 것을 인정했다. 아담의 경우에는 하나님이 에덴동산에서 그의 죄를 꾸짖으셨을 때 그 책임이 하와는 물론 궁극적으로는 하나님께 있다고 항변했다.

> 하나님이 주셔서 나와 함께 있게 하신 여자 그가 그 나무 열매를 내게 주므로 내가 먹었나이다(창 3:12).

그와 달리 다윗은 죄책을 전가하지 않고 하나님이 자신에게 말씀하신 것이 모두 사실이라고 솔직하게 인정했다. 그는 하나님이 자신의 죄에 대해 말씀하신 것에 동의했고, 그와 똑같이 고백했다. 이것이 참된 고백의 특징이다.

---

10) "아오니"라는 말은 "알다", "인지하다", "인정하다", "누군가를 친밀하게 알다", "어떤 일을 경험으로 알다"를 뜻하는 히브리어 "야다"(yada)를 번역한 것이다.

죄의 고백, 그리스도인의 표징

어떤 사람들은 그리스도인이 성화될수록 죄를 고백해야 할 필요성이 줄어든다고 주장한다. 그러나 오히려 그 반대다. 물론 성화될수록 죄의 권세에서 더 많이 해방되고, 죄를 더 많이 정복하며 살아간다. 그러나 그는 동시에 하나님의 거룩하심을 더욱 분명하게 깨달아 자신의 삶에 존재하는 죄를 더욱 민감하게 의식하게 된다. 따라서 죄를 애통해하는 마음과 고백도 더욱 커지고 깊어진다. 성숙한 그리스도인은 최근에 회심한 사람보다 더 거룩하게 살아간다. 그러나 죄를 슬퍼하는 마음, 고백의 깊이와 횟수는 그리스도 안에서 갓난아이와 같은 그리스도인을 훨씬 능가한다. 하나님의 거룩하심과 자신의 죄가 갈수록 더 크게 느껴지기 때문이다.

예수님은 죄를 애통해하는 마음을 참된 그리스도인의 표징으로 제시하셨다(마 5:4). 죄를 애통해하는 마음 때문에 다른 경건한 감정이 모두 잠식되어 절망에 빠지는 것은 결코 아니다. 예수님이 말씀하신 애통함은 항상 위로와 기쁨으로 귀결된다. 그리스도인이 하나님을 더욱 깊이 알수록 자아와 죄에 대한 깨달음도 똑같이 증대된다. 그런 깨달음은 죄를 더욱 깊이 슬퍼하는 마음을 갖게 만들 뿐 절망을 부추기지 않는다. 그리스도인은 하나님을 깊이 알수록 예수 그리스도와 그분의 사역을 통해 나타난 그분의 은혜를 더욱 깊이 깨닫는다. 그리스도인은 그런 은혜에 힘입어 죄를 솔직하게 인정하고, "말할 수 없는 영광스러운 즐거움"(벧전 1:8)으로 용서를 받아들인다. 이런 변화의 과정에서 나타나는 가장 놀라운 사실이 무엇인지 아는가? 바로 그리스도인이 자신의 행위를 기뻐하는 것은 갈수록 줄어들고, 그리스도의 절대적이고 완전한 사역을 기뻐하는 것은 갈수록 늘어난다는 것이다. 이처럼 그리스도인은 시간이 흐를수록 자신에게서 기쁨과 확신을 찾는 우상 숭배적인 태도에서 벗어나, 오직 그리스도에게서만 기쁨과 확신을 찾는 단계로 나아간다.

마귀는 죄를 의식하면 절망에 빠질 수밖에 없고, 죄를 솔직하게 고백하면 하나님의 가혹한 책망을 받을 수밖에 없다고 속삭인다. 그러나 그보다 지독한 거짓말은 없다. 우리의 죄와 무능력을 의식할수록 우리는 그리스도의 완전한 사역에 눈을 돌리게 된다. 그리고 우리 죄를 솔직하게 고백하면 성부 하나님의 용서와 깨끗하게 하심을 경험할 수 있다. 우리 삶에 존재하는 죄를 진지하게 생각한다고 해서 절망적인 후회의 나락으로 추락하지는 않는다. 복음을 올바로 이해했다면 그것이 자유와 확신과 기쁨으로 나아가는 길임을 분명히 알 수 있다.

완전하다는 허상

성경은 죄를 인정하고 상하고 애통하는 마음으로 솔직하고 정직하게 하나님 앞에서 죄를 고백하는 것을 참된 회심의 확실한 증거라고 가르친다. 따라서 죄를 인정하지 않고 강퍅한 마음으로 죄를 솔직하게 고백하지 않는 것은 거짓 회심의 명백한 증거다.

요한 사도는 요한일서 1장 8-10절에서 그리스도를 믿는다고 주장하면서 회개나 고백의 이유를 의식하지 못하는 사람에 대해 세 가지 결론을 내릴 수 있다고 말했다. 첫째, 요한은 그런 사람은 자기 자신을 속이는 사람이라고 결론지었다. 며칠이라도, 아니 단 몇 시간이라도 하나님의 율법을 완벽하게 지키며 살았다고 믿는다면 그보다 더 자신을 속이는 일이 어디 있겠는가?(갈 3:10, 약 2:10) 성부 하나님이 완전하신 것처럼 자신도 완전하다고 생각한다면 그보다 큰 교만이 어디 있겠는가?(마 5:48) 예수 그리스도처럼 "너희 중에 누가 나를 죄로 책잡겠느냐"라고 주장한다면 얼마나 오랫동안 양심의 가책에 시달리겠는가?(요 8:46, 딤전 4:2) 자신이 완전하다는 생각은 허상이다. 그러나 그런 자기 환상에 빠지는 경우가 그리 드물지 않다.

그리스도인을 자처하면서 주일마다 버젓이 교회에 나오지만 자신의 죄를 의식하지 않고, 애통하는 마음을 가질 만큼 양심의 가책을 느끼지도 않고, 입을 열어 가장 미약한 고백조차 하나님께 드리지 못하는 사람이 얼마나 많은지 모른다. 이렇게 된 원인이 설교자들이 죄를 책망하는 설교를 꺼려하고 강력하게 말씀을 전하지 못하는 데에만 있는 것은 아니다. 성령께서 설교를 통해 역사하시는 것은 사실이지만, 그분의 사역은 거기에 국한되지 않는다. 사람들이 진정으로 하나님께 속해 있다면, 성령께서는 설교자의 도움과 상관없이 그들의 죄를 깨우쳐 고백을 이끌어낼 것이 분명하다. 그렇다면 고백은커녕 죄를 의식조차 하지 못하는 사람들이 복음주의 교회 안에 이토록 많은 이유는 과연 무엇일까? 바로 그들이 회심하지 않았기 때문이다. 그들은 시온에 편안하게 앉아 습관적으로 시온의 노래를 부를 뿐 아무런 분별력이 없다(신 32:28, 사 29:13, 암 6:1). 살았다는 이름을 가졌지만 실상은 죽은 자다(계 3:1). 그들은 스스로 부요하여 부족한 것이 없다고 생각할 뿐 자신의 곤고한 것과 가련한 것과 가난한 것과 눈먼 것과 벌거벗은 것을 의식하지 못한다(계 3:17).

회중 가운데 죄를 깨우쳐 통회하는 마음을 갖게 만드는 하나님의 역사가 일어날 때면, 경건하고 헌신적인 그리스도인들은 눈물을 흘리며 죄를 고백한다. 그러나 냉담하고 육적인 사람들은 돌처럼 차가운 태도로 자리에 앉아 있는 것으로 만족한다. 그들은 성령의 감동을 느끼지 못하고, 주위에서 그리스도인들이 통회하며 죄를 고백하는 모습을 보면서도 그저 무덤덤하기만 하다. 같은 교회에서 교인의 모습이 이렇듯 다른 이유는 무엇일까? 그 대답은 무척 간단하다. 우리는 장차 마지막 심판 날에 양과 염소가 구별되어 분리되는 광경을 미리보고 있는 셈이다. 양들은 성령의 책망하시는 사역을 민감하게 받아들여 죄를 고백한다. 그러나 염소들은 그들의 허물과 죄를 조금도 알지 못하고 자신이 누리는 안일한 종교에 온전히 만족한다. 게다가 설교자들까지 그들의 냉랭한 태도를 꾸짖지 않는다. 설교자들의 침묵은 그들의 불행한 운명을 더욱 공고히 하는 것이다.

둘째, 요한은 죄가 없다고 주장하는 사람들에게는 진리가 없다고 결론지었다. 즉 그리스도를 믿는다고 주장하면서 자신의 삶에 존재하는 죄를 의식하지 않거나 외면하는 사람들이다. 그들의 삶에서 죄의 깨달음, 통회, 고백과 같은 것은 조금도 찾아볼 수 없다. 더욱이 그들은 죄를 애통해하는 태도를 자기 성찰이 너무 지나친 사람들, 종교적인 열정이 예의나 체면의 한계를 넘어선 사람들에게서만 발견되는 것으로 간주한다. 물론 그들은 자기 입으로 아무 죄가 없다고 주장하지는 않는다. 그러나 죄를 애통해하는 마음이나 고백이 조금도 없다는 점에서 그들은 마치 완전함에 이른 것처럼 살아간다. 요한은 그런 헛되고 위험한 망상을 깨우쳐주기 위해 엄중히 경고한다.

> 만일 우리가 죄가 없다고 말하면 …… 진리가 우리 속에 있지 아니할 것이요 (요일 1:8).
>
> 만일 우리가 범죄하지 아니하였다 하면 …… 그의 말씀이 우리 속에 있지 아니하니라(요일 1:10).

요한의 경고가 정확히 무슨 의미인지 이해하는 것이 중요하다. 그는 죄를 피상적으로 생각하는 몇몇 미성숙한 그리스도인들을 꾸짖지 않는다. 그의 말은 자신에게 죄가 없기에 죄를 고백할 이유가 없다고 생각하는 사람은 복음을 통한 구원에 이르지 못한 상태라는 뜻이다. 그런 사람은 한쪽 발이 이미 구덩이에 빠진 상태에서 다른 맹인을 인도하겠다고 나서는 맹인과 다름없다(마 15:14).

복음의 말씀을 받아들이는 것은 현실, 특히 자아의 실상을 올바로 바라보는 문을 열어주는 열쇠를 건네받는 것과 같다. "너 자신을 알라"고 한 철학자의 권고는 오직 복음 안에서만 온전히 실현될 수 있다. 복음을 믿어 구원에 이른 사람은 자신의 부패한 본성과 죄의 가증스러운 본성을 깨닫는다. 그들은 그리스도와의 관계가 단절되었다는 사실을 의식하고 그분께로 달려 나간다. 그들은 회심한 뒤에도 계속 죄를 민감하게 의식하고, 죄를 더욱 철저히 미워하고 고백하는 삶을 살아간다.

그와는 대조적으로 믿음의 외양만 갖추었을 뿐 칭의와 중생의 능력을 경험하지 못한 사람은 자신의 삶 속에 있는 죄와 그 가증스러움을 의식하지 못한 채 안일하게 살아간다. 그들은 보아도 보지 못하고, 들어도 깨닫지 못한다(사 6:9, 렘 5:21, 겔 12:2, 마 13:14, 막 4:12, 눅 8:10, 요 12:40, 롬 11:8). 그들은 이 말씀이 묘사하는 이방인의 삶을 계속 되풀이한다.

> 마음의 허망한 것으로 행함같이 행하지 말라 그들의 총명이 어두워지고 그들 가운데 있는 무지함과 그들의 마음이 굳어짐으로 말미암아 하나님의 생명에서 떠나 있도다(엡 4:17, 18).

그들은 종교의 옷으로 치장한 채 스스로 맹인을 인도하는 안내자, 어둠에 있는 자의 빛, 어리석은 자의 교사, 미성숙한 사람들의 선생이라고 믿는다(롬 2:19, 20). 그러나 우주에서 가장 큰 현실 가운데 하나인 자신의 죄에 대해서는 전적으로 무지하다.

셋째, 요한 사도는 스스로 죄가 없다고 주장하는 사람들은 하나님을 거짓말하는 이로 만든다고 결론지었다. 죄의 보편성은 성경 전체를 관통하는 가장 명백한 주제 가운데 하나다.

> 모든 사람이 죄를 범하였으매 하나님의 영광에 이르지 못하더니(롬 3:23).
> 범죄하지 아니하는 사람이 없사오니(왕상 8:46).
> 우리가 다 실수가 많으니(약 3:2).

가장 경건했던 구약의 성도들이나 우리가 완전한 본보기로 삼는 사도들을 포함하여 아담의 모든 후손 가운데 그리스도를 제외하고 죄 없는 완전한 단계에 도달한 사람은 단 한 사람도 없다. 심지어 "내가 그리스도를 본받는 자가 된 것같이 너희는 나를 본받는 자가 되라"(고전 11:1)고 말한 위대한 바울 사도도 완전함을 주장하지 않았다. 오히려 그는 이렇게 고백했다.

> 내가 이미 얻었다 함도 아니요 온전히 이루었다 함도 아니라 오직 내가 그리스도 예수께 잡힌 바 된 그것을 잡으려고 달려가노라 형제들아 나는 아직 내가 잡은 줄로 여기지 아니하고 오직 한 일 즉 뒤에 있는 것은 잊어버리고 앞에 있는 것을 잡으려고 푯대를 향하여 그리스도 예수 안에서 하나님이 위에서 부르신 부름의 상을 위하여 달려가노라(빌 3:12-14).

비그리스도인나 그리스도인이 죄 없는 완전한 상태에 도달할 수 있다고 암시하는 성경 구절은 어디에도 없다. 하나님이 성경의 저자이자 유지자시며, 모든 말씀이 그분에게서 비롯되었다고 믿는다면(마 4:4, 딤후 3:16), 자신이 도덕적으로 완전하다는 주장은 하나님을 대적하고 그분의 생각을 묵살하는 것이다. 그것은 그분이 실수를 저지르셨거나 거짓말을 하셨다고 말하는 것이나 다름없다. 하나님의 자녀라면 그런 식의 생각이나 태도를 취하지 않을 것이다.

죄를 고백하는가?

우리는 지금까지 논의한 진리를 받아들여야 한다. 첫째, 우리가 그리스도인이라면 하나님의 빛 가운데 행하며 차츰 그분의 본성과 뜻에 일치하는 삶을 살아야 한다. 이것이 구원의 본질이다.[11] 둘째, 그리스도를 믿는다고 고백하면서 하나님의 인격과 뜻에 어긋나는 삶을 지속적으로 일삼는 사람은 회심하지 않은 교만한 비그리스도인으로 영원한 멸망을 당할 위험에 처해 있다고 결론지어도 무방하다. 셋째, 회심의 증거는 죄 없는 완전한 상태가 아니라 참된 회개와 고백이다. 넷째, 그리스도를 믿는다고 고백하면서 죄를 애통해하는 마음도 없고 하나님의 징계도 없이 죄 가운데서 살아가는 사람은 심각하게 고민해야만 한다.

이제 이런 중요한 진리를 배웠으니 그 빛으로 우리의 삶과 신앙고백을 면밀히 점검해야만 한다. 하나님의 거룩하심을 더 많이 깨닫고, 우리 삶에 있는 죄를 더욱 민감하게 의식하는가? 죄를 미워하고 증오

---

[11] 복음주의는 너무나도 오랫동안 하나님의 구원 사역을 칭의의 관점에서만 생각하고, 중생과 성화와 같은 구원의 측면은 무시해 왔다.

하는가? 죄에 맞서 싸우는가? 죄의 중압감과 하나님의 인자하심을 의식함으로 죄를 뉘우치고 고백하는가?(롬 2:4) 이 모든 물음에 "그렇다!"라고 대답한다면 우리 안에서 하나님의 구원 사역이 이루어지고 있다는 증거다.

5
하나님의 계명을 지키는가?

우리가 그의 계명을 지키면 이로써 우리가 그를 아는 줄로 알 것이요 그를 아노라 하고 그의 계명을 지키지 아니하는 자는 거짓말하는 자요 진리가 그 속에 있지 아니하되 누구든지 그의 말씀을 지키는 자는 하나님의 사랑이 참으로 그 속에서 온전하게 되었나니 이로써 우리가 그의 안에 있는 줄을 아노라(요일 2:3-5).

앞에서 참된 회심의 증거 두 가지를 살펴보았다. 첫 번째, 참된 그리스도인은 하나님의 계시의 빛 가운데서 행하며 그분의 본성과 뜻에 순응해 살아간다. 두 번째, 참된 그리스도인은 죄와 새로운 관계를 맺는다. 즉 죄를 더욱 미워하며, 죄를 지었을 때는 잘못을 뉘우치고 하나님 앞에 솔직하게 고백한다.

요한이 요한일서 2장에서 말한 대로 참된 회심의 세 번째 증거는 "하나님의 계명을 지키는 것"이다. 이번 장에서는 이 말이 무슨 의미이며, 어떻게 우리 삶에 적용될 수 있는지 살펴보기로 하자.

믿음을 시험하는 기준

요한일서의 목적을 다시 상기해 보자. 요한이 이런 진리들을 기록한 목적은, 예수 그리스도를 믿는 그리스도인들이 성경적인 확신에 근거하여 영생을 소유했다는 것을 알게 하기 위해서였다(요일 5:13). 요한은 믿음을 시험하는 세 번째 기준을 제시하면서 그 목적을 이와 같이 다시 언급했다.

> 우리가 그의 계명을 지키면 이로써 우리가 그를 아는 줄로 알 것이요(요일 2:3).

다시 말하지만, 요한일서는 영적인 그리스도인과 육적인 그리스도인을 구별하지 않는다. 양과 염소를 구별할 뿐이다. 요한의 우선적인 목적은 참된 그리스도인들에게 성경적인 구원 확신을 심어주는 것이다. 그러나 그 과정에서 그리스도를 믿는다는 고백에도 불구하고 아직 회심하지 않은 사람들이 존재한다는 사실을 분명하게 드러낸다. 오늘날 이 진리를 받아들이기 힘들어하는 사람이 많지만, 요한은 단지 예수님이 마태복음 7장 17-19절에서 가르치신 기준을 되풀이할 뿐이다. 좋은 나무라는 증거는 좋은 열매가 맺히는 것이다. 나무는 그 열매로 알 수 있다는 것이 그 기준이다.

이는 가장 뛰어난 사역자들과 훌륭한 신조와 신앙고백이 역사적으로 인정해 온 성경의 진리다. 그러나 오늘날의 복음주의자들 가운데는 이것을 사랑이 없는 가혹한 판단 행위로 간주하는 이들이 많다. 그들이 그런 식으로 반응하는 이유는 구원에 관한 피상적인 이해와 그로 인한 영향 때문이다. 현대 복음주의는 구원을 그리스도를 영접하겠다는 인간의 결신 행위로 축소시켰다. 뿐만 아니라 회심 이후의 삶도 전적으로 회심자의 올바른 선택 여부에 달려 있다고 믿는다. 하나님의 사랑은 그리스도인의 심리를 조종하거나 강제하지 않기 때문에 그리스도인은 자유롭게 성장을 거부할 수도 있다. 또한 하나님의 감동하심에 따르지 않거나 참된 제자도를 수행하지 않을 수도 있다. 장차 영광 가운데 들어가 온전히 변화될 때까지 육적인 상태 그대로 머물 수도 있다. 이 모든 견해는 제법 그럴싸하게 들리지만, 이는 명백한 이단 사상이다.

하나님의 사랑이 그리스도인의 심리를 조종하거나 강제하지 않는다는 것도 사실이고, 인간의 의지를 활용하는 것이 회심과 성화의 필수요소라는 것도 사실이다. 그러나 이 견해들은 구원과 밀접한 관계를 맺고 있는 세 가지 중요한 교리를 무시하거나 심지어는 부인한다. 첫째 교리는 중생의 교리다. 죄를 뉘우치고 주 예수 그리스도를 믿는 사람은 거듭났다. 그는 새로운 피조물이 되어 본성과 감정이 새롭게 변화되었다. 여전히 육신과 마귀와 세상에 맞서 싸우고 있고, 천국에서 영화롭게 되기 전에는 결코 완전한 상태에 이를 수 없지만 새 사람의 특징이 나타난다. 새 사람의 본성이 이성적 인격체의 의지와 감정을 지배한다.

둘째와 셋째 교리는 중생과 불가분의 관계를 맺는 성화와 섭리다. 성경의 영감과 하나님의 신실하심을 믿는다면 바울 사도가 말한 대로 선한 일을 시작하신 하나님이 그리스도인의 삶에서 그 일을 끝까지 이루실 것이라고 확신할 수밖에 없다(빌 1:6). 그리스도인 안에서 역사하시는 하나님이 그 기쁘신 뜻을 위해 소원을 두고 행하게 하시기 때문이다(빌 2:13). 참된 그리스도인은 하나님의 가르침과 성령의 인도하심을 받는다(요 6:45, 롬 8:14, 빌 3:15, 요일 2:27). 그리스도인이 하나님의 부성적인 손길을 거부하거나 거역할 경우에는 징계를 받게 된다(히 12:10). 징계의 목적은 하나님의 거룩하심에 참여하게 하는 것이다. 거룩함이 없으면 아무도 하나님을 볼 수 없다(히 12:14). 그리스도인은 심지어 슬픔과 고통을 느낄 때까지 징계를 받음으로써 연단을 받아 의와 평강의 열매를 맺기에 이른다(요 15:8, 16, 히 12:11). 그리스도를 믿어 하나님의 자녀가 되었다고 주장하면서 하나님의 개입이 전혀 없는 상태로 육적인 삶을 살아가는 사람을 성경은 거짓 회심자 또는 "사생자"로 간주한다.

> 너희가 참음은 징계를 받기 위함이라 하나님이 아들과 같이 너희를 대우하시나니 어찌 아버지가 징계하지 않는 아들이 있으리요 징계는 다 받는 것이거늘 너희에게 없으면 사생자요 친아들이 아니니라(히 12:7, 8).

이처럼 구원의 본질과 하나님의 섭리와 약속의 견실함은 그리스도인이 자기 안에 있는 새 생명의 속성을 드러내며, 계속 성장하고 성숙해 나간다는 것을 확실하게 보여주는 증거다. 이것이 예수님이 "그들의 열매로 그들을 알리라"고 말씀하신 이유다(마 7:16-20). 바울도 이 진리를 염두에 두고 그리스도인들에게 자신이 믿음 안에 있는지 시험하고 확증하라고 권고했다(고후 13:5). 요한도 이를 근거로 요한일서에서 그리스도인이 자신을 시험할 수 있는 기준을 제시했다.

하나님의 계명에 복종하라

하나님의 계명에 복종하는 것은 참된 회심을 통해 하나님과 올바른 관계를 맺었음을 입증하는 확실한 증거 중 하나다. 말씀에 대한 복종은 구원 여부를 입증하는 시금석과 같다. 이 진리는 야고보서에 가장 분명하게 드러나 있다.

이와 같이 행함이 없는 믿음은 그 자체가 죽은 것이라 어떤 사람은 말하기를 너는 믿음이 있고 나는 행함이 있으니 행함이 없는 네 믿음을 내게 보이라 나는 행함으로 내 믿음을 네게 보이리라 하리라 네가 하나님은 한 분이신 줄을 믿느냐 잘하는도다 귀신들도 믿고 떠느니라 아아 허탄한 사람아 행함이 없는 믿음이 헛것인 줄을 알고자 하느냐(약 2:17-20).

성경의 무오성과 통일성을 믿는 사람들은 바울이 가르치고 힘써 역설하고(롬 3:19-22, 4:1-25, 갈 2:16) 종교개혁자들이 열심히 설파한 이신칭의(以信稱義) 교리와 야고보서 말씀이 서로 모순을 일으키지 않는다고 굳게 확신한다.[12] 성령의 영감을 받은 이 두 성경 기자가 다루는 구원 문제는 동전의 양면과 같다. 바울 사도는 구원의 원인을 밝히고 있고, 야고보는 그 결과를 언급한다. 우리는 이 두 성경 기자를 통해 하나님의 구원 사역을 전체적으로 조망할 수 있다.

구원은 오직 믿음으로 얻는다. 그렇게 믿거나 가르치지 않는 사람들은 저주 아래 있다(갈 3:10). 그러나 믿음으로 얻는 구원은 행위, 곧 율법에 대한 복종으로 이어진다. 물론 그런 행위의 공로는 행위자가 아닌 은혜를 주시는 하나님께 있다(고전 15:10, 엡 3:7). 믿음으로 구원받은 사람은 하나님의 계명에 더욱 복종하는 삶을 살아간다. 그 이유는 새로 발견된 의지의 힘 때문이 아니라, 거듭났기 때문이다(요 3:3, 7, 벧전 1:3, 23). 그리스도인에게는 새로운 본성이 주어졌다. 그는 새로운 피조물이 되었고, 하나님의 성령께서 그에게 내주하신다(겔 36:26, 27, 롬 8:9-11, 고후 5:17). 바울의 말에 따르면, 그리스도인은 옛 사람에 대해 죽고 다시 살

---

12) "오직 믿음으로!"(*sola fide*)라는 칭의 교리가 종교개혁을 일으키는 불씨가 되었다는 말은 절대 과장이 아니다.

아나 새 생명 가운데서 살아간다(롬 6:1-6). 이 모든 것이 그리스도를 통해 우리와 화목하신 하나님으로부터 비롯한다(고후 5:18). 따라서 이 사실을 옳게 이해하면 하나님께 영광을 돌리지 않을 수 없다.

이런 사실은 오직 믿음으로 구원받는다는 교리를 옹호할 때 가장 자주 거론되는 바울 서신의 말씀에 의해 분명하게 확인된다.

> 너희는 그 은혜에 의하여 믿음으로 말미암아 구원을 받았으니 이것은 너희에게서 난 것이 아니요 하나님의 선물이라 행위에서 난 것이 아니니 이는 누구든지 자랑하지 못하게 함이라 우리는 그가 만드신 바라 그리스도 예수 안에서 선한 일을 위하여 지으심을 받은 자니 이 일은 하나님이 전에 예비하사 우리로 그 가운데서 행하게 하려 하심이니라(엡 2:8-10).

바울은 "너희는 그 은혜에 의하여 믿음으로 말미암아 구원을 받았으니 이것은 너희에게서 난 것이 아니요 하나님의 선물이라 행위에서 난 것이 아니니 이는 누구든지 자랑하지 못하게 함이라"는 처음 두 구절에서 같은 의미의 말을 표현만 바꿔 거듭 강조하고 있다. 독자의 이해력을 무시하지 않으면서 이처럼 분명하게 의미를 전달하기는 쉽지 않다. 성경 곳곳에서 가르치고 옹호하는 초월적인 진리를 전하려면 바울처럼 확실해야 하지 않겠는가? 또한 바울은 이렇게 분명히 말했다.

> 사람이 의롭게 되는 것은 율법의 행위로 말미암음이 아니요 오직 예수 그리스도를 믿음으로 말미암는 줄 알므로 …… 이는 우리가 율법의 행위로써가 아니고 …… 율법의 행위로써는 의롭다 함을 얻을 육체가 없느니라(갈 2:16).

바울은 에베소서 2장 8, 9절에서 칭의의 수단은 오직 믿음뿐이라는 사실을 언급한 후 그리스도인의 삶에서 이루어지는 하나님의 섭리와 성화의 사역이라는 두 가지 진리에 초점을 맞춘다. 믿음으로 의롭다 하심을 받는 사람들은 "하나님이 만드신" 존재, 곧 "그리스도 예수 안에서 선한 일을 위하여 지으심을 받은 자"다. 하나님은 창세전에 그들을 위해 선한 일을 준비하셨고, 그들로 그 가운데서 행하게 하시기 위해 그들을 새롭게 창조하셨다. 하나님은 의롭게 하시고 나서 그들이 제멋대로 하도록 방치하지 않으신다. 그분은 죄의 정죄에서 그들을 구원하는 데만 능력을 발휘하시고, 그들을 죄의 권세에서는 구원하지 못하시는 무기력한 존재가 아니시다. 그런데 오늘날의 설교자들은 왜 이 진리에 무지한 것일까? 죄인 중의 괴수를 의롭게 하신 하나님은 또한 죄인 중의 괴수를 거룩하게 하실 수 있다(딤전 1:15).

오늘날 거룩하지 못한 육적인 사람들이 주일마다 예배당을 가득 채우고 있는 이유는 하나님의 약속이 실패했기 때문이 아니다. 그들이 아직 회심하지 않았기 때문이다. 그들은 경건의 모양은 있지만 경건의 능력은 부인한다(딤후 3:5). 그들은 스스로 그리스도와 연합했다고 생각하지만, 마치 그분이 복종해야 할 계명을 명령하지 않으신 것처럼 버젓이 "불법을 행하며" 살아간다. 그들은 그리스도를 "주여 주여"라고 부르지만 그분이 말씀하신 것을 행하지 않는다(눅 6:46). 그들은 마지막 날에 이와 같은 두려운 판결을 받게 될 것이다.

> 내가 너희를 도무지 알지 못하니 불법을 행하는 자들아 내게서 떠나가라 (마 7:23).

이것이 요한일서에 제시된 판단 기준, 특히 지금 우리가 다루고 있는 계명에 대한 복종이 그토록 중요한 이유다. 구원의 증거는 죄가 없는 완전한 상태나 완벽한 복종의 점수표가 아니다. 하나님의 계명과 새로운 관계를 맺는 것이다. 다시 말해 시간이 흐를수록 더욱 계명에 복종하며, 계명을 어겼을 때는 잘못을 진정으로 뉘우치는 태도에 있다. 회심 이전에는 하나님의 계명과 그런 관계를 맺지 못한 채 그분이 복종해야 할 계명을 제시하지 않으셨거나 실천해야 할 지혜의 명령을 허락하지 않으신 것처럼 살았다. 하나님의 율법을 알려고 노력하지도 않았고, 부지런히 그것을 실천하지도 않았다. 불순종을 일삼으며 살아도 양심에 가책을 느껴 회심하는 법이 없었다. 그러나 복음 설교를 듣고 하나님의 성령을 통해 새로운 생명을 얻은 뒤에는 하나님은 물론, 그분의 말씀과도 새로운 관계를 맺기에 이른다. 하나님의 지혜와 계명의 아름다움을 차츰 깊이 인식하여 하나님이 말씀하신 것을 알고 실천하고 싶은 욕구를 느낀다. 전에는 하나님의 계명을 완전히 무시하며 살았지만, 이제는 그 가치를 높이 찬양한다. 회심 이전에 그를 알았던 사람들은 그런 변화에 크게 놀라며 어리둥절해한다. 그는 시온의 위대한 성도들과 손을 맞잡고 이렇게 선언한다.

> 여호와의 율법은 완전하여 영혼을 소성시키며 여호와의 증거는 확실하여 우둔한 자를 지혜롭게 하며 여호와의 교훈은 정직하여 마음을 기쁘게 하고 여호와의 계명은 순결하여 눈을 밝게 하시도다 여호와를 경외하는 도는 정결하여 영원까지 이르고 여호와의 법도 진실하여 다 의로우니 금 곧 많은 순금보다 더 사모할 것이며 꿀과 송이꿀보다 더 달도다 또 주의 종이 이것으로 경고를 받고 이것을 지킴으로 상이 크니이다(시 19:7-11).

하나님의 말씀을 이런 식으로 새롭게 인식하게 된 이유는 무엇일까? 하나님에 대한 사랑을 새롭게 발견했기 때문이다. 말씀에 대한 사랑이 우상 숭배적인 사랑으로 발전해서는 곤란하다. 이런 이유로 요한은 이렇게 말했다.

> 누구든지 그의 말씀을 지키는 자는 하나님의 사랑이 참으로 그 속에서 온전하게 되었나니(요일 2:5).

여기에서 "하나님의 사랑"은 그리스도인에 대한 하나님의 사랑을 가리키지 않는다. 그 사랑은 이미 처음부터 완전했다. 요한이 말하는 사랑은 거듭난 그리스도인의 마음에서 비롯하는 사랑이다. 거듭난 그리스도인은 하나님을 사랑한다. 이 사랑은 하나님의 계명에 복종하는 삶을 통해 입증되어 나타나고 완전을 향해 나아간다. 많은 사랑을 받는 청교도 주석학자 매튜 헨리는 유익하고 설득력 있는 통찰력을 제시했다.

> 빛은 사랑의 불꽃을 일으켜야 한다. 사랑은 하나님의 말씀을 지켜야 하고, 지키고자 하는 의지를 드러낸다. 사랑은 사랑스러운 주님을 어떻게 기쁘시게 하고 섬길 수 있는지 묻고, 그분이 나타내신 뜻에 복종함으로 그렇게 할 수 있다고 깨닫는다. 사랑은 자신을 분발시켜 그러려고 노력하고 자신을 입증해 보인다. 사랑은 그것을 통해 자신을 온전히 발현하고, 온전한 효력을 나타내며, 온전한 기쁨을 누린다. 우리는 하나님과 그리스도의 뜻에 충실함으로 우리가 하나님 안에 있고 그분께 속해 있다는 사실을 알게 된다. 또한 우리를 복종으로 이끄시고 복종할 수 있게 도와주시는 성령 안에서 그분과 연합했다는 사실을 알게 된다.[13]

진정으로 회심한 사람은 율법을 무시하거나 불순종하는 법이 없다는 뜻은 결코 아니다. 죄 짓지 않는 사람은 아무도 없다. 때로 우리의 영혼과 이성을 마비시키는 무감각에서 자유로울 수 있는 사람은 없다. 이 세상에서 살아가는 동안 언제나 진정으로 하나님을 사랑하고, 그분의 율법을 항상 사모하며, 그런 마음으로 늘 열심히 율법을 실천하려고 애쓰는 그리스도인은 찾아보기 어렵다. 그러나 성령으로 거듭난 사람은 회심하지 않은 상태로 살아가는 사람들과 비교하면 말씀에 대한 생각과 그것을 실천하려는 의지가 남다르다. 이것이 요한이 우리에게 가르치려고 한 진리다.

공허한 고백

요한은 이번에는 기독교를 믿는다고 생각하지만 그렇게 생각할 근거가 없는 사람들의 실체를 드러내는 데 초점을 맞춘다. 여기에서도 요한의 대담한 말은 부드러운 말에 익숙한 현대인의 귀에는 조금 부담스럽게 들린다. 그러나 요한의 말은 사랑에서 우러나온 것일 뿐만 아니라, 성령의 영감으로 기록된 말씀이 분명하다.

> 그를 아노라 하고 그의 계명을 지키지 아니하는 자는 거짓말하는 자요 진리가 그 속에 있지 아니하되(요일 2:4).

요한의 말이 너무 심하거나 거칠다고 생각된다면 그런 표현 방식이 신구약성경에 흔히 사용되었다는 사실을 기억해야 한다. 예수님은 거

---

13) Matthew Henry, *Commentary on the Whole Bible*(New York: Fleming H. Revell, n.d.), 6:1066.

짓 회심자들에게 "불법을 행하는 자들"(마 7:23)이라는 훨씬 심한 표현을 적용하셨다. 바울 사도는 그런 사람들을 "하나님을 시인하나 행위로는 부인"하는 자로 일컫는 것도 모자라 "가증한 자요 복종하지 아니하는 자요 모든 선한 일을 버리는 자"라고 호되게 꾸짖었다(딛 1:16). 예수님의 형제인 야고보는 그런 사람들의 성품과 행위가 귀신들보다 더 못하다고 말했다. 귀신들은 최소한 무서워 떨기라도 하기 때문이다(약 2:19). 그리스도를 고백하면서 그분의 계명을 무시하는 사람들은 일시적인 형벌이든 영원한 형벌이든 아무것도 두려워하지 않는다. 그들은 "나는 주님을 안다!"라고 자신 있게 선언하고, 모든 증거가 아니라고 말하는데도 그분과 자신의 관계를 옹호한다. 그들은 자신이 주님을 모른다거나 주님이 자신을 모른다는 말을 조금이라도 들으면 몹시 못마땅해하거나 불편하게 생각한다. 심지어는 분노를 느끼기까지 한다. 따라서 그들에게 그런 식으로 말하고자 하는 사람들은 이와 같은 주님의 경고를 진지하게 고려하는 것이 좋다.

> 거룩한 것을 개에게 주지 말며 너희 진주를 돼지 앞에 던지지 말라 그들이 그것을 발로 밟고 돌이켜 너희를 찢어 상하게 할까 염려하라(마 7:6).

거짓 회심의 증거가 많은데도 끈질기게 그런 자신감을 드러내는 이유는 두 가지다. 첫째는 인간의 본성 때문이다. 거듭나지 않은 마음은 교만함과 악한 생각으로 가득하다(창 6:5, 막 7:21-23). 그러나 인간의 본성은 종교와 경건의 얄팍한 외관으로 자신을 치장하기를 좋아한다. 경건한 척하는 그런 얄팍한 외관을 칼로 조금만 벗겨내도 거짓 회심자의 진정한 성품은 거센 홍수나 굶주린 늑대처럼 득달같이 불거져 나타난다. 도무지 뚫릴 것 같지 않은 단단한 껍데기가 거짓 회심자의 망상을 보호하고 있는 것처럼 보이는 둘째 이유는, 그들이 듣는 설교 때문이다. 오늘날의 설교자들은 교인들에게 평화가 없는데도 "평안하다 평안하다"라고 선언하여 마치 자장가를 부르듯 그들을 위험한 잠에 빠져들게 만들고 있다(렘 6:14, 암 4:12, 고후 13:5, 벧후 1:10). 마른 뼈와 다름없는 회개하지 않은 교인들을 거느리고 사역하고, 그들의 부실한 벽에 창조적인 마케팅과 오락이라는 회반죽을 칠해 준다(겔 13:10, 11). 또한 복음이 필요한 사람들의 욕구를 채워주겠다면서 "터진 웅덩이"를 파헤치는 설교자가 매우 많다(렘 2:13, 14:3). 하나님의 심판이 폭우와 폭풍처럼 그들에게 몰아닥치는 순간, 그들의 벽은 여지없이 무너져 아무것도 남지 않게 될 것이다(렘 9:11-14, 겔 13:10-16). 설교자는 혹시 구원받더라도 불 가운데서 구원받은 것 같을 것이고, 그의 사역은 모두 불타 없어질 것이다(고전 3:15).

그리스도를 믿는다고 하면서 그분의 계명을 지키지 않는 사람은 심각하게 고민해야 한다. 하나님을 진정으로 사랑한다고 열심히 주장하면서 행위로 그것을 보여주지 못한다면, 성경은 그런 사랑을 무의미한 허장성세로 간주한다는 사실을 일깨워줘야 한다(요일 2:5, 15). 설교자의 소명을 받았다고 주장하는 사람들은 그들을 깨워 죽은 자들 가운데서 살려내려고 노력해야 한다. 그러면 그리스도께서 그들에게 빛을 비추실 것이다(엡 5:14).

우리의 확신과 하나님의 계명

우리가 그의 계명을 지키면 이로써 우리가 그를 아는 줄로 알 것이요(요일 2:3).

요한이 가르치는 진리는 세 번째 믿음의 판단 기준을 통해 분명하게 드러난다. 그렇다면 이 판단 기준은 우리의 구원 확신을 강화시키는가, 아니면 약화시키는가? 하나님의 계명과 우리의 관계를 비그리스도인들과 비교할 때 확연한 차이가 나타나는가? 성경에 계시된 하나님의 뜻과 우리의 관계를 묘사한다면 어떻게 말할 수 있겠는가? 우리를 일꾼으로 인정된 자로 드리기 위해 하나님의 말씀을 배우는가?(딤후 2:15) 우리는 말씀을 행하는 자인가, 아니면 말씀을 듣기만 하여 자신을 속이는 자인가?(약 1:22)

간단히 말해, 진정으로 회심한 사람은 이와 같은 특징을 지닌다. 첫째, 참 회심자는 자신의 연약함을 인정한다. 성숙한 그리스도인도 세상일에 현혹되거나 하나님의 말씀에 무관심한 잘못을 저지르지 않기 위해 애쓸 때가 많다. 참된 그리스도인은 누구나 하나님의 말씀을 거역하고 그분의 계명을 지키지 못할 때가 너무 많다고 슬퍼한다. 그러나 그런 슬픔과 탄식은 회심의 가장 확실한 증거다. 거듭나지 못한 사람은 그런 특징을 보이지 않는다.

둘째, 참 회심자는 그런 연약함에도 불구하고 하나님의 계명을 지키는 문제에서 회심하지 않은 자와 확실한 차이를 드러낸다. 참된 그리스도인은 하나님의 계명을 기뻐하는 마음이 갈수록 커지고, 복종을 통해 계명을 실천하는 행위가 갈수록 늘어난다. 그는 삼보 전진 이보 후퇴를 거듭하면서 조금씩 발전해 나간다. 이따금 가지치기와 징계가 필요할 때도 있지만, 열매가 더욱 풍성해지고 승리가 더욱 확실해진다. 그리스도인의 삶 전체를 통해 하나님의 거룩하게 하시는 사역이 계속되고, 그 결과 그의 태도와 행위가 계명을 통해 드러난 하나님의 뜻에 더욱 가까워진다.

셋째, 참 회심자는 불순종을 슬퍼하면서 복종하고 싶은 열정을 더욱 강하게 느낀다. 참된 그리스도인은 하나님의 고귀하심과 그분의 말씀에 대한 이해가 차츰 깊어지면서 자신의 삶에서 조금이라도 불순종의 행위가 발견되면 크게 슬퍼하며 탄식한다. 그러나 그의 슬픔은 절망으로 기울지 않는다. 세상에서 나그네로 살아가는 동안 하나님의 신실하심을 종종 느낄 뿐 아니라, 상하고 통회하는 마음을 주께서 멸시하지 않으시는 것을 경험으로 알기 때문이다(시 51:17).

요한은 그리스도인이 하나님의 계명과 새롭고 독특한 관계를 맺는다는 것을 여러 기준을 들어 설명했다. 그런 기준을 충족시키는 증거가 삶에서 발견된다면 구원을 확신할 수 있는 근거를 마련했다고 볼 수 있다. 그러나 하나님의 계명과 새로운 관계를 맺었다는 증거가 보이지 않거나 그런 관계를 아예 맺고 있지 않는 것으로 드러난다면 심각하게 고민해야 한다. 그런 경우에는 하나님을 향해 부르짖으며, 자신의 삶을 말씀의 빛에 비춰보아야 한다. 하나님은 상하고 통회하는 심령을 멸시하지 않으신다. 그분은 자기에게 나아오는 자를 내쫓지 않으신다(요 6:37). 누구든지 주의 이름을 부르는 자는 구원을 받는다(롬 10:13).

6
그리스도를 본받는가?

이로써 우리가 그의 안에 있는 줄을 아노라 그의 안에 산다고 하는 자는 그가 행하시는 대로 자기도 행할지니라(요일 2:5, 6).

앞에서 하나님의 계명을 지속적으로 지켜나가는 것에 대해 살펴보았다. 아마도 이것은 참 회심의 가장 큰 증거인지도 모른다. 그렇다고 그 증거에만 관심을 집중하다면 그다음 증거의 중요성을 간과하기 쉽다. 사실은 그다음 증거도 똑같이 관심을 기울여야 할 만큼 중요하다.

"그리스도와 구원의 관계를 맺었다는 사실을 어떻게 알 수 있을까?" 이 질문에 대한 대답은 간결하고도 확실하다. 그것은 "그리스도께서 행하신 대로 행하는 것"이다.

언뜻 생각하면 이 증거는 의심은 물론, 절망까지 느끼게 만들지도 모른다. 그리스도께서 세상에서 행하신 대로 똑같이 살아가고 있다고 감히 주장할 사람이 누가 있겠는가? 그러나 본문에 대한 오해를 일단 극복하고 나면 가장 연약한 그리스도인조차도 큰 위로를 느낄 수 있는 증거임을 곧 알게 될 것이다.

예수 그리스도께서 사셨던 삶

우선 예수님이 세상에 계시는 동안 얼마나 놀라운 삶을 사셨는지 살펴보자. 성경은 성자 하나님이 "죄 있는 육신의 모양으로" 세상에 오셨다고 말한다(롬 8:3, 헬라어 원문을 직역하면 "죄의 육신의 형상으로"라는 뜻이다). 이 말씀은 그리스도께서 죄 있는 육신의 모양을 취하셨다는 뜻이 아니라, 인간의 참된 본성을 취하셨다는 의미다. 그분이 취하신 인성은 죄가 없는 순수한 인성이었지만, 인간의 한계와 연약함과 고난과 고통에서 자유롭지는 못했다. 윌리엄 헨드릭슨은 이렇게 설명했다.

> 예수님은 창조주 하나님이 처음 만드신 인간의 본성을 취하지 않으셨다. 그분은 죄가 없지만, 그럼에도 죄로 인해 연약해진 인성을 취하셨다.[14]

성자 하나님이 타락하기 전의 온전하고 영광스러운 인성을 취하셨더라도 자신을 무한히 비하시키신 행위였을 것이 틀림없다. 그런데 그분은 거기에서 더 나아가 인간과 같은 육신의 형상을 입고 세상에 오시면서 타락의 끔찍한 결과에 노출된 본성을 취하셨다. 그분은 죄는 없으셨지만 우리의 연약함을 잘 알고 계셨고, 우리의 수치를 감당하셨으며, 모든 일에 우리와 똑같이 시험을 받으셨다(고후 5:21, 히 4:15). 그분은 거룩하고, 악이 없고, 더러움이 없으시다(히 7:26).

지금까지 세상에서 살았던 성도 가운데 가장 위대하고 경건한 사람과 예수 그리스도의 독특한 인격을 비교해 보면 이 놀라운 진리를 이해하는 데 유익할 것이다. 바울 사도조차도 인생을 살면서 하나님이

---

14) William Hendriksen, *New Testament Commentary: Exposition of Paul's Epistle to the Romans*(Grand Rapids: Baker, 1980), 247.

마땅히 받으셔야 할 만큼의 사랑을 그분께 드린 적이 단 한 번도 없었다. 또한 그는 지극히 순수한 동기를 가지고 오로지 전적으로 하나님의 영광만을 위해 행했노라고 자신 있게 내세울 수 있는 일을 단 한 번도 행하지 못했다. 그러나 그리스도께서는 하나님을 마음과 목숨과 뜻과 힘을 다해 사랑하지 않으신 적이 단 한 번도 없으셨다(막 12:30). 그리스도께서 행하신 모든 행위는 오직 하나님의 영광만을 위한 순수한 동기로 이루어졌다. 그분은 먹고 마시는 일은 물론, 가장 사소한 일조차도 언제나 하나님의 영광을 추구하셨다(고전 10:31).

예수님은 죄가 없이 완전하셨다. 이것은 매우 확실하고 분명한 사실이다. 그래서 그분은 원수들 앞에서도 전혀 주저하지 않고 자신의 완전하심을 주장하셨다. 우리를 강력하게 비난하는 사람들 앞에서 "너희 중에 누가 나를 죄로 책잡겠느냐"(요 8:46)라고 자신 있게 말할 수 있는 사람이 과연 누가 있겠는가? 우리 가운데 어느 누가 우리 시대의 종교 지도자들 앞에서 "나는 항상 그가(하나님이) 기뻐하시는 일을 행한다"(요 8:29)고 장담할 수 있겠는가? 그리스도께서는 자기 자신에 대해 그렇게 증언하셨다. 물론 그분 혼자만 그렇게 증언하신 것은 아니다. 성부 하나님도 "이는 내 사랑하는 아들이요 내 기뻐하는 자라"(마 3:17, 17:5)는 말씀으로 그리스도의 온전하신 복종을 인정하셨다.

신약성경 곳곳에서 예수 그리스도의 흠 없는 삶에 대한 증언이 발견된다. 심지어 그리스도의 원수들조차 그 사실을 인정했다. 가룟 유다는 예수님을 배신한 후 곧 크게 후회하며 이렇게 부르짖었다. "내가 무죄한 피를 팔고 죄를 범하였도다"(마 27:4).

빌라도의 아내는 빌라도가 판결을 내리기 전에 이렇게 경고했다. "저 옳은 사람에게 아무 상관도 하지 마옵소서 오늘 꿈에 내가 그 사람으로 인하여 애를 많이 태웠나이다"(마 27:19).

이 냉혹하고 이기적인 로마의 관원은 줏대 없이 대중의 요구에 응해 그리스도의 처형을 허락했지만 이렇게 고백하지 않을 수 없었다. "내가 보니 이 사람에게 죄가 없도다"(눅 23:4).

그리스도께서 십자가에서 운명하실 무렵, 강퍅한 로마의 백부장도 이렇게 목소리를 높여 하나님을 찬양했다. "이 사람은 정녕 의인이었도다"(눅 23:47).

신약성경은 그리스도의 죄 없으신 삶과 그분의 의로우심을 증언한다. 그분은 가난한 자들에게 복음을 전하셨고, 포로 된 자들에게 해방을 선포하셨으며, 눈먼 자들의 눈을 회복시켜주셨고, 억눌린 자들을 자유롭게 하셨다(눅 4:18). 그분이 입을 열어 가르치실 때 사람들은 그 권위에 크게 놀랐다(마 7:28, 29). 사람들이 굶주리자 그분은 떡 몇 개와 물고기 몇 마리로 수천 명을 먹이셨다(마 14:16-21). 또한 귀신들린 자들을 말씀으로 고쳐주셨고, 나병환자를 깨끗하게 하셨으며, 병든 자를 치유하시고, 죽은 자를 살리셨다(마 8:2, 3, 16, 요 11:43, 44). 사람들이 예수님을 놀라워하며 "그가 모든 것을 잘하였도다"(마 7:37)라고 말한 것은 지극히 당연했다.

우리가 어떻게 예수님과 비교될 수 있을까

예수 그리스도의 흠 없는 삶과 그분이 행하신 영광스러운 사역, 그리고 십자가에 죽기까지 복종하신 것(빌 2:8)을 생각해 보자. 그러면 "그의 안에 산다고 하는 자는 그가 행하시는 대로 자기도 행할지니라"(요일 2:6)는 요한의 말이 과연 제정신으로 하는 공정한 말인가 하는 의문이 생긴다. 요한 사도가 자신은 물론 다른 사도들조차도 감당할 수 없는 무거운 짐을 우리에게 지우는 이유가 무엇일까?(마 23:4) 이런 높은 기준을 제시한다면 가장 경건한 그리스도인도 과연 구원을 확신할 수 있을까? 우리 주님의 온전한 삶을 본받는 것보다는 차라리 바리새인들의 잡다한 규칙이나 율법의 힘든 요구를 충족시키는 편이 더 쉬울 것 같다.

그러나 절망하며 영원한 멸망을 향해 가기 전에 이 말씀의 문맥을 다시금 잘 살펴봐야 한다. 요한은 불가능한 완전 상태를 요구하는 것이 아니다. 그는 단지 우리 삶의 태도를 점검하라고 요구할 뿐이다. 이 세상 풍조를 따라 살고 있는가?(엡 2:1-3) 아니면 성령의 거룩하게 하시는 사역을 좇아 그리스도께서 행하신 대로 행하는 법을 배워가고 있는가? 그리스도를 본받으려고 애쓰는 확실하고도 실천적인 증거가 나타나는가? 그리스도의 제자라는 주장이 우리의 언행을 통해 거짓으로 드러나고 있는가, 사실로 드러나고 있는가? 우리의 성품이 그리스도의 성품에 이르지 못하는 것을 의식하고 깊은 슬픔을 느끼는가? 그리스도를 닮기를 갈망하는가?

형을 몹시 사랑하고 존경하는 한 소년이 있다. 그는 모든 면에서 형을 닮고 싶었다. 소년은 영락없는 어린아이였지만, 생김새와 행동거지는 둘이 형제라는 사실을 금방 알아볼 수 있을 만큼 형을 많이 닮았다. 눈 내리던 어느 겨울 아침, 형은 농장 주위에서 늘 해오던 허드렛일을 처리하려고 밖으로 나갔다. 어린 동생은 그의 뒤를 바짝 쫓아갔다. 형은 키가 컸고, 걸음걸이도 힘차고, 보폭도 넓었다. 눈 위에 남겨진 그의 발자국에서 어린 동생과는 비교할 수 없는 힘과 균형이 느껴졌다. 어린 동생은 형처럼 되고 싶은 열망이 몹시 강했기에 보폭을 최대한 넓혀 형이 남긴 발자국을 밟으려고 애썼다. 그는 비척거리며 몇

걸음을 내디뎠다. 그러나 그 자신은 물론 주위 사람들도 그가 형의 발걸음을 따라 걷는 게 불가능하다는 사실을 분명히 알 수 있었다. 어린 소년은 자기 앞에 남겨진 발자국을 응시하며 굳센 각오로 그대로 따라 걸으려고 용을 썼다. 그런데 결과는 참으로 어설프고 우스꽝스러웠다. 그러나 어린 소년의 노력에는 형을 닮으려는 진지한 열정이 고스란히 드러났다. 정직한 관찰자라면 잦은 실패에도 불구하고 어린 동생이 형을 닮고 싶어하는 마음과 그가 걷는 대로 걸으려는 의지를 품고 있다는 사실을 분명하게 알 수 있을 것이다.

성경은 그리스도께서 우리의 선지자이자 왕이실 뿐 아니라, 우리의 맏형이시라고 가르친다(히 2:11, 12). 그분이 걸으셨던 길은 우리가 살아가야 할 방향과 형태를 제시한다. 바울은 그리스도께서 많은 형제 중에 맏아들이 되게 하시기 위해 하나님이 우리를 그 아들의 형상을 본받게 하기 위하여 미리 정하셨다고 말했다(롬 8:29). 그는 자신이 그리스도를 본받는 자가 된 것같이 자신을 본받으라고 말했다(고전 11:1). 베드로 사도는 그리스도께서 본을 보여 그 자취를 따라오게 하셨다는 말로 고난당하는 그리스도인들을 격려했다(벧전 2:21). 히브리서 기자도 이렇게 권고했다.

> 모든 무거운 것과 얽매이기 쉬운 죄를 벗어버리고 인내로써 우리 앞에 당한 경주를 하며 믿음의 주요 또 온전하게 하시는 이인 예수를 바라보자(히 12:1, 2).

이런 말씀들을 고려하면 "그가 행하시는 대로 자기도 행할지니라"는 요한의 말이 참 회심의 증거라는 게 조금도 이상해 보이지 않는다. 결국 제자가 모든 일에 스승을 닮기 원하는 것이 당연하지 않겠는가?(마 10:24, 25) 제자는 스승의 가르침과 더불어, 그의 생활 태도를 배우려고 노력하기 마련이다. 제자는 스승이 행하는 대로 행하기를 원한다.

제자와 스승의 관계는 대부분 제자가 스승처럼 되어 그와 동등한 수준에 이르는 것으로 절정에 달한다. 그러나 기독교의 경우 스승과 제자의 관계는 결코 절정에 도달할 수 없다. 우리는 주님의 수준에 도달할 수 없다. 우리는 항상 제자다. 이것이 예수님이 이렇게 말씀하신 이유다.

> 그러나 너희는 랍비라 칭함을 받지 말라 너희 선생은 하나요 너희는 다 형제니라(마 23:8).

그리스도를 가장 많이 닮은 그리스도인도 아직 그분의 완전하심에 온전히 이르지 못한 제자일 뿐이다. 가장 성숙한 그리스도인도 그리스도께서 행하신 대로 행하는 법을 여전히 배워나가야 한다. 가장 거룩한 그리스도인도 항상 노력하는 어린 동생과 같을 뿐, 형의 발걸음을 그대로 쫓아갈 수 없다. 심지어는 정상적인 성장 속도를 뛰어넘는 속도로 꾸준히 신앙생활을 이끌어나간다고 해도 항상 불완전할 뿐이다. 그리스도를 가장 많이 닮았다고 생각되는 순간에도 맏형이신 그분을 닮기에는 아직도 턱없이 부족하다. 그리스도를 쫓아가려고 아무리 힘껏 달려가더라도 그분과 우리의 간극은 헤아릴 수 없을 만큼 크다. 성숙한 그리스도인은 상급을 받게 될 때까지는 언제나 아직도 달려가야 할 길이 많이 남아 있다는 것을 의식한다. 바울 사도는 빌립보서에서 이 진리를 놀랍도록 분명하게 진술했다.

내가 이미 얻었다 함도 아니요 온전히 이루었다 함도 아니라 오직 내가 그리스도 예수께 잡힌 바 된 그것을 잡으려고 달려가노라 형제들아 나는 아직 내가 잡은 줄로 여기지 아니하고 오직 한 일 즉 뒤에 있는 것은 잊어버리고 앞에 있는 것을 잡으려고 푯대를 향하여 그리스도 예수 안에서 하나님이 위에서 부르신 부름의 상을 위하여 달려가노라 (빌 3:12-14).

위대한 사도였던 바울은 완전해졌다고 주장하지 않았다. 그리스도께서 행한 대로 행했노라고 장담하지도 않았다. 그러나 그는 그리스도를 닮으려고 노력하고, 푯대를 향해 달려갔다. 그리고 다른 그리스도인들에게 "내가 그리스도를 본받는 자가 된 것같이 너희는 나를 본받는 자가 되라"(고전 11:1)고 말할 수 있게 될 때까지 계속 성장해 나가려는 열정을 삶을 통해 여실히 보여주었다.

성화에 관한 바울의 관점은 올바른 균형을 유지했다. 이 점을 고려하면 우리도 성경적인 균형을 올바로 유지하면서 회심의 네 번째 증거에 접근할 수 있다. 요한은 완전함에 도달해야만 확신을 가질 수 있다고 말하지 않았다. 그는 "온전히 거룩하게 된 상태"를 확신의 근거로 삼지 않았다. 아울러 그는 그리스도께 복종하지 않는 사람들, 곧 그분을 더 많이 닮기 위해 진정으로 노력하는 증거가 보이지 않는 사람들에게 확신을 심어주지 않았다.

자신이 어떻게 행하고 있는지 점검하라

이번 장에서 다룬 회심의 네 번째 증거를 옳게 이해했다면 이제는 그 빛에 우리 자신을 비춰보아야 한다.

그리스도께서 행하신 대로 행하고 있는가? 우리 삶이 지향하는 방향과 목적은 무엇인가? 우리 삶의 태도가 그리스도를 닮으려는 열정을 보여주고 있는가?

이런 질문에 올바로 대답할 수 있다면 삶에서 참된 회심의 사역이 이루어진 것이다. 그리고 우리 안에서 착한 일을 시작하신 하나님이 그 일을 온전히 이루실 것이라고 확신할 수 있다. 우리는 우리의 행위와 그리스도께서 보여주신 본을 따르는 삶을 통해 우리의 고백을 계속 입증해야 한다. 매일의 삶을 통해 우리가 지닌 확신이 더욱 강화되어야 한다.

그러나 삶의 태도와 열망이 세상의 비그리스도인들을 빼닮았다면 심각하게 고민해야 한다. 세상과 같은 목적을 추구하고, 우리의 생각과 시간과 자원을 세상이 추구하는 것에 쏟아붓고 있다면 두려워해야 할 이유가 충분하다. 세상이 우러러보는 것을 우러러보고 그것을 닮기 위해 애쓴다면 우리의 고백이 과연 진실한지 깊이 의심해야 한다. 자신을 시험한 뒤에 부족함이 드러나거든 절박한 마음으로 새로운 각오를 다지라. 물론 성경은 우리의 공허한 확신을 옳게 이끌어줄 수 있는 공식이나 단계별 프로그램을 제시하지 않는다. 성경은 단지 그리스도께서 평화를 허락하실 때까지 말씀과 기도로 그분을 구하라고 권고할 뿐이다. 또한 우리는 주님이 우리를 의의 길로 행하게 하시고, 자신이 행하신 대로 행하는 법을 가르쳐 그 평화의 타당성을 입증해 주실 것이라는 사실도 잊어서는 안 된다. 우리가 행하는 믿음의 고백과 주관적인 확신의 감정은 삶이 변화되었고, 또 변화하고 있다는 사실을 확인시켜줄 수 있는 실천적 증거가 있을 때만 그 타당성을 인정받을 수 있다.

7
형제를 사랑하는가?

사랑하는 자들아 내가 새 계명을 너희에게 쓰는 것이 아니라 너희가 처음부터 가진 옛 계명이니 이 옛 계명은 너희가 들은 바 말씀이거니와 다시 내가 너희에게 새 계명을 쓰노니 그에게와 너희에게도 참된 것이라 이는 어둠이 지나가고 참빛이 벌써 비침이니라 빛 가운데 있다 하면서 그 형제를 미워하는 자는 지금까지 어둠에 있는 자요 그의 형제를 사랑하는 자는 빛 가운데 거하여 자기 속에 거리낌이 없으나 그의 형제를 미워하는 자는 어둠에 있고 또 어둠에 행하며 갈 곳을 알지 못하나니 이는 그 어둠이 그의 눈을 멀게 하였음이라(요일 2:7-11).

하나님의 백성을 사랑하는 것은 성경에서 반복되어 나타나는 주제 가운데 하나다. 따라서 요한이 이것을 참 회심의 시금석으로 삼은 것은 놀라운 일이 아니다. 간단히 말해, 그리스도 안에서 교회와 다른 그리스도인들에게 진실한 사랑을 지속적으로 베푸는 사람은 회심했다는 강력한 증거를 제시하고 있는 셈이다. 그러나 그리스도를 믿는다고 주장하면서 형제를 사랑하지 않는 사람은 그렇게 주장할 수 있는 근거가 희박하다.

옛 계명

형제를 사랑하라는 명령은 계시가 처음 주어질 때부터 분명하게 드러난 하나님의 뜻이다. 요한은 이 근본 진리를 다시 확증하면서 구원 신앙의 다섯 번째 증거를 제시했다. "하나님은 사랑"(요일 4:8)이시고, 그분은 옛적부터 자기 백성을 사랑하셨기 때문에(렘 31:3) 처음부터 서로를 사랑하라고 명령하신 것은 전혀 놀라운 일이 아니다. 형제를 사랑하라는 계명은 신약성경의 기록이나 그리스도의 가르침을 통해 처음 주어진 것이 아니다. 그 계명은 가장 초창기에 있던 구약성경의 사건들에 이미 내포되어 있었다.[15]

> 원수를 갚지 말며 동포를 원망하지 말며 네 이웃 사랑하기를 네 자신과 같이 사랑하라(레 19:18).

이 말씀에서 알 수 있듯 이 명령은 모세의 율법 안에 분명하게 계시되었다.

우리는 이 계명 안에서 사랑의 의무에 관한 세 가지 중요한 진리를 발견할 수 있다. 첫째, 사랑의 율법은 하나님의 본성을 드러낸다. 즉 이 거룩한 계명은 하나님의 성품에서 비롯된 것이다. 하나님은 레위기 19장 2절에서 자신이 거룩하기 때문에 이스라엘 백성도 거룩해야 한다고 말씀하셨다. 하나님이 그들에게 사랑하라고 명령하신 이유도 그분이 사랑이시기 때문이다. 존 질은 이렇게 말했다.

---

[15] 아벨을 사랑하지 않은 가인을 부정적으로 언급한 내용(창 4:1-15), 라멕의 무자비한 태도(창 4:23) 등을 참조하라. 그 밖에도 성경은 요셉이 형제들을 사랑한 것을 긍정적으로 평가하고 있다(창 45:1-15).

사랑은 하나님의 변치 않는 본성과 영원하신 뜻에 근거한, 영원한 진리의 율법에 속한다. 사랑이신 하나님은 피조물에게 사랑을 요구하신다. 사랑은 무죄한 상태에 있던 아담의 마음속에 기록되었다. 그리고 하나님의 형상이 그에게 각인되었다. 모세의 율법은 사랑을 가르친다. 하나님과 사람을 사랑하는 것이 율법의 실재이자 총체이기 때문이다.[16)]

둘째, 이스라엘 백성이 형제에게 베풀어야 할 사랑은 단순히 말이나 감정에 그치지 않는, 실질적이고 실천적인 본질을 지녔다. 율법은 이스라엘 백성에게 원수를 갚지 말고, 원망하지 말고, 살인하지 말고, 간음하지 말고, 거짓 증거를 삼가는 등 형제의 행복을 해치지 말라고 가르쳤다(출 20:13-16, 레 19:18). 형제 사랑은 감정을 포함하는 것이 사실이지만, 무엇보다 바르고 사심 없는 행위로 그 실체를 드러내야 할 의지의 문제에 속한다.

셋째, 이웃 사랑은 구약성경 전체를 관통하여 전해 오는 옛 계명이다(렘 6:16, 18:15). 하나님은 항상 사랑이셨고, 사랑은 항상 그분의 중요한 계명이었다. 참된 경건은 하나님과 그분이 선택하신 백성에 대한 사랑으로 그 실체를 입증했다. 경건과 사랑 둘 중에 하나를 빼고 나머지 하나를 생각하는 것은 불가능하다. 그것은 도무지 용납될 수 없는 이율배반이다.

새 계명

형제 사랑이 옛 계명인데도 왜 요한은 그것을 또한 새 계명이라고

---

16) John Gill, *Exposition of the Old and New Testaments*(Paris, Ark.: Baptist Standard Bearer, 1989), 9:625.

말했을까? 앞서 말한 대로 사랑은 변하지 않는 하나님의 영원한 속성이다. 그리고 구약성경 전체를 관통하여 흐르는 중요한 계명이었다. 그런데 어떻게 그것이 옛 계명이자 새 계명이 될 수 있을까?

요한은 같은 구절에서 모순된 말을 하고 있지 않다. 오히려 그는 겉으로 볼 때 서로 모순되는 듯한 진술을 통해 새 언약이 하나님의 영광을 더욱 밝히 드러낸다는 사실을 아름답게 묘사했다. 하나님은 처음부터 인류에게 자신의 사랑을 나타내셨다. 그러나 그리스도와 그분의 사역을 통해 나타난 하나님의 사랑은 이전의 어떤 계시보다 탁월하기 때문에 전혀 새로운 것처럼 보인다. 우리는 옛 언약이 하나님의 사랑을 장엄하게 계시하고 있다는 사실을 인정해야 한다. 동시에 그것이 성자의 성육신을 통해 드러난 하나님의 사랑과는 족히 비교할 수 없다는 사실 또한 분명히 이해해야 한다.[17] 그리스도의 가르침과 희생적인 삶을 통해 요구되고, 설명되고, 입증되어 나타난 사랑은 구약성경의 요구를 월등히 뛰어넘기 때문에 전혀 새로운 것처럼 보인다. 새 언약이 제시하는 사랑의 기준은 단순한 명제나 명령이 아닌 예수 그리스도의 본보기를 통해서만 옳게 규정될 수 있다. 자기 백성을 향한 그리스도의 사랑은 이제 그리스도인들을 위한 새로운 기준이 되었다. 그분의 사랑은 하나님의 백성이 서로에게 베풀어야 할 사랑의 깊이와 높이, 넓이와 길이를 규정한다. 사랑하라는 계명의 참된 본질과 온전한 계시가 그리스도를 통해 완전하게 드러났다. 예수님은 제자들에게 이렇게 가르치셨다.

---

[17] 이런 말을 하는 이유는 옛 언약에 나타난 하나님의 계시를 평가절하하기 위해서가 아니다. 그리스도를 통해 그 가치를 더욱 드높이기 위해서다. 그분과 비교하면 다른 모든 것은 한갓 그림자에 지나지 않는다(골 2:17).

> 새 계명을 너희에게 주노니 서로 사랑하라 내가 너희를 사랑한 것같이 너
> 희도 서로 사랑하라(요 13:34).

옛 언약 아래 있던 이스라엘 백성은 이웃을 보호하라는 율법을 지키고, 자선과 구제 같은 긍정적인 행위에 참여하여 사랑을 나타냈다.[18] 그러나 새 언약 아래 있는 하나님의 백성은 그리스도께서 사랑하신 것처럼 사랑하고, 서로의 유익과 행복을 위해 목숨을 바쳐야 한다. 요한은 이 진리를 나중에 이렇게 설명했다.

> 그가 우리를 위하여 목숨을 버리셨으니 우리가 이로써 사랑을 알고 우리
> 도 형제들을 위하여 목숨을 버리는 것이 마땅하니라 누가 이 세상의 재물을
> 가지고 형제의 궁핍함을 보고도 도와줄 마음을 닫으면 하나님의 사랑이 어
> 찌 그 속에 거하겠느냐 자녀들아 우리가 말과 혀로만 사랑하지 말고 행함과
> 진실함으로 하자 이로써 우리가 진리에 속한 줄을 알고 또 우리 마음을 주
> 앞에서 굳세게 하리니(요일 3:16-19).

이 말씀이 분명하게 밝히고 있는 대로 진정한 사랑은 감정이나 말에 머물지 않고 행동으로 표출된다. 참된 회심의 증거인 이 사랑은 열정적인 감정, 현란하고 번지르르한 말, 심지어는 가장 선한 의도조차 뛰어넘는다. 이 사랑은 혀와 말을 넘어 진실한 행위를 통해 표현된다. 그리스도께서 요구하시고 요한이 설명한 사랑은 반드시 행동으로 나타나야 한다. 따라서 날마다 자아를 죽이고, 하나님의 섭리가 허락하는

---

18) 이스라엘 백성은 밭에 수확물의 일부를 남겨놓고(레 19:9, 10), 이자 없이 돈을 빌려주고(출 22:25), 가난한 자들을 돕고(신 15:7), 고아를 보호하고 과부를 변호하는 것으로 이웃 사랑을 실천해야 했다(사 1:17).

대로 각자에게 주어진 은사에 따라 섬김을 실천해야 한다. 그럼으로써 그리스도의 몸에 속한 형제들을 유익하게 하는 삶을 살아가야만 그 사랑을 가장 잘 나타낼 수 있다. 참된 사랑을 하려면 하나님의 백성과 진실한 관계를 맺고, 그들의 필요가 무엇인지 파악해야 한다. 그리고 그들을 섬길 기회를 적극적으로 모색해야 한다. 일주일에 한 번, 마치 쇼를 하듯 주일 아침에만 함께 모이는 공동체 안에서는 이런 사랑이 일관되게 이루어지기가 매우 어렵다. 이런 사랑은 먼저 지역 교회 안에서 그리스도인들끼리 관계를 맺는 데서 시작하여 온 세상에 흩어져 있는 그리스도인들과 신앙 공동체들까지 나아가야 한다.

회심의 증거

요한은 요한일서에서 회심의 가장 큰 증거 가운데 하나가 동료 그리스도인과 교회를 사랑하는 것이라고 증언했다. 그는 참된 기독교적 사랑은 예수님이 사랑하신 대로 사랑하고, 그리스도 안에서 형제자매가 된 사람들의 유익을 위해 목숨을 바치는 것이라고 말했다. 요한의 말이 위대한 시인들의 말보다 아름답게 느껴지는가? 그는 자신을 시인으로 생각해 주기를 바라지 않았다. 그의 의도는 그들을 도와 하나님의 참된 자녀들에게 어울리는 덕성과 증거를 소유하고 있는지를 점검하여 건전한 구원의 확신을 얻게 하는 데 있었다. 예수님은 다락방 강화에서 제자들에게 그들이 서로 사랑하는 것을 보면 모든 사람이 그들을 그리스도인으로 알게 될 것이라고 말씀하셨다(요 13:35). 요한 사도는 요한일서 2장에서 서로에 대한 사랑의 기준에 얼마만큼 일치하는 삶을 사느냐에 따라 구원 확신의 여부가 결정된다고 가르쳤다.

우리는 믿음으로 말미암아 오직 은혜로 구원받는다. 수천 번 다시 태어나 경건하게 살며 사랑을 실천한다고 해도 하나님의 심판대 앞에서 우리의 의로움을 내세울 수 없다. 그러나 성령의 거듭나게 하시는 사역, 곧 우리에게 회개와 구원 신앙을 가져다주는 사역은 새로 발견되어 날로 증대되는 사랑, 곧 하나님의 백성에 대한 사랑을 실천하도록 이끈다. 요한은 요한일서에서 이 진리를 일관되게 주장한다.

> 빛 가운데 있다 하면서 그 형제를 미워하는 자는 지금까지 어둠에 있는 자요 그의 형제를 사랑하는 자는 빛 가운데 거하여 자기 속에 거리낌이 없으나(요일 2:9, 10).
>
> 이러므로 하나님의 자녀들과 마귀의 자녀들이 드러나나니 무릇 의를 행하지 아니하는 자나 또는 그 형제를 사랑하지 아니하는 자는 하나님께 속하지 아니하니라(요일 3:10).
>
> 우리는 형제를 사랑함으로 사망에서 옮겨 생명으로 들어간 줄을 알거니와 사랑하지 아니하는 자는 사망에 머물러 있느니라(요일 3:14).
>
> 사랑하는 자들아 우리가 서로 사랑하자 사랑은 하나님께 속한 것이니 사랑하는 자마다 하나님으로부터 나서 하나님을 알고 사랑하지 아니하는 자는 하나님을 알지 못하나니 이는 하나님은 사랑이심이라(요일 4:7, 8).
>
> 사랑 안에 거하는 자는 하나님 안에 거하고 하나님도 그의 안에 거하시느니라(요일 4:16).
>
> 누구든지 하나님을 사랑하노라 하고 그 형제를 미워하면 이는 거짓말하는 자니 보는 바 그 형제를 사랑하지 아니하는 자는 보지 못하는 바 하나님을 사랑할 수 없느니라(요일 4:20).
>
> 예수께서 그리스도이심을 믿는 자마다 하나님께로부터 난 자니 또한 낳으신 이를 사랑하는 자마다 그에게서 난 자를 사랑하느니라(요일 5:1).

성령의 영감으로 주어진 요한 사도의 가르침에 따르면 형제를 사랑하지 않는 사람은 하나님을 알지도 못하고, 그분을 사랑하지도 않으며, 사망 가운데 머물러 있는 마귀의 자녀에 지나지 않는다(요일 3:10, 14, 4:7, 8, 20). 요한의 말은 분명하고도 확고하다. 그는 이 문제를 논의하자거나 예외적 상황이 가능한지 찾아보자는 식으로 말하지 않았다. 형제를 사랑하지 않는 사람은 하나님을 알지 못하는 것이다!

요한이 그렇게 확고한 태도로 가르침을 베푼 것은 당연했다. 그는 영원한 삶과 죽음의 문제, 즉 영혼들의 운명이 걸려 있는 문제를 다루고 있었다. 더욱이 그가 전하는 진리는 그에게서 비롯한 것도 아니고, 성령께서 새로 허락하신 계시도 아니었다. 그는 예수님이 세상에 계실 때 그분에게서 직접 배운 진리를 가르쳤을 뿐이다. 형제 사랑을 참된 회심의 가장 큰 증거 가운데 하나로 처음 가르치신 분은 바로 예수님이다. 예수님은 민족들의 심판을 묘사하면서 이렇게 가르치셨다.

> 인자가 자기 영광으로 모든 천사와 함께 올 때에 자기 영광의 보좌에 앉으리니 모든 민족을 그 앞에 모으고 각각 구분하기를 목자가 양과 염소를 구분하는 것같이 하여 양은 그 오른편에 염소는 왼편에 두리라 그때에 임금이 그 오른편에 있는 자들에게 이르시되 내 아버지께 복 받을 자들이여 나아와 창세로부터 너희를 위하여 예비된 나라를 상속받으라 내가 주릴 때에 너희가 먹을 것을 주었고 목마를 때에 마시게 하였고 나그네 되었을 때에 영접하였고 헐벗었을 때에 옷을 입혔고 병들었을 때에 돌보았고 옥에 갇혔을 때에 와서 보았느니라 이에 의인들이 대답하여 이르되 주여 우리가 어느 때에 주께서 주리신 것을 보고 음식을 대접하였으며 목마르신 것을 보고 마시게 하였나이까 어느 때에 나그네 되신 것을 보고 영접하였으며 헐벗으신 것을 보고

옷 입혔나이까 어느 때에 병드신 것이나 옥에 갇히신 것을 보고 가서 뵈었나이까 하리니 임금이 대답하여 이르시되 내가 진실로 너희에게 이르노니 너희가 여기 내 형제 중에 지극히 작은 자 하나에게 한 것이 곧 내게 한 것이니라 하시고 또 왼편에 있는 자들에게 이르시되 저주를 받은 자들아 나를 떠나 마귀와 그 사자들을 위하여 예비된 영원한 불에 들어가라 내가 주릴 때에 너희가 먹을 것을 주지 아니하였고 목마를 때에 마시게 하지 아니하였고 나그네 되었을 때에 영접하지 아니하였고 헐벗었을 때에 옷 입히지 아니하였고 병들었을 때와 옥에 갇혔을 때에 돌보지 아니하였느니라 하시니 그들도 대답하여 이르되 주여 우리가 어느 때에 주께서 주리신 것이나 목마르신 것이나 나그네 되신 것이나 헐벗으신 것이나 병드신 것이나 옥에 갇히신 것을 보고 공양하지 아니하더이까 이에 임금이 대답하여 이르시되 내가 진실로 너희에게 이르노니 이 지극히 작은 자 하나에게 하지 아니한 것이 곧 내게 하지 아니한 것이니라 하시리니 그들은 영벌에, 의인들은 영생에 들어가리라 하시니라(마 25:31-46).

많은 사역자와 사역 단체가 이 말씀을 세상에 구제와 긍휼을 베풀라는 주장을 뒷받침하는 근거로 삼는다. 이 말씀은 감옥 사역, 기아 구제 사역, 의료 봉사, 의류 은행을 비롯해 세상 사람들의 구체적인 필요를 해결하려는 사역을 수단으로 삼아 복음을 전하는 다양한 봉사 사역의 근거가 되었다. 그러나 이 말씀을 그런 의미로 적용할 때는 깊은 주의가 필요하다. 아무리 가치 있는 명분을 위한다고 해도 성경말씀을 구실로 삼는 것은 잘못이다.[19]

---

[19] 성경말씀을 구실로 삼는다는 것은 어떤 행위나 신념을 정당화하기 위해 성경이 가르치지 않는 것을 주장한다는 뜻이다.

사람들을 그리스도께로 인도하기 위해 그들의 물리적인 필요를 해결해 주려고 노력하는 것은 매우 바람직하면서도 성경적인 행위다. 그러나 이 가르침을 베푸신 그리스도의 본래 의도와는 거리가 멀다. 그분은 상처받고 방황하는 세상을 섬기는 행위가 신앙고백의 진정성이나 타당성을 입증한다고 가르치지 않으셨다. 오히려 그분은 자신을 위해 옥에 갇히고, 굶주리고, 박해를 당하는 다른 그리스도인들의 필요를 찾아내 도움의 손길을 베푸는 행위가 그 증거라고 가르치셨다. 본문에 언급된 주리고, 목마르고, 나그네 되고, 헐벗고, 병들고, 감옥에 갇힌 사람들은 죄로 인해 자신을 그런 어려운 지경에 몰아넣은 비그리스도인들이 아니다. 그들은 하나님 앞에서 선한 양심을 지키고 그리스도께 충성하기 위해 고난당하는 그리스도인들을 가리킨다(벧전 2:19, 20). 그들은 하나님의 자녀이자 그리스도의 형제다(히 2:11). 그들이 믿음을 통해 그리스도와 맺은 관계는 그들을 축복하거나 무시하는 행위가 곧 그분에 대한 행위로 간주될 만큼 친밀하다.

  예수님의 가르침을 옳게 이해하면 그분과 요한이 동일한 진리를 가르쳤다는 것을 알 수 있다. 그리스도인 개인과 교회를 향한 사심 없는 사랑은 중생의 증거다. 예수님은 마지막 심판에 관해 가르치면서 자신의 양떼는 큰 희생이 뒤따르더라도 형제를 사랑한다고 가르치셨다. 그분은 그들을 향해 창세로부터 그들을 위해 준비된 나라를 상속하라고 말씀하셨다(마 25:34). 그러나 형제가 어려울 때 사랑을 베풀지 않고 마음을 굳게 닫아 잠근 채 도움의 손길을 내밀지 않는 사람들에게는 심판을 선언하셨다. 그분은 그들을 염소로 구분하여 영원한 불속에 던져 넣으신다(마 25:41).

  이 본문이 가르치는 진리를 이해하는 데 도움이 될 만한 예가 있다.

2세기경에 도시의 먼 외곽에 있는 카타콤에서 은밀히 모이던 그리스도인들을 상상해 보자. 그들은 모임을 마치고 사람들의 의심을 사지 않기 위해 제각기 다른 길로 흩어져 집으로 돌아갔다. 모두 아무 탈 없이 잘 돌아간 것처럼 보였다. 그런데 다음 날, 형제들 중 두 사람이 집에 돌아가기 전에 체포되었다는 소식이 들려왔다. 그들은 즉시 모임을 소집했고, 두 형제에 관한 소식을 정확하게 전해 들었다. 심하게 매질을 당한 후 음식과 물은 고사하고 적절한 치료조차 받지 못한 채 감옥에 갇혔다는 소식이었다.

그들은 참된 제자도의 시금석이 될 도덕적 딜레마에 봉착했다. 아무런 조처도 취하지 않으면 두 형제는 죽고 말 것이 분명했다(2세기경의 감옥은 오늘날처럼 관대하지 않았다). 그러나 형제들을 구해내려고 시도하면 그들도 신분이 드러나 같은 운명에 처하게 될 것이 분명했다. 더욱이 그들에게 필요한 음식과 물, 약품, 옷은 값이 비쌌다. 그들 가운데는 가난한 노동자와 노예가 대부분이었다.

문제를 논의하던 도중에 그들은 의견이 조금씩 엇갈리기 시작했다. 물론 어떤 희생이 뒤따르더라도 두 형제를 구해야 한다고 주장하는 사람이 많았다. 그들은 그리스도께서 자기들을 위해 목숨을 내놓으셨으니 자기들도 형제를 위해 그렇게 하는 것이 마땅하다고 주장했다(요일 3:16). 또한 그들은 주님의 이름을 위해 고난당하는 형제들에게 마음을 기울이지 않으면 하나님의 사랑이 자기들 안에 거한다고 말할 수 없다고 힘주어 말했다(요일 3:17). 거의 모든 사람이 의견을 같이 했지만, 몇몇 사람은 동의하지 않았다. 그들은 감옥을 방문하는 것은 무익한 자살 행위일 뿐이라고 소리를 높였다. 그들은 다수의 불필요한 반응을 현실을 도외시한 지나친 열정으로 치부하거나 교회 안에 은근히

싹트고 있는 위험한 광신주의의 발로라고 주장했다. 그리고 분위기가 조금 가라앉을 때까지 기다리는 것이 상책이라면서 전체적인 상황은 생각하는 것만큼 비관적이지 않을 것이라고 말했다.

그렇게 좀 더 의견을 나눈 뒤 다수의 그리스도인들은 결심을 굳혔다. 그들은 필요한 물건을 모아 기도하는 마음으로 대표자들을 보냈다. 감옥을 방문해 형제들의 상처를 싸매주고, 옷을 입혀주고, 음식과 물을 주었다. 그런 행위를 어리석고 불필요하게 생각하고 참여를 거부한 소수의 그리스도인들은 결국 세상으로 돌아가거나 좀 더 합리적인 교제를 가르치는 교회를 찾아 떠났다.

예수님의 말씀이나 이 예에서처럼 한 교회 안에 양과 염소, 즉 회심한 자들과 회심하지 않은 자들이 공존했다. 감옥에 갇힌 형제를 돕기로 결정한 다수의 그리스도인들은 자신들이 진정으로 거듭났고, 하나님의 사랑이 자기들 안에 거한다는 것을 입증해 보였다(요일 3:17). 그러나 자신의 안위를 먼저 생각한 자기중심적인 소수의 그리스도인들은 자신들의 신앙고백과 형제에 대한 사랑이 "행함과 진실함"이 아닌 "말과 혀"에 불과했다는 사실을 드러냈다(요일 3:18).

다른 모든 선행과 마찬가지로 형제에 대한 사랑도 구원의 공로가 될 수는 없다. 형제에 대한 사랑은 구원의 결과일 뿐이다. 성령의 거듭나게 하시는 사역은 믿음으로 의롭다 하심을 받는 역사를 일으키는 데 그치지 않고, 참된 사랑을 일깨워 서로를 진정으로 섬기게 만든다.

중생과 회심 없이는 불가능한 사랑

참된 회심의 중요한 판단 기준 가운데 하나는 그리스도께 속한 그리스도인들을 진정으로 사랑하는 것이다. 이 사랑은 말이나 이론에 머물지 않고 실질적이고 실천적인 속성을 지닌다. 이것은 자아를 죽이고, 필요하다면 그리스도와 다른 그리스도인들을 위해 모든 것을 내놓는 사랑이다. 이 사랑이 중생과 참된 회심의 증거인 이유는 중생과 회심 없이는 절대로 불가능한 사랑이기 때문이다.

성경은 인간이 회심 이전에 하나님께 나아올 수 없는 이유가 악을 사랑하고, 의를 멸시하며, 자신의 악한 행위가 드러날까 두려워하기 때문이라고 가르친다(요 3:19, 20). 타락한 사람이 그리스도의 참된 제자와 교제를 나누려고 하지 않는 이유도 상대방의 의로운 삶과 복음 선포를 멸시하기 때문이다. 또 그것을 통해 자신의 죄가 드러날까 두려워하기 때문이다. 요한 사도는 이 사실을 입증하기 위해 성경에서 가장 악명 높은 범죄 하나를 언급했다. 바로 가인이 아벨을 살해한 사건이다. 그는 수사학적인 질문을 던지고 스스로 대답하는 것으로 가르침을 베풀었다.

> 어떤 이유로 죽였느냐 자기의 행위는 악하고 그의 아우의 행위는 의로움이라(요일 3:12).

타락한 인간은 의로우신 하나님을 미워할 뿐 아니라, 되도록 그분을 대적하려고 애쓴다(시 2:1-3, 롬 1:30). 따라서 그들은 하나님의 의로운 백성을 미워하고 적대시할 수밖에 없다. 이런 적개심은 타락한 세상의 본질적인 속성이다. 최초의 불순종이 저질러지고 그에 대한 저주가 선언된 이후로 뱀의 후손(불순종의 자녀들)과 여자의 후손(하나님의 자녀들) 사이에 큰 반목이 지속되어왔다(창 3:15). 그 싸움은 갈보리에서 이루어진 메시아의 승리로 일단락되었다. 그러나 하나님의 백성과 세상의 대립은 마지막 심판이 있을 때까지 이어질 것이다. 바울은 갈라디아서에서 역사적 사실을 예로 드는 한편, 가인이 아벨을 증오한 만큼이나 심한 증오심을 드러내는 사람들을 언급하면서 이런 싸움의 현실을 구체적으로 설명했다.

> 기록된 바 아브라함에게 두 아들이 있으니 하나는 여종에게서, 하나는 자유 있는 여자에게서 났다 하였으며 여종에게서는 육체를 따라 났고 자유 있는 여자에게서는 약속으로 말미암았느니라 …… 그러나 그때에 육체를 따라 난 자가 성령을 따라 난 자를 박해한 것같이 이제도 그러하도다(갈 4:22, 23, 29).

타락한 세상이 하나님의 자녀들을 대적하는 것은 성경과 역사를 통해 입증된 명백한 사실이다. 이런 이유로 요한은 그리스도인들에게 세상이 그들을 미워해도 이상하게 여기지 말라고 말했다(요일 3:13). 우리는 이것을 기본적인 현실로 받아들여야 한다.

> 무릇 그리스도 예수 안에서 경건하게 살고자 하는 자는 박해를 받으리라 (딤후 3:12).

예수님도 십자가에 못 박히시기 전에 다락방 강화를 통해 제자들에게 이렇게 경고하셨다.

> 세상이 너희를 미워하면 너희보다 먼저 나를 미워한 줄을 알라 너희가 세상에 속하였으면 세상이 자기의 것을 사랑할 것이나 너희는 세상에 속한 자가 아니요 도리어 내가 너희를 세상에서 택하였기 때문에 세상이 너희를 미

워하느니라(요 15:18, 19).

타락한 세상이 하나님의 백성을 적대시한다는 성경의 가르침을 이해하면, 형제에 대한 사랑이 회심의 중요한 증거인 이유를 더욱 분명하게 알 수 있다. 자연인은 하나님이나 그분의 백성을 사랑할 수 없다. 따라서 하나님과 그분의 백성을 사랑하고 그들을 더 많이 사랑하기를 원하며, 그들을 사랑하지 못하면 깊은 슬픔을 느끼는 사람은 구원을 확신할 수 있다. 한때 하나님의 백성을 멸시한 사람이 갑자기 그들과 같은 마음을 갖기를 원하고 서로의 교제를 갈망한다면, 무엇인가 놀라운 역사가 일어났다는 확실한 증거다. 성령의 거듭나게 하시는 사역을 고려하지 않고서는 그런 변화를 설명할 수 없다.

요한이 요한일서에서 가르친 대로 그리스도인은 하나님의 백성을 사랑한다. 그러나 우리는 형제에 대한 사랑도 그리스도인의 다른 덕성과 마찬가지로 항상 성장이 필요하다는 사실을 기억해야 한다. 성령의 거듭나게 하시는 사역을 통해 회심이 이루어지면 그리스도인은 교회에 대한 사랑을 느끼기 시작한다. 그런 사랑은 성령의 거룩하게 하시는 사역을 통해 더욱 성장한다. 우리가 하나님의 자녀라는 것을 알 수 있는 이유는 우리의 사랑이 완전하기 때문이 아니다. 우리 안에서 이루어지는 하나님의 사역을 통해 완전하게 되어가는 중이기 때문이다. 요한 사도는 요한일서 2장 8절에서 자신이 편지를 써 보낸 그리스도인들 안에서 사랑하라는 새 계명이 이루어졌다고 암시했다. 그러나 그와 동시에 그는 그 사랑이 아직 완전한 것은 아니라는 의도를 내비쳤다. 그들의 사랑은 아직 "그리스도의 장성한 분량이 충만한 데까지"(엡 4:13) 도달하지 못했다. 그러나 그 사랑은 그들 안에서 점차 더욱 확실한 현실이 되어가고 있다. 옛 삶의 어둠은 지나갔다. 그리스도 안에서 새로운 계시의 빛을 통해 하나님을 더욱 깊이 알아감으로 그들도 나날이 새롭게 변화되었다.

사랑의 시금석

우리는 이 진리에 우리 삶을 비춰보아야 한다. 하나님의 백성을 사랑함으로 믿음의 진정성을 보여주고 있는가? 우리의 사랑이 현실로 드러나지 않고 마음의 감정이나 생각에만 머물러 있는가? 아니면 언행이나 태도와 같은 구체적이고 실제적인 증거를 나타내고 있는가? 다음 질문들을 생각해 보면 자신이 이 중요한 문제를 얼마나 잘 감당하고 있는지 이해하는 데 유익할 것이다.

첫째, 누구와 어울리는 것을 가장 좋아하는가? 다른 그리스도인들과의 교제를 원하고, 그리스도에 대한 대화를 나누기를 좋아하는가? 아니면 세상 친구들을 더 좋아하고, 하나님의 일을 대화의 주제로 삼는 경우가 드문가? 그리스도를 공경하는 태도로 다른 그리스도인들과 마지막으로 함께 어울린 때가 언제인가? 이런 질문은 신중히 생각하고 대답해야 한다. 그리스도인들의 교제라고 하지만 그리스도와 아무 상관없는 교제가 많기 때문이다.

둘째, 그리스도와 그분의 백성에게 속해 있다는 사실을 떳떳하게 공개하는가? 아니면 예수님을 주님으로 고백하고 그분 말씀에 복종하며 살기를 원하는 사람들이 비방당하는 것이 부끄러운가? 믿지 않는 친구들이 자신을 그런 기독교인으로 생각하는가? 아니면 세상에 순응하여 세상의 형상을 닮은 관계로 그런 비방을 거의 당하지 않으면서 살고 있는가? 세상은 스스로 교양과 상식을 갖추었다고 생각하고 우리의 믿음을 망상으로 치부해 멀리한다. 하나님의 백성과 어울리면서 세상 앞에서 "구경거리"가 되고 있는가?(고전 4:9-13) 아니면 부끄러운 친척을 멀리하듯 교회와 거리를 두고 살아가고 있는가? 모세처럼 바로의 공주의 아들이라 불리는 것을 거절하고, 일시적인 죄의 쾌락을 누리는 것보다는 하나님의 백성과 함께 고난 받는 길을 더 좋게 여기는가?(히 11:24, 25)

셋째, 교회의 많은 약점과 도덕적 실패를 알고 있지만 실망하지 않고 교회의 갱신을 위해 헌신하는가? 아니면 마귀와 세상의 편에 서서 교회를 비방하는 일에 동참하는가?[20] 마귀는 우리의 형제들을 고소하는 자다. 교회 밖에서 비난을 일삼는 자들도 그들의 아비인 마귀의 일을 똑같이 행하고 있다(요 8:44, 계 12:10). 그와는 대조적으로 참된 그리스도인은 잘못을 저지른 형제를 허다한 죄를 덮어주는 사랑으로 대하고, 그의 회복과 개선을 위해 헌신한다(벧전 4:8). 참된 그리스도인은 교회나 다른 그리스도인이 아무리 큰 잘못을 저질렀더라도 결코 외면하지 않는다. 호세아가 고멜을 구원하고 미래의 축복과 영광을 추구한 것처럼 참된 그리스도인도 하나님의 사랑에 이끌려 교회와 형제들을 끝까지 보듬어 안는다(호 3:1-3).

넷째, 교인으로서 교회를 위해 열심히 헌신하고 봉사하는가? 요한이 가르친 사랑은 교회 안에서 다른 그리스도인들과 관계를 통해 표현되어야 한다. 자아를 죽이고 다른 그리스도인들을 최선을 다해 섬기는가? 자신의 영적 은사를 활용해 교회의 덕을 세우려고 노력하는가? 하나님의 백성을 굳세게 하고, 그리스도의 대의가 그들 가운데서

---

20) "마귀"는 헬라어 "디아볼로스"(*diabolos*)를 번역한 것으로서 "고소하는 자"로 번역할 수도 있다. 이 말은 마귀가 중상과 거짓 비난을 일삼기를 좋아하는 성향을 지니고 있음을 암시한다.

이루어지게 하려면 어떻게 해야 할까?

　이것은 목회자들뿐 아니라, 그리스도의 몸에 속한 모든 지체가 생각해야 할 문제다. 교회를 유익하게 하는 것은 곧 그리스도의 몸에 속한 지체가 되었다는 증거다. 그와는 달리 하나님께 무익한 존재가 되어 어떤 선한 일도 행하지 않는 것은 아직 회심이 이루어지지 않았다는 증거다(롬 3:12). 믿음과 마찬가지로 행함이 없는 사랑은 죽은 것이다(약 2:17). 하나님의 백성을 위해 행한 것과 행하지 않은 것을 근거로 양과 염소가 나뉘어졌다는 사실을 잊어서는 안 된다.

　결론적으로 사랑은 많은 은사 가운데 하나가 아니라, 가장 탁월한 은사다. 사랑은 심지어 믿음과 소망보다도 탁월하다(고전 12:31, 13:13). 따라서 요한이 회심의 여러 증거 가운데 사랑을 특별히 크게 부각시킨 것은 이상한 일이 아니다. 우리는 교리적 정통성, 개인적인 경건과 헌신까지도 성경의 기준에 비춰 시험해야 한다. 우리는 무엇보다도 사랑의 잣대로 우리를 시험해야 한다. 우리 안에서 사랑이 발견되어야 하고, 우리의 행위를 통해 사랑이 드러나야 한다. 그래야만 요한이 여러 번 강조한 대로 우리가 하나님을 알고 있다고 확신할 수 있다.

> 우리는 형제를 사랑함으로 사망에서 옮겨 생명으로 들어간 줄을 알거니와 사랑하지 아니하는 자는 사망에 머물러 있느니라(요일 3:14).
>
> 누구든지 하나님을 사랑하노라 하고 그 형제를 미워하면 이는 거짓말하는 자니 보는 바 그 형제를 사랑하지 아니하는 자는 보지 못하는 바 하나님을 사랑할 수 없느니라(요일 4:20).

8
세상을 멀리하는가?

이 세상이나 세상에 있는 것들을 사랑하지 말라 누구든지 세상을 사랑하면 아버지의 사랑이 그 안에 있지 아니하니 이는 세상에 있는 모든 것이 육신의 정욕과 안목의 정욕과 이생의 자랑이니 다 아버지께로부터 온 것이 아니요 세상으로부터 온 것이라 이 세상도 그 정욕도 지나가되 오직 하나님의 뜻을 행하는 자는 영원히 거하느니라(요일 2:15-17).

지금까지 하나님의 계시의 빛 가운데 행하는 것, 죄를 고백하는 것, 계명을 지키는 것, 그리스도를 본받는 것, 형제를 사랑하는 것 등 그리스도인의 삶의 중요한 증거를 몇 가지 살펴보았다. 이번 장에서도 그 증거를 한 가지 더 살펴볼 생각이다. 그 증거는 바로 참된 그리스도인은 시간이 지날수록 세상을 더욱 멀리하며 살아간다는 것이다.

"세상"이란 무엇인가?

세상이 무엇인가? 세상은 무엇으로 이루어졌는가? "세상"은 헬라어 "코스모스"(kosmos)를 번역한 것이다. 신약성경에서 이 말은 물리적인 우주나 인간의 서식처를 가리킨다. 어떤 때는 유대인과 이방인의 세계를 구분하는 의미로 사용되기도 했다(롬 11:12). 그러나 요한일서 본문을 비롯하여 성경 여러 곳에서 "코스모스"는 부정적인 의미로 사용되었다. 이 말은 하나님을 아는 지식과 그분의 뜻에 어긋난다. 게다가 그분의 인격을 적대시하는 인간의 실존적 영역에 속해 있는 모든 것을 가리킨다. 세상은 타락한 인류의 이상, 열망, 철학, 태도, 행위로 이루어져 있다. 학식과 문화, 심지어는 경건으로 자신을 위장하더라도 세상은 결국 비루한 세 가지 요소의 총화에 지나지 않는다. 바로 육신의 정욕, 안목의 정욕, 이생의 자랑이다.

육신의 정욕

"정욕"은 "욕망", "갈망", "격정", "열망"을 뜻하는 헬라어 "에피두미아"(*epithumia*)를 번역한 것이다. 이 말은 꼭 부정적이지는 않지만, 문맥에 따라서는 부정적인 의미를 띨 수 있다. 긍정적인 용례를 몇 가지 예로 들어보겠다. 예수님은 제자들과 유월절 만찬을 먹기를 원하셨다(눅 22:15). 바울 사도는 데살로니가 교인들에게는 그들을 보기를 간절히 원한다고 말했고(살전 2:17), 빌립보 신자들에게는 세상을 떠나 그리스도와 함께 있기를 원한다고 말했다(빌 1:23).

이처럼 "에피두미아"를 긍정적인 의미로 사용한 사례가 더러 있지만, 이 말은 신약성경에서 하나님의 뜻에 어긋나는 강렬한 욕망이나 정욕을 가리키는 의미로 더 자주 사용되었다.[21] 마가복음에서는 세상의 것들을 갈망하는 부절제한 욕망, 곧 복음의 진보를 가로막고 열매 없는 삶을 만들어내는 힘을 지닌 욕망을 가리키는 의미로 사용되었다(막 4:19). 바울 사도는 하나님의 뜻을 거스르는 것을 탐하거나 갈망하는

---

21) 욕망은 금지된 것을 갈망한다는 점에서 하나님의 뜻을 거스른다. 합법적인 대상을 갈망하는 경우에도 그 욕망의 강도가 하나님을 사모하는 열정과 같거나 더 클 경우에는 그분의 뜻을 거스르는 결과를 낳는다.

죄를 가리키는 의미로 이 말을 사용했다(롬 7:7, 8). 베드로 사도는 권위를 멸시하고 하나님을 대적하며 살아가는 육적인 사람들의 욕망을 가리키는 의미로 이 말을 사용했다(벧후 2:10).

"육신"은 히브리어 "바사르"(basar)와 헬라어 "사르크스"(sarx)를 번역한 것이다. 이 말은 문맥에 따라 다양한 의미를 지닌다. 첫째, 이 말은 살과 피와 뼈로 이루어진 인간의 육체를 가리킨다(고후 10:3, 갈 2:20, 빌 1:22). 둘째, 이 말은 특히 영원하고 전능하신 하나님과 대조되는 유한하고 연약한 피조물을 가리킨다(사 31:3). 셋째, 이 말은 인간의 타락이나 거듭나지 못한 상태의 부패한 본성을 가리킨다. 요한은 본문에서 이 말을 세 번째 의미로 사용하고 있다.

타락한 세상의 특징을 요약한 세 가지 가운데 첫 번째는 "육신의 정욕"이다. 타락한 인간과 인간 문화는 대부분 철저하게 부패하고 도덕적으로 타락한 마음에서 비롯하는 악한 욕망을 만족시키려는 충동에 이끌려 추진된다. 이것은 가장 으뜸 되는 죄, 곧 가장 사악한 형태의 우상 숭배다. 이성을 지닌 피조물의 행위는 무엇이든 뚜렷한 동기를 지닌다. 피조물이 고귀하고 탁월한 존재일수록 행위의 동기도 더 고귀하고 탁월하다. 창조의 절정인 인간은 하나님의 영광을 위해 그분의 형상으로 창조되었다. 인간은 먹든지 마시든지 무엇을 하든지 하나님을 기쁘시게 하고 영화롭게 해야 한다(고전 10:31). 인간은 하나님을 사랑하며, 그분을 향한 열정으로 살아가야 한다. 모든 호흡과 맥박이 하나님의 영광을 위하고, 모든 활동과 성취가 그분을 기쁘시게 하는 데 이바지해야 한다.

인간은 가장 고귀한 목적을 위해 지으심을 받았지만, 성경은 인간이 죄를 지어 하나님의 영광에 이르지 못했다고 증언한다(롬 3:23). 인간은 자신을 왜곡시키고 흉하게 만들었다. 인간은 더 이상 하나님을 사랑하는 고귀한 마음이 아니라, 도덕적으로 부패한 마음에서 비롯하는 짐승 같은 정욕에 이끌려 살아간다. 성경에 따르면 자연인은 육신의 정욕을 좇아 살며 그 욕망을 추구한다. 그는 본질상 진노의 자녀다(엡 2:3).

우리는 세상의 첫 번째 속성을 통해 거듭난 사람과 타락한 상태에 머물러 있는 사람의 차이를 알 수 있다. 하나님의 자녀들과 그분을 알지 못하는 사람들이 이 부분에서 뚜렷한 차이를 드러낸다. 육신의 악한 정욕에 사로잡혀 살아가는 사람은 믿음을 고백하고 그리스도와 연합했다고 주장하더라도 아직 하나님을 모르는 상태다. 그러나 육신과 함께 그 정욕과 탐심을 십자가에 못 박고, 하나님의 성령 안에서 자유롭게 살아가는 사람은 하나님의 자녀가 되었다는 확실한 소망을 가질 수 있는 근거가 충분하다(갈 5:16, 24, 25).

물론 참된 그리스도인은 육신으로부터 온전히 자유롭고 정욕에 사로잡히는 법이 없다는 말은 아니다. 바울 사도는 그리스도인과 육신의 싸움은 참으로 강렬하고도 현실적이라고 말했다. 그는 이 싸움을 엄숙하게 묘사했다.

> 육체의 소욕은 성령을 거스르고 성령은 육체를 거스르나니 이 둘이 서로 대적함으로 너희가 원하는 것을 하지 못하게 하려 함이니라(갈 5:17).

육신과의 싸움이 전혀 없는 상태가 회심의 증거는 아니다. 오히려 그 반대다. 진정으로 거듭났다는 것을 보여주는 확실한 증거는 육신과의 관계를 온전히 끊고, 휴전할 의도가 전혀 없는 마음으로 육신에 전쟁을 선포하는 것이다. 죄와 육신과 세상과 평화롭게 살아가는 사람에게서는 구원의 증거가 조금도 나타나지 않는다. 타락한 육신에 굴복하고 부패한 욕망에 이끌리는 사람은 성경적인 구원 확신을 가질 수 없다. 소돔에서 평안히 살아가는 사람, 세상과 손을 잡고 살아가는 사람, 육신과 어울리는 사람 안에 성령이 거하신다는 증거는 어디에도 없다. 그러나 죄를 미워하는 마음이 갈수록 커지고, 육신과의 싸움이 갈수록 치열해지고, 세상을 혐오하는 마음이 갈수록 커지는 사람에게서는 구원의 큰 증거가 발견된다. 바울은 그런 사람의 전형이었다.

> 그리스도 예수의 사람들은 육체와 함께 그 정욕과 탐심을 십자가에 못 박았느니라(갈 5:24).
>
> 세상이 나를 대하여 십자가에 못 박히고 내가 또한 세상을 대하여 그러하니라(갈 6:14).

안목의 정욕

요한은 타락한 세상의 두 번째 요소를 다룬다. 바로 "안목의 정욕"이다. 많은 주석학자들은 이 표현이 눈으로 보는 것에 의해 충동되는 악한 욕망을 가리킨다고 이해했다. 인간은 눈을 통해 하나님의 사랑과 공의가 금지하는 것을 탐하는 죄를 범한다.

눈은 태초부터 지금까지 늘 유혹의 통로가 되어왔다. 하와는 에덴동산에서 금단의 열매를 보는 순간 "보암직하다"고 느꼈고, 결국 유혹자의 거짓에 굴복하고 말았다(창 3:6). 아간도 금지된 전리품 가운데서 아름다운 외투와 은과 금덩이를 보는 순간, 탐심을 느끼고 그것들을 감추었다. 그는 결국 자신과 가족의 피로 그 대가를 치러야 했다(수 7:20, 21, 24-26). 다윗 왕 역시 밧세바의 아름다운 용모를 "보고" 율법을 어기고 그를 소유했다(삼하 11:2-5). 그로 인해 무죄한 용사가 살해되고, 갓난아이가 죽고, 왕인 그가 수치를 당하고, 왕국이 분열되는 결과가 나타났다. 마태는 사탄이 예수님을 높은 산 위로 데려가 세상 만국과 그 영광을 보여주었다고 말한다(마 4:8-10). 오랫동안 사용되어온 사탄의 전략이 그리스도께는 통하지 않았다. 그러나 그런 전략을 사용했다는 것은 그가 자주 사용해 온 무기들이 그의 무기고에서 여전히 건재함을 여실히 보여준다.

이런 사례들을 살펴보면 사람들의 행위만을 죄로 간주하기 쉽다. 그러나 그들은 사실 행동으로 죄를 짓기 오래전에 이미 죄를 지었다. 예수님은 실제로 간음죄를 저지르지 않았더라도 마음속으로 그 죄를 지을 수 있다는 것을 분명하게 보여주셨다. 그분은 "음욕을 품고 여자를 보는 자마다 마음에 이미 간음하였느니라"(마 5:28)고 경고하셨다.

예수님은 마음속에 있는 죄의 심각성을 깨우쳐주시기 위해 가혹한 과장법을 사용하셨다. 그분은 눈이 우리를 실족하게 하거든 차라리 그 눈을 빼내어 영원한 심판을 피하는 것이 더 낫다고 가르치셨다(마 5:29, 30). 욥은 젊은 여자를 보지 않겠다고 자신의 눈과 약속했다고 말했다(욥 31:1). 시편 기자도 우상 숭배를 금하는 율법을 생각하면서 악한 것을 자기 눈앞에 두지 않겠다는 말로 같은 원리를 언급했다(시 101:3). 이 모든 성경말씀은 스펄전이 설명한 원리를 뒷받침한다. 그는 "하와가 따 먹은 열매가 처음에 그의 눈을 즐겁게 하고 나서 그의 생각과 손을 움직인 것처럼, 눈을 매혹시키는 것은 무엇이든 마음속에 쉽게 침투할 수 있다"고 말했다.[22]

---

22) C. H. Spurgeon, *The Treasury of David*(Grand Rapids: Zondervan, 1950), 1:240.

거듭나지 않은 마음에는 거룩하신 하나님의 율법에 어긋나는 모든 것을 바라는 욕망이 가득 들어차 있다. 사악한 것이 곧 손에 잡힐 듯 눈앞에 모습을 드러내면 정욕은 불길처럼 활활 치솟기 시작한다. 더욱이 거듭나지 못한 마음은 그런 일이 금지된 것이라는 말을 듣는 순간, 정욕의 불길을 더욱 강렬하고 힘차게 내뿜는다. 성경은 타락한 마음은 하나님이 하지 말라고 금하시는 것일수록 더욱 갈망하는 경향이 있다고 분명하게 가르친다(롬 7:7-13).

예수님은 산상설교에서 유대교의 문헌을 토대로 눈을 "몸의 등불"로 일컬으셨다(마 6:22, 23). 이 말은 사람의 눈이 마음의 내용과 상태를 드러낸다는 개념을 담고 있다. 악에서 눈을 돌이켜 하나님 나라를 바라보는 사람은 그 마음이 복음과 성령의 거듭나게 하시는 사역을 통해 올바로 변화되었다는 것을 보여준다. 그와는 대조적으로 하나님 나라의 아름다움과 축복을 보지 못하고 세상의 것들을 바라보는 사람은 마음이 거듭나지 못한 상태이고, 복음이 그에게 아무런 영향을 끼치지 못했다는 것을 보여준다.

이런 가르침을 우리 상황에 적절하게 적용하려면 우리가 눈앞에서 흔들리는 악한 것들에 매료된 문화 속에서 살아가고 있다는 사실을 가장 먼저 떠올려야 한다. 요즘 광고업자들이 시각을 자극하는 방법에 초점을 맞추는 것은 그만한 이유가 있다. 그들은 시각적 효과를 일으키면 마음속에 숨어 있는 욕망을 일깨워 전혀 의식하지 않던 것들을 갈망하게 만들 수 있다는 사실을 잘 알고 있다. 그들의 행위는 마치 가장 뛰어난 유혹자인 마귀의 전술 지침서에서 터득한 듯한 인상을 풍긴다. 마귀는 처음부터 눈이 마음과 연결된 가장 크고 넓은 통로라는 사실을 분명하게 알고 있었다.

회심과 그 증거를 성경적으로 이해하려면 삶의 관점이 회심의 가장 큰 증거 가운데 하나라는 본문의 가르침을 받아들여야 한다. 하나님 나라에 속했다고 주장하면서 그 나라를 바라보지 않는 사람은 자신의 고백을 점검해야 한다. 세상의 것들을 탐하고, 소유할 수 없는 세상의 행복 때문에 몸살을 앓고, 다른 사람들의 속된 출세와 성공을 부러워 하는가? 그렇다면 그것은 하나님 나라에 속하지 않았다는 명백한 증거다. 우리는 이 말씀에 주의하여 그 깊은 뜻을 새겨야 한다.

> 너희가 어찌하여 양식이 아닌 것을 위하여 은을 달아주며 배부르게 하지 못할 것을 위하여 수고하느냐 내게 듣고 들을지어다 그리하면 너희가 좋은 것을 먹을 것이며 너희 자신들이 기름진 것으로 즐거움을 얻으리라(사 55:2).
>
> 사람이 만일 온 천하를 얻고도 제 목숨을 잃으면 무엇이 유익하리요 사람이 무엇을 주고 제 목숨과 바꾸겠느냐(마 16:26).

구원의 증거는 그 열매에 있다. 마음이 진정으로 거듭났다면, 세상의 아름다움에서 눈을 돌려 하늘의 것을 바라보게 만드는 성향을 소유한 새로운 피조물이 될 수밖에 없다. 마음이 진정으로 거듭났다면, 하늘나라가 밭에 감추어진 보화처럼 느껴질 것이 분명하다. 그런 보화를 발견한 사람은 그것을 다시 잘 숨기고, 기뻐하며 돌아가서 자신의 소유를 다 팔아 그 밭을 구입한다(마 13:44). 거듭난 사람은 좋은 진주를 찾아다니다가 큰 가치를 지닌 진주를 발견하고 돌아가서 자기의 소유를 다 팔아 그 진주를 구입하는 상인과 같다(마 13:45, 46). 진정으로 거듭나 성령의 사역을 통해 조금씩 거룩해져가는 사람은 "주 달려 죽은 십자가"(새찬송가 149장)라는 아이작 와츠의 간절한 노랫말을 기꺼이 진리로 인정한다.

> 세상에 속한 욕심을 헛된 줄 알고 버리네……
> 보혈의 공로 힘입어 교만한 맘을 버리네.

이생의 자랑

"이생의 자랑"은 헬라어 "알라조네이아 투 비우"(*alazoneia tou biou*)를 번역한 것이다. "알라조네이아"는 "과시적인 교만"의 뜻을 담고 있다. 이 말은 허풍과 자랑을 일삼는, 거만하고 주제넘고 무례한 교만을 가리킨다. 신약성경에서 이 말이 사용된 또 다른 구절은 야고보서 4장 13-16절밖에 없다. 야고보는 큰 계획을 자랑하며 하나님의 섭리나 자신의 무기력한 도덕성을 조금도 고려하지 않은 채 독자적으로 살아가려고 애쓰는 부유한 사람들을 강하게 질책했다.

> 들으라 너희 중에 말하기를 오늘이나 내일이나 우리가 어떤 도시에 가서 거기서 일 년을 머물며 장사하여 이익을 보리라 하는 자들아 내일 일을 너희가 알지 못하는도다 너희 생명이 무엇이냐 너희는 잠깐 보이다가 없어지는 안개니라 너희가 도리어 말하기를 주의 뜻이면 우리가 살기도 하고 이것이나 저것을 하리라 할 것이거늘 이제도 너희가 허탄한 자랑을 하니 그러한 자랑은 다 악한 것이라.

신약성경에서 종종 "생명"(life, 이생)으로 번역되는 헬라어는 두 가지다. 하나는 "조에"(*zoe*)인데 이 말은 생명의 원리나 본질을 가리킨다. 다른 하나는 "비오스"(*bios*)로 이 말에서 영어 단어 "biography"(전기)가 유

래했다. 이 말은 개인이 살아온 인생 과정이나 그의 삶을 지탱하는 것
들(재산, 소유, 부, 살림)을 가리킨다. 요한이 가난한 자들에 대한 그리
스도인의 책임을 언급한 대목에서는 이 말이 "재물"로 번역되었다.

> 누가 이 세상의 재물을 가지고 형제의 궁핍함을 보고도 도와줄 마음을 닫
> 으면 하나님의 사랑이 어찌 그 속에 거하겠느냐(요일 3:17).

이 두 단어에 관해 우리가 알고 있는 지식과 신약성경에서 사용된
용례를 종합해 보자. 그러면 "이생의 자랑"이 부와 성공을 자랑하며,
그 모든 것을 자신의 힘과 지혜로 이루었다고 생각하는 사람들의 교
만한 심리를 가리킨다는 것을 알 수 있다. 이것은 자신이 하나님과 아
무 관계가 없고, 그분의 섭리에서 온전히 자유롭다고 생각하는 사람
들의 특징이다. 곧 자신의 강한 의지나 기발한 생각이나 육체의 힘으
로 자수성가를 이루고, 운명을 개척하며, 재물을 쌓는 속된 사람들의
특징 가운데 하나다. 이들은 모든 부와 성공을 하나님의 도움이나 은
혜 없이 스스로 일구어낸 업적으로 치부한다. 시편 기자는 이런 사람
을 하나님이 없다고 생각하고 인생의 계획을 세우고, 계획이 성공했
을 때도 그분께 한마디 감사도 없는 사람으로 묘사했다.

> 악인은 그의 교만한 얼굴로 말하기를 여호와께서 이를 감찰하지 아니하신
> 다 하며 그의 모든 사상에 하나님이 없다 하나이다 …… 그의 마음에 이르기를
> 나는 흔들리지 아니하며 대대로 환난을 당하지 아니하리라 하나이다(시 10:4, 6).

이 범주에 노골적으로 무신론을 표방하거나 하나님을 공공연히 거

스르는 자들만 해당한다고 생각하면 큰 오산이다. 하나님을 의지한다고 고백하고 그분께 감사하는 사람들도 얼마든지 그런 태도를 드러낼 수 있다. 사실상 교회 안에 존재하는 무신론은 공공연히 하나님을 대적하는 것보다 훨씬 치명적이다. 그런 사람들은 겉으로는 기독교의 외관을 갖추고 예수님을 주님으로 고백하지만, 실생활에서는 그분의 뜻에 복종하지 않는다. 그들은 자신이 이미 결정한 일이나 계획한 일을 하나님이 인정해 주시기를 바란다. 그리고 계획한 바를 이루려고 노력할 때 입술로는 하나님의 도우심을 구하지만, 대부분 인간의 영광을 먼저 충분히 만족시키고 나서 마치 먹다 남은 부스러기를 내주듯 하나님께 감사하는 양 생색을 낸다. 그런 식으로 하나님께 선심을 쓰는 척하는 사람은 잠언에 나오는 지혜로운 사람과는 크게 대조된다. 지혜로운 사람은 곧 온 마음으로 주님을 신뢰하고, 자신의 명철을 의지하지 않으며, 범사에 그분을 인정하는 사람이다(잠 3:5, 6).

이생의 자랑은 자기 숭배의 결정체다. 이생의 자랑을 일삼는 사람은 그물로 물고기를 잡고 나서 그물에 제사한 고대의 갈대아인들만큼이나 애처롭다(합 1:15, 16). 그들은 "악한 사람에게나 선한 사람에게나 똑같이 햇빛을 주시고, 똑같이 비를 내려주시는 하나님"은 조금도 생각하지 않고 생명 없는 그물을 숭배했다(마 5:45). 성경의 가르침에 따르면, 자아를 숭배하고 자신이 이룬 업적을 자랑하는 사람들은 잠깐 보이다가 사라지는 안개요, 지나가는 그림자요, 한갓 코에 있는 숨이자 호흡에 지나지 않는다(시 39:5, 144:4, 사 2:22, 약 4:14). 그런 사람은 위대한 일을 이루었다고 자랑하지만, 실상은 머리털 하나도 희거나 검게 할 수 없고 생명을 단 한 시간도 연장시킬 수 없다(마 5:36, 6:27). 그들은 그 모든 화려함에도 불구하고 멸망하는 짐승이요, 아침에 사라지는 이슬이요, 타작마당에서 날리는 쭉정이와 같다(시 49:20, 호 13:3).

그런 사람들은 하나님이 만민에게 생명과 호흡과 만물을 베푸시고 자기를 찾아 발견할 수 있는 기회를 허락하신다는 사실을 깨닫지 못한다(행 17:25-27). 그들은 하나님이 얼굴을 감추시면 절망할 수밖에 없고, 그분이 호흡을 거두시면 죽어 먼지로 돌아갈 수밖에 없다는 사실을 의식하지 못한다(시 104:27-29). "사람이 무엇이기에 주님께서 이렇게까지 생각해 주십니까?"라는 생각을 떠올려본 적도 없다(시 8:4). 그들은 민족들이 하나님 앞에서 통의 한 방울 물과 같고, 그들을 다 합쳐 놓더라도 한갓 저울의 작은 티끌과 같다는 사실을 알지 못한다(사 40:15-17).

이생의 자랑과 관련해서도 하나님의 자녀들과 그분을 알지 못하는 자들 사이에는 큰 차이가 있다. 성령으로 거듭나 그분의 사역을 통해 성화의 과정을 거치는 그리스도인들은 그리스도께서 자신들의 생명이라는 사실을 깊이 깨닫는다(골 3:4). 그리고 그분을 떠나서는 곤고하고, 가련하고, 가난하고, 눈멀고, 벌거벗은 상태에서 벗어날 수 없다는 사실을 갈수록 더욱 깊이 의식한다(계 3:17). 또한 그들은 주님 없이는 아무것도 할 수 없다는 것을 안다(요 15:5). 자신의 연약함을 더욱 절감하며, 하나님의 뜻을 알고 그 안에 안전하게 거하려고 노력한다. 또한 그들은 하나님의 뜻을 행한 뒤에도 자신을 무익한 종으로 생각하며 마땅히 해야 할 일을 했을 뿐이라고 고백한다(눅 17:10). 그들은 자신의 미약한 노력으로 무엇인가를 이루었더라도 그 행위의 영광을 자기 자신에게 돌리려는 마음을 추호도 갖지 않는다. 그들은 시편 기자처럼 이렇게 부르짖는다.

여호와여 영광을 우리에게 돌리지 마옵소서 우리에게 돌리지 마옵소서 오직 주는 인자하시고 진실하시므로 주의 이름에만 영광을 돌리소서(시 115:1).

하나님의 자녀는 "자랑하는 자는 주 안에서 자랑하라"(고전 1:31)는 천국의 원리를 늘 배워나간다(렘 9:23, 24 참조). 그리스도인이 배운 교훈을 잊고 그리스도께 속한 영광을 스스로 취하려고 할 때는 성령께서 그를 꾸짖어 부끄럽게 하시며, 본래의 자리로 돌아가게 만드신다(눅 14:7-11). 주님은 자신의 영광을 그 누구와도 함께 나누지 않으신다(사 42:8, 48:11).

이와는 대조적으로 비그리스도인은 마음이나 생각에 그런 겸손이나 감사가 존재하지 않는다. 그는 자신이 하나님의 은혜와 능력에 전적으로 의존하는 무능력한 존재라는 사실을 전혀 의식하지 못한다. 그는 하나님이 존재하지 않으시거나 존재하신다고 해도 인간의 일에 무관심하시다고 생각하며 살아간다. 비그리스도인이 모든 업적을 자신의 공로로 치부하고 승리를 거둘 때마다 자신을 자랑하는 이유는 바로 그런 생각을 지니고 있기 때문이다. 머리털 하나도 검게 하거나 희게 할 수 없고 생명을 단 한 시간도 연장할 수 없는 인간이라는 애처로운 피조물은 자신의 업적을 자랑하며, 마치 자신이 혼자서 생겨난 것처럼 살아간다.

세상과 우리의 관계

그리스도인인 우리는 지금까지 배운 것을 생각하며 "나와 세상은 어떤 관계인가?"라고 물어야 한다. 이런 일을 사소하게 여겨서는 안 된다. 이것은 매우 중요하다. 세상과 우리의 관계는 구원의 진위를 판단하는 시금석이다. 요한은 세상에 대한 사랑과 하나님에 대한 사랑이 정면으로 충돌한다고 경고한다.

> 누구든지 세상을 사랑하면 아버지의 사랑이 그 안에 있지 아니하니(요일 2:15).23)

야고보는 훨씬 단호하다.

> 누구든지 세상과 벗이 되고자 하는 자는 스스로 하나님과 원수 되는 것이니라(약 4:4).

성경은 하나님과 세상을 동시에 사랑하는 것이 논리적으로 불가능하다고 가르친다. 이 둘은 도저히 양립할 수 없는 대립 관계에 놓여 있기 때문이다. 세상의 모든 것, 곧 육신의 정욕과 안목의 정욕과 이생의 자랑은 하나님과 전혀 무관하다. 하나님에게서 비롯하지 않았고, 그분의 뜻과도 거리가 멀다. 오히려 하나님을 대적하고 그분을 진노하시게 만든다.

물론 그리스도인은 세상에 얽매이지 않고 유혹을 전혀 느끼지도 않는다는 말은 아니다. 그리스도인은 다각적인 측면에서 세상으로 인해 크게 흔들릴 수 있다. 그러나 그리스도인은 세상을 미워하고 세상에 맞서 싸울 뿐 아니라, 세상에 굴복했을 때는 깊이 후회한다. 이런 차

---

23) "아버지의 사랑" 이라는 문구는 이중적인 의미를 지닌다. 이 말씀은 세상을 사랑하는 사람은 하나님을 사랑하지 않는 사람이며, 또한 하나님이 자기 백성에게 베푸시는 특별한 사랑의 대상이 될 수 없다는 뜻을 담고 있다. 물론 이것은 하나님의 특별한 사랑을 고집스럽게 거부하는 죄인의 잘못이다.

이는 단지 말의 차이에 국한되지 않는다. 이 차이는 실질적이고 실제적이다. 그리스도를 믿는다고 고백하면서 하나님의 뜻에 어긋나는 것들에서 아름다움과 즐거움을 찾는다면 자신의 고백이 참인지 거짓인지 심각하게 고민해 봐야 한다. 그러나 그리스도를 믿는다고 고백하며 갈수록 세상을 미워하고 대적하며 세상과의 싸움에서 점차 승리를 거둔다면 얼마나 자주 실패하느냐에 상관없이 구원을 확신할 만한 근거를 확보할 수 있다. 세상과 어떤 관계를 맺고 있는가? 존 번연의 『천로역정』에 등장하는 주인공 크리스천처럼 "멸망의 도시"에서 도망치고 있는가? 그 모든 올무에서 벗어나겠다는 결심이 확고하게 섰는가? 아니면 "어리석음의 도시"에 거처를 두고, "허영의 시장"을 기쁨으로 삼고 있는가?

목회자들에게 당부하는 말

요한 사도 당시에는 탐욕, 육욕, 권력욕으로 점철된 로마 제국이 세상을 대표했다. 요한계시록은 세상을 "큰 성 바벨론", 곧 "모든 나라에게 그의 음행으로 말미암아 진노의 포도주를 먹이던 자"이자 "땅의 음녀들과 가증한 것들의 어미"로 묘사했다(계 14:8, 17:5). 오늘날의 세상은 과거보다 더 강력하고 대담해 보인다. 할리우드, 매디슨 애비뉴, 월스트리트, 워싱턴, 각종 학문 기관 등이 세상을 대표한다. 오늘날의 세상도 과거의 바벨론처럼 모두에게 가증한 물건과 음행의 더러운 것들이 가득한 금잔을 내민다(계 17:4). 세상 곳곳에 거짓 선지자들을 보내 인류를 타락으로 이끈다. 줄무늬 양복을 걸쳤든, 최신 유행의 옷을 차려 입었든, 예언자처럼 종교적인 외양을 꾸몄든 상관없이 그들이 전하는 메시지는 모두 한결같다. 영원한 것은 전혀 거론하지 않고 오로지 일시적인 것만 강조하며, 그것이 사라지기 전에 붙잡으라고 설득한다. 그들은 절대적인 도덕 원리에 관심을 기울이지 않는다. 그런 원리가 자기표현을 위한 개인의 자유를 위태롭게 만든다고 생각하기 때문이다. 그들은 자기실현, 자기성취, 정당한 보상과 같은 명분을 내세워 청중에게 개인의 자유를 강조하고 탐욕을 정당화한다. 항상 청중의 편에서 그들의 중개인을 자처하고, 그들의 관심사에 초점을 맞춘다. 그리고 그들이 필요로 하는 것을 말하고, 적절한 대가만 치르면 그 필요를 얼마든지 채워줄 수 있을 것처럼 행동한다.

그들을 추종하는 사람이 그토록 많은 이유를 파악하는 것은 그리 어렵지 않다. 그들은 육신의 정욕과 안목의 정욕과 이생의 자랑에 호소한다. 타락한 사람들이 듣고 싶어하는 말을 속삭여 그들의 귀를 간질인다(딤후 4:3). 그들은 세상에 속하며 세상의 말을 하기 때문에 세상이 그들 말에 귀를 기울이는 것은 무척 당연하다(요일 4:5). 그들의 메시지는 무한히 다양해 보이지만 실제로는 항상 같다. 사실 거짓 선지자들의 말은 그 기원이 모두 같다고 생각하지 않을 수 없을 만큼 매우 흡사하다. 간단히 말해, 그들은 이 세상의 신, 곧 "지금 불순종의 아들들 가운데서 역사하는 영"(엡 2:2)에서 비롯했다.

세상이 지금까지 설명한 특성을 지니는 것은 지극히 당연하다. 세상의 속된 특성은 길게 설명할 필요가 없다. 그러나 문제는 세상의 속된 특성이 교회 안에 버젓이 존재한다는 것이다.[24] 세상이 거의 감지할 수 없는 힘으로 교회 안에 은밀하게 침투하는 것과 세상이 교회의

---

[24] 여기에서 "교회"라는 말을 사용할 때는 그 의미를 구분해야 한다. 이 말은 믿음을 표방하는 기독교를 가리킨다. 예수 그리스도의 참된 교회는 오직 회심의 열매를 맺는 거듭난 그리스도인들로만 구성된다. 이들은 입으로 믿음을 고백했지만, 아직 회심하지 않은 교인들과는 엄연히 구분된다.

중심을 차지하고 모든 것을 그 비루한 형상에 맞춰 왜곡시키는 것은 서로 다른 문제다. 오늘날 기독교는 대부분 후자에 해당한다. 세상이 물질주의를 퍼뜨렸는가? 교회도 그렇다. 세상이 소비자 지향적인가? 교회도 그렇다. 세상이 성경의 진리와 상관없이 실용주의만 중시하는가? 교회도 그렇다. 세상이 오락에 매료되고, 즐거운 것에 관심을 기울이며, 어리석은 것을 좋아하는가? 교회도 마찬가지다. 세상이 자기실현과 자기성취를 강조하는가? 교회도 그렇다. 세상이 속되고, 관능적이고, 사치스럽고, 방탕한 것을 일삼는가? 교회도 다를 바 없다. 교회는 교인들 사이에 육적인 것을 용납할 뿐 아니라 힘써 옹호하기까지 한다. 오늘날의 교회도 고린도 교회처럼 육적인 것을 자랑하고, 하나님의 은혜를 방탕한 것으로 바꾸며, 유일한 주님이신 예수 그리스도를 부인한다(고전 5:6, 유 1:4). 번연이 말한 "허영의 시장"은 사람들을 즐겁게 만들어 세상에 붙잡아두기 위한 사탄의 도구였다. 만일 번연이 오늘날 많은 교회가 구도자들을 주일 예배에 계속 참석하게 만들려고 "허영의 시장"을 이용해 그들을 즐겁게 하는 광경을 본다면 아연실색할 것이 틀림없다.

 오늘날 수많은 교회에서 이런 현상이 나타나고 있는 원인은 무엇일까? 가장 큰 원인은 목회자로 세워진 사람들 때문이다.

 첫째, 목회자들 가운데 거듭나지 못한 사람이 의외로 상당한 비중을 차지한다. 교리와 윤리에 어긋나는 그들의 사악하고 무분별한 행위는 그들이 회심하지 못했다는 확실한 증거다.

 둘째, 진정으로 회심한 사람들이 목회자로 부르심을 받지 못했다. 복음 사역의 참된 요소에 관해 많은 오해가 있는 듯하다. 복음 사역을 사업이나 오락 같은 것으로 생각하는 사람들이 강단을 장악하고 있는 경우가 많다. 그들은 목회자보다는 차라리 월스트리트의 사업가나 할리우드의 연예인이 되는 편이 훨씬 나을 것이다.

셋째, 진정으로 회심해 복음 사역자로 부르심 받았지만 동시대의 종교적 풍조에 얽매여 제 역할을 다하지 못하는 목회자들이 적지 않다. 그런 목회자들은 자기를 날카롭게 해줄 "철", 즉 다른 하나님의 사람들과 관계를 맺지 못하고 돌아갈 길을 찾지 못해 방황한다(잠 27:17). 그들은 의로운 롯처럼 교회의 세속적인 모습에 괴로워하지만 거기에 담대히 맞설 도덕적 용기와 능력이 없다(벧후 2:7, 8). 이와 같은 말씀이 그들에게 적용된다.

> 의인이 악인 앞에 굴복하는 것은 우물이 흐려짐과 샘이 더러워짐과 같으니라(잠 25:26).

그들은 주님이 경건한 자를 "새 사냥꾼의 올무"와 시험에서 건지신다는 진리를 깨닫고 용기를 얻어야 한다(시 91:3, 벧후 2:9).

넷째, 문화적 유행이나 실용주의적 효율성에 맞춰 사역하는 풍토를 좇는 목회자가 많다. 예능인, 인생 상담 코치, 심리분석학자, 매디슨 애비뉴의 광고업자와 같은 태도를 취하는 사람들이 적지 않다. 목회자는 무엇보다 성경을 배우고 가르치는 사람(스 7:10, 행 6:2, 4, 딤후 2:15), 양떼를 보살피는 사람(행 20:28, 벧전 5:1-4), 하나님 앞에서 열심히 중보 기도를 드리는 사람(행 6:4, 롬 1:9, 엡 1:15, 16, 빌 1:3, 4, 골 1:9)이 되어야 한다. 그러나 오늘날 이런 책임을 망각한 목회자가 허다하다. 목회자는 마지막 날에 자신의 사역을 책임지게 될 것을 알고(고전 3:12-15, 딤후 4:8) 자신에게 위탁된 것을 온전히 지켜내야 한다(딤전 1:11, 6:20, 딤후 2:14, 딛 1:3). 목회자는 하나님의 말씀을 맡은 주석가, 신학자, 해설자가 되어야 한다. 또한 인격과 윤리와 의무에 관한 성경의 엄격한 기준에 복종해야 한다(딤전 3:1-7, 딛 1:7-9). 목회자는 그리스도의 발자취를 따라가며 사람들을 대신해 하나님께 나아가고, 하나님을 대신해 사람들에게 나아가야 한다.

마지막으로, 우리는 겁쟁이임을 인정해야만 한다. 우리는 이기심이라는 우상을 숭배하는 사람들에게 배척당할까 두려워한다. 우리는 다른 사람의 비위를 건드리지 않으려고 사랑의 의미를 왜곡시켜 편의적으로 해석해 왔다. 교훈, 책망, 바르게 함, 의로 교육하는 것이 없는 사랑은 진리와 확신과 용기가 없는 사랑에 지나지 않는다.[25] 그런 사랑은 죄를 꾸짖고, 헛된 자긍심을 깨부수며, 진리를 말해 사람들을 원수로 만드는 대신 아무 경고 없이 그들을 지옥으로 내몬다.[26] 그런 사랑은 사랑이 아니다. 그것은 오히려 사랑에 역행하는 일이다. 양떼를 책망하는 것을 그들을 노엽게 만드는 행위로 간주해 자제한다면, 그것은 단지 우리를 좋아하게 만들려는 술수일 뿐이다. 칭찬받고 호감을 사려는 욕망은 하나님의 사람에게 치명적인 독약과도 같다. 그러나 오늘날 많은 목회자가 그런 독약에 중독된 것처럼 보인다. 우리는 주님이 하신 이 경고를 잊고 말았다.

> 모든 사람이 너희를 칭찬하면 화가 있도다 그들의 조상들이 거짓 선지자들에게 이와 같이 하였느니라(눅 6:26).

---

25) 바울은 디모데후서 3장 16절에서 젊은 디모데에게 사역자가 하나님의 말씀으로 행해야 할 네 가지 의무를 가르쳤다.
26) 바울은 갈라디아서 4장 16절에서 갈라디아 신자들의 잘못을 지적하며 "내가 너희에게 참된 말을 하므로 원수가 되었느냐"라고 물었다.

9
교회 안에 머무는가?

아이들아 지금은 마지막 때라 적그리스도가 오리라는 말을 너희가 들은 것과 같이 지금도 많은 적그리스도가 일어났으니 그러므로 우리가 마지막 때인 줄 아노라 그들이 우리에게서 나갔으나 우리에게 속하지 아니하였나니 만일 우리에게 속하였더라면 우리와 함께 거하였으려니와 그들이 나간 것은 다 우리에게 속하지 아니함을 나타내려 함이니라(요일 2:18, 19).

요한은 이 본문에서 배교한 사람들을 언급한다. 그들은 그리스도와 그분의 사역에 관한 사도들의 가르침을 거부하고, 교회를 떠나 거짓 선지자가 되었다. 요한은 심지어 그들을 적그리스도로 일컬었다.

"적그리스도"라는 불명예스러운 칭호는 "그리스도"를 뜻하는 헬라어 "크리스토스"(*Christos*)와 "거스르다", "대신하다"를 뜻하는 헬라어 "안티"(*anti*)의 합성어다. "적그리스도"를 단수로 사용하면 장차 그리스도의 자리를 빼앗아 그분과 맞서 싸우려고 할 큰 원수를 가리킨다(살후 2:3, 4). 그리고 복수로 사용하면 교회 시대에 나타난 수많은 거짓 교사를 가리킨다. 거짓 교사들이란 그리스도와 그분의 사역에 관한 사도들의 교리를 부인하고, 교회와 역사적 기독교에서 이탈하여 다른 사람들을 그릇된 길로 미혹하려고 애쓰는 자들이다.[27] 요한은 요한일서에서 이들을 미혹하는 자들이라고 표현했다. 곧 예수님이 하나님의 아들이신 것과 성육신을 부인하며 성부 하나님과 성자 하나님을 거부한 거짓말쟁이로 묘사했다(요일 2:22, 23, 4:2, 요이 1:7). 요한의 시대와 마찬가지로 오늘날에도 그리스도를 부인하거나 그분의 탁월하신 인격과 사역의 본질적인 속성을 축소시킨 종교를 퍼뜨리는 적그리스도가 많다. 그리스도의 절대적인 유일성을 강조하지 않고 그분을 배척하며, 그분의 십자가를 사소하게 취급하는 가르침은 본질상 적그리스도의 가르침이다. 성경이 가르치는 대로 그리스도를 위하지 않는 사람은 그분을 반대하는 자다(눅 11:23).

요한은 본문에서 우선적으로 거짓 교사들을 언급하고 있다. 그리고 동시에 성경적인 확신을 판별할 수 있는 또 다른 기준을 제시한다. 참된 그리스도인은 기독교 신앙의 역사적 교리 안에 머물며, 하나님의 백성과 교제한다는 것이다. 그런 교리를 부인하고 교회와 교제하지 않는 사람은 진정으로 회심하지 않았음을 드러내는 셈이다.

> 그들이 우리에게서 나갔으나 우리에게 속하지 아니하였나니 만일 우리에게 속하였더라면 우리와 함께 거하였으려니와 그들이 나간 것은 다 우리에게 속하지 아니함을 나타내려 함이니라(요일 2:19).

물론 교회를 통해 영원한 구원을 얻을 수 있거나 지킬 수 있다는 뜻은 아니다. 구원은 오직 그리스도 안에서 믿음으로 말미암아 은혜로만 얻을 수 있다(엡 2:8, 9). 이는 진정으로 회심한 사람은 자신의 회심을 가능하게 한 성경의 진리를 계속 의지하고, 교회 안에 머물러 성도의

---

27) 요한이 사용한 "마지막 때"라는 표현은 "말세"와 동의어이다(행 2:17, 딤후 3:1, 약 5:3). 이 말은 부활하신 그리스도의 승천과 재림 사이의 기간을 가리킨다.

교제를 나눈다는 뜻이다. 요한은 요한이서에서도 비슷하게 말했다.

> 지나쳐 그리스도의 교훈 안에 거하지 아니하는 자는 다 하나님을 모시지 못하되 교훈 안에 거하는 그 사람은 아버지와 아들을 모시느니라(요이 1:9).

확신과 배교

교회 역사상 성도의 영원한 견인(안전)을 주장하는 사람들과 배교의 가능성(참된 그리스도인이 영원히 멸망할 수 있다는 것)을 주장하는 사람들 사이에 늘 논쟁이 있어왔다. 이 문제는 중요하기 때문에 간단하게라도 짚고 넘어갈 필요가 있다. 이 문제에 관해 모두가 만족할 만한 대답을 찾기는 하늘의 별따기일 듯하다. 그러나 나는 회심의 본질에 관한 중요한 진리를 몇 가지 제시하고, 그것들을 그리스도인에게 적용할 수 있는 방법을 잠시 설명하려고 한다.

먼저 나는 종교개혁자들과 청교도를 비롯해 초기 장로교 신자들과 일부 침례교 신자들이 주장한 "성도의 견인"이라는 역사적 교리를 기꺼이 인정한다.[28] 이 교리는 성령에 의해 그리스도 안에서 새로운 피조물로 거듭나 하나님의 능력으로 보존되는 사람들은 궁극적으로 믿음을 저버리거나 영원히 멸망할 수 없다고 선언한다. 그렇게 확신할 수 있는 근거는 하나님의 능력과 신실하심 때문이다. 자기 백성을 구원하시는 하나님은 또한 그들을 능력으로 보존하신다. 그리스도인을 의롭다고 여기시는 하나님은 또한 그를 거룩하게 하시어 영광으로 인도하신다. 우리는 바울 사도처럼 우리 안에서 착한 일을 시작하신 하

---

[28] 『웨스트민스터 신앙고백』과 『런던 신앙고백』(1689)은 17장에서 성도의 견인 교리를 길게 설명하고 있다.

나님이 그리스도 예수의 날까지 그 일을 온전히 이루어나가실 것이라고 확신할 수 있다.

어떤 식으로든 성도의 견인을 논의할 때는 네 가지를 고려해야 한다. 첫째, 구원의 본질을 이해해야 한다. 오늘날의 피상적인 설교들은 구원이 우선 인간의 의지로 결정되는 것으로 생각하게 만든다. 하나님은 복음을 인간에게 나타내신 다음 그의 반응을 기다리신다. 그리고 인간은 그리스도를 믿겠다는 결신을 통해 구원받고, 그 후에도 계속 의지의 행위로 구원을 유지한다는 식이다. 결국 처음에 하나님의 초청에 적절히 반응하여 구원받은 사람은 또 다른 의지의 행위를 통해 결정을 번복할 경우 쉽게 구원을 잃을 수 있다는 논리가 성립된다.

이것은 인간의 의지만 중시하고, 그의 본성에 끼치는 하나님의 사역은 전혀 고려하지 않은 견해다. 성경은 그리스도를 믿어 구원에 이른 사람은 "하나님께로부터 난" 자라고 가르친다.[29] 새로운 탄생은 "혈통으로나 육정으로나 사람의 뜻으로 나지 아니하고 오직 하나님께로부터 난"(요 1:13) 것이다. 구원은 단지 의지의 행위에 국한되지 않는다. 구원은 철저히 부패한 인간의 본성이 변화되어 새로운 피조물이 되는 것을 의미한다(고후 5:17). 적대적이고 돌처럼 딱딱한 죄인의 마음이 부드러운 살 같은 살아 있는 마음으로 대체되는 것은 하나님의 초자연적인 사역을 통해 이루어진다(겔 36:26). 구원은 사악한 인간이 설교자의 언변에 설득되어 이루어지는 것이 아니다. 일시적으로 성령의 감동을 느껴 하나님께로 돌이키겠다고 결정하는 것으로 이루어지는

---

29) "하나님께로부터 나다"는 헬라어 "게겐네타이"(*gegennetai*)를 번역한 것으로 이 동사는 완료수동태다. 『영어 표준역 성경』(ESV)은 이 구절을 "예수님이 그리스도라는 사실을 믿는 사람은 누구나 하나님께로부터 난 자다"라고 옳게 번역했다. 이처럼 중생은 논리적으로 믿음에 선행하며, 믿음의 원인이자 근거다.

것도 아니다. 구원은 철저히 새로운 탄생을 통해 이루어진다. 죄인은 성령의 획기적인 사역을 통해 죄에서 돌이켜 하나님께로 나아가려는 성향을 지닌 새로운 피조물로 변화된다. 구원과 그 유지가 의지의 변화나 하나님의 제안에 대한 반응에 지나지 않는다면, 믿음을 저버리고 구원을 잃는 과정이 쉽게 이루어질 수밖에 없다. 그러나 구원이 인간의 본성이 변화되어 새로운 피조물로 거듭나는 것이라면 구원이 취소되거나 상실되는 것은 절대 불가능하다.

둘째, 진정으로 회심한 그리스도인의 삶에서 하나님의 섭리가 계속된다. 하나님은 단지 믿음을 갖도록 인도하시고, 나머지는 모두 그리스도인에게 맡겨두신 채 물러나지 않으신다. 성경은 의롭다 하신 하나님이 또한 거룩하게 하신다고 가르친다. 이 진리는 에베소 교회에 보낸 바울의 편지에 훌륭하게 진술되어 있다. 바울은 에베소서 2장에서 믿음으로 말미암아 오직 은혜로 의롭다 하심을 받는다는 위대한 교리를 가르친다. 그리고 나서 하나님의 거룩하게 하시는 사역에 대해 독자들의 관심을 촉구했다. 성화는 은혜의 결과이며, 구원 신앙과 불가분의 관계를 맺는다.

> 우리는 그가 만드신 바라 그리스도 예수 안에서 선한 일을 위하여 지으심을 받은 자니 이 일은 하나님이 전에 예비하사 우리로 그 가운데서 행하게 하려 하심이니라(엡 2:10).

믿음으로 말미암아 은혜로 의롭다 하심을 받은 사람은 하나님이 만드신 바 된 사람이다. 그는 하나님의 영원한 작정으로 창세전에 그를 위해 예비된 선한 일을 이루기 위해 그리스도 안에서 새롭게 창조되었다. 바울이 빌립보 신자들에게 써 보낸 대로 그들을 구원하신 하나님은 그들이 홀로 행하도록 놔두지 않으신다. 하나님은 자기의 선한 목적에 따라 그들이 자발적으로 행동하도록 그들 안에서 일하신다(빌 2:13). 이 놀라운 말씀은 하나님이 그리스도인들을 새로운 성향을 지닌 피조물로 재창조하셨고, 직접 그리스도인의 의지에 역사하셔서 자신의 기쁘신 뜻을 따라 일하도록 이끄신다고 선언한다. 바울이 빌립보 신자들의 궁극적인 구원과 영화를 굳게 확신할 수 있었던 이유는 바로 이런 하나님의 사역 때문이었다.

> 너희 안에서 착한 일을 시작하신 이가 그리스도 예수의 날까지 이루실 줄을 우리는 확신하노라(빌 1:6).

셋째, 어떤 식으로든 성도의 견인을 논의할 때는 구원의 목적을 올바로 이해해야 한다. 하나님의 구원 사역은 인간을 위한 것이지만, 인간의 행복이 가장 주된 목적은 아니다. 현대인이나 현대의 복음주의자들은 이해하기 어려울지 몰라도 만물의 주된 목적은 하나님의 성품과 능력을 드러내어 그분을 영화롭게 하는 데 있다. 바꾸어 말해, 하나님이 모든 일을 행하시는 이유는 자신의 위대함과 영광을 피조물에게 나타내시기 위해서다. 이것이 하나님의 모든 사역이 지향하는 궁극적인 목적이다. 그분의 가장 위대한 사역, 곧 예수 그리스도를 통해 인간을 구원하시는 사역도 예외일 수 없다. 하나님의 성품과 능력이 가장 크게 드러난 일이 어떻게 실패할 수 있겠는가? 구원 사역을 시작하신 하나님이 어떻게 그 일을 온전히 이루지 못하실 수 있겠는가? 하나님이 과연 원수들에게 "여호와가 이 백성에게 주기로 맹세한 땅에 인도할 능력이 없었으므로 광야에서 죽였다"(민 14:16)라고 조롱할 빌미를 제공하시겠는가?

하나님은 자신의 영광을 위해 믿는 자 가운데 가장 연약한 자도 기꺼이 구원하신다. 그분은 말씀하신 대로 큰 권능을 드러내신다(민 14:17). 하나님은 자기 백성을 세상에서 건져내어 자신에게로 이끄신다. 또한 모든 더러운 것과 우상들로부터 그들을 깨끗하게 하신다. 그들에게 새 마음을 허락하시고, 그곳에 자신의 율법을 새겨주신다. 하나님은 성령께서 그들 안에 거하게 하시고, 자신의 계명을 지키도록 인도하신다(렘 31:33, 겔 36:22-27). 하나님은 그들을 결코 떠나지 않으실 것이다. 또한 그들에게 자기를 경외하는 마음을 주어 자신을 떠나지 않게 하실 것이라고 그들과 영원한 언약을 세우셨다. 그들은 그분의 백성이 되고, 그분은 그들의 하나님이 되실 것이다. 하나님은 기쁨으로 그들에게 복을 주시고, 그들 안에서 시작하신 사역을 온전히 이루실 것이다(렘 32:38-41). 바울은 이렇게 말했다.

> 그런즉 이 일에 대하여 우리가 무슨 말 하리요 만일 하나님이 우리를 위하시면 누가 우리를 대적하리요(롬 8:31).

구원은 실패하지 않는다. 우리의 충실함과 능력이 아니라, 하나님의 신실하심과 능력을 나타내기 위해 계획된 것이기 때문이다.

넷째, 견인 교리를 주장하는 많은 사람이 그 교리를 심각하게 오해하고 잘못 설명하고 있다. 참된 그리스도인이 구원을 잃을 수 있다고 생각하는 사람이 많은 이유는 견인 교리를 언급하면서 많은 오류를 퍼뜨리는 사람들 때문이다. "성도의 견인"이라는 역사적인 교리는 하나님의 자녀가 영원히 안전하다고 선언한다. 그러나 이 교리는 죄를 마음껏 지어도 좋다거나 육적이고 경건하지 못한 자들도 구원받을 수 있다는 뜻이 아니다. 오히려 이 교리는 성화를 통해 거룩함에 이르지 않고서는 그 누구도 주님을 볼 수 없고, 오직 끝까지 견디는 자만이 구원을 받는다는 성경의 가르침을 철저히 고수한다(마 24:13, 막 13:13, 히 12:14).

현대 복음주의는 "한번 구원받으면 항상 구원받는다"라는 신념, 즉 성화와 상관없이 구원받을 수 있다는 가르침에 크게 영향을 받아왔다. 많은 복음주의 목회자가 "오직 은혜로!"(sola gratia)와 "오직 믿음으로!"(sola fide)라는 교리를 옹호한다는 명분을 내세워 과거에 그리스도를 믿기로 고백했지만 지금은 부인하는 사람, 그리스도에 대한 믿음을 고백하면서도 세속적인 행위를 일삼는 사람도 구원을 잃지 않는다는 식으로 말하고 있다. 그들은 변화의 표징이나 성화를 요구하는 것은 믿음에 행위를 더하는 것으로 결국에는 기독교의 복음을 부인하는 것이라는 논리를 편다.

이런 주장은 믿음의 본질, 중생의 능력, 성경이 약속하는 지속적인 섭리의 사역에 대한 무지를 고스란히 드러낸다. 첫째, 참된 믿음은 행위를 통해 입증된다. 성경에 따르면 구원 신앙을 소유했는데도 가시적인 행위의 결과가 보이지 않는 것은 결코 있을 수 없다.

> 이와 같이 행함이 없는 믿음은 그 자체가 죽은 것이라 어떤 사람은 말하기를 너는 믿음이 있고 나는 행함이 있으니 행함이 없는 네 믿음을 내게 보이라 나는 행함으로 내 믿음을 네게 보이리라 하리라 네가 하나님은 한 분이신 줄을 믿느냐 잘하는도다 귀신들도 믿고 떠느니라 아아 허탄한 사람아 행함

이 없는 믿음이 헛것인 줄을 알고자 하느냐(약 2:17-20).

예수님을 주님으로 고백하고 구원받은 사람은 삶의 열매를 통해 그 사실을 입증한다(마 7:20, 눅 6:46). 성경은 입으로 예수님을 주님으로 시인하고, 하나님이 그분을 죽은 자 가운데서 살리셨다는 사실을 마음으로 믿으면 구원받는다고 약속한다(롬 10:9). 그리고 그리스도께서는 자신을 주님으로 고백하면서 성부 하나님의 뜻대로 행하지 않는다면 그 고백은 거짓 고백에 지나지 않는다고 경고하셨다(마 7:21). 이것은 단순한 사변이 아닌 성경의 명백한 가르침에 근거한다.

둘째, 구원은 모두 하나님의 선물이자 성령의 거듭나게 하시는 사역에서 비롯하는 결과다(요 3:3, 5, 엡 2:8, 9). 그리스도인에게 구원 신앙을 허락하시는 성령께서는 회심의 순간에 또한 마음을 거듭나게 하신다. 그리고 그를 새로운 피조물로 만들어 하나님에 대해 살아나 거룩함을 좇는 새로운 성향을 지니게 하신다(고후 5:17, 엡 2:5). 이런 초자연적인 사역은 필연적으로 마음을 변화시켜 그 변화가 생각과 행위까지 영향을 끼치게 만든다.

셋째, 구원은 항상 지속적인 섭리에 대한 하나님의 약속과 밀접하게 관련된다. 이 약속은 모든 그리스도인이 점진적으로 거룩해지는 결과를 낳는다(롬 8:28-31, 빌 1:6). 하나님은 한번 구원하셨다가 다시 외면하지 않으신다. 그분은 양자로 입양하셨다가 다시 버리지 않으신다(롬 8:14-16, 갈 4:4-6). 그분은 무책임한 아버지가 아니시다(히 12:5-8). 또한 자신이 시작한 일을 끝까지 마무리하지 못하는 무기력한 장인이 아니시다(엡 2:10, 빌 1:6). 우리는 항상 구원을 세 가지 시제로 바라봐야 한다. 하나님은 그 각각의 구원을 처음부터 끝까지 온전하게 주관하신다(히 12:2).

하나님은 과거에는 칭의를 통해 죄의 정죄에서 우리를 구원하셨다. 현재에는 점진적인 성화를 통해 죄의 권세에서 우리를 구원하고 계신다. 미래에는 영화를 통해 죄의 존재와 결과에서 우리를 온전히 구원하실 것이다. 이것은 그리스도인이 막연히 품는 희망이 아닌 확실한 현실이다. 따라서 바울 사도는 이렇게 말했다.

> 우리가 알거니와 하나님을 사랑하는 자 곧 그의 뜻대로 부르심을 입은 자들에게는 모든 것이 합력하여 선을 이루느니라 하나님이 미리 아신 자들을 또한 그 아들의 형상을 본받게 하기 위하여 미리 정하셨으니 이는 그로 많은 형제 중에서 맏아들이 되게 하려 하심이니라 또 미리 정하신 그들을 또한 부르시고 부르신 그들을 또한 의롭다 하시고 의롭다 하신 그들을 또한 영화롭게 하셨느니라 그런즉 이 일에 대하여 우리가 무슨 말 하리요 만일 하나님이 우리를 위하시면 누가 우리를 대적하리요(롬 8:28-31).

성도의 견인 교리는 육적이고 경건하지 못한 이들에게 그릇된 구원을 심어주는 수단도 아니고, 죄를 지으라는 허가증도 아니다. 견인 교리는 하나님이 구원하신 자를 온전히 지켜주시고, 지키시는 자를 변화시키신다는 진리를 가르친다. 참된 그리스도인이 구원을 확신할 수 있는 이유는 과거에 믿음을 고백했고, 현재에도 그를 그리스도의 형상으로 변화시키는 하나님의 사역이 그의 삶 속에서 계속되고 있기 때문이다. 그리스도를 믿는 믿음을 고백하면서도 거룩한 중생의 사역과 섭리의 사역을 입증하는 증거를 보여주지 못한다면 영생을 얻었다고 확신할 수 없다. 그 이유는 처음부터 자신이 확신하는 구원을 소유하지 못했기 때문이다.

요한 사도는 요한일서에서 기독교 신앙의 근본 교리와 교회와의 교제를 저버려서 자신이 구원받지 못했다는 사실을 드러내는 사람들이 있다고 말했다. 그는 그들이 "나간 것"을 증거로 삼아 그들이 구원을 잃은 것이 아니라, 본래부터 구원을 얻지 못한 것이라고 말했다. 요한 사도의 이 말은 무척 확실하다.

> 그들이 우리에게서 나갔으나 우리에게 속하지 아니하였나니 만일 우리에게 속하였더라면 우리와 함께 거하였으려니와 그들이 나간 것은 다 우리에게 속하지 아니함을 나타내려 함이니라(요일 2:19).

이 본문은 그리스도인의 확신과 배교의 가능성에 관한 균형 있는 성경의 가르침을 전한다. 그들이 믿음을 저버린 이유는 무엇인가? 요한은 그들이 그리스도와 교회에 속했다고 주장하지만, 실제로는 그리스도나 그분의 백성과 아무 상관이 없다고 말했다. 그들은 기독교의 외관만 갖추고 그 언어를 배우는 데 그쳤을 뿐 실제로 그 능력을 경험한 적이 한 번도 없었다(딤후 3:5). 새로워졌다가 다시 본래 상태로 돌아간 것이 아니라, 줄곧 새로워지지 못한 상태에 머물렀을 뿐이다. 토한 것을 다시 먹는 개는 자기가 개가 아니라고 아무리 주장해도 처음부터 개의 본성이 바뀐 적이 한 번도 없다. 더러운 곳에 다시 뒹구는 돼지는 씻었다고 아무리 주장해도 겉만 씻었을 뿐이다. 겉은 깨끗해 보일지 몰라도 속에는 항상 돼지의 본성이 존재했다(벧후 2:22). 그리스도를 고백하고 그분의 백성과 교제하다가 그 관계를 단절하고 영원히 돌아서는 사람은 옛 모습으로 되돌아간 것이 아니다. 지금까지 한 번도 변화된 적 없는 참된 본성을 감춘 양의 탈을 벗어버린 것뿐이다.

자신을 살피라

참된 그리스도인은 구원을 잃지 않는다. 그러나 그리스도를 고백하고 교회와 관계를 맺고 있으면서도 참된 그리스도인이 아닌 사람들이 적지 않다. 그들은 결국 성경적인 교회를 버리고 자신의 참된 본성을 드러내기 마련이다. 그러나 복음주의 교회는 교인들에게 이 문제를 제대로 깨우쳐주지 못하고 있다. 교회가 하나님의 말씀으로 양심을 일깨우지 못하고, 세상을 향한 육적인 욕망을 만족시키는 데만 치중한다면 어떻게 될까? 회심하지 않은 자들은 조금도 주저하지 않고 교회 안에 편안히 머물면서 지옥을 향한 행보를 계속할 수밖에 없다. 이른바 복음주의 교회 안에서 그런 현상이 벌어지고 있다는 것이 참으로 서글프다. 사랑, 용서, 관용 같은 옳은 것들을 잘못 해석하고 적용하는 탓에 회심하지 않은 자들이 교회 안에서 버젓이 활개를 치고 있다. 그리고 거짓 선지자들은 평강이 없는데도 끊임없이 "평강하다 평강하다"라고 외치고 있다(렘 6:14, 8:11).

이런 상황이 바뀌려면 하나님의 백성을 보살피는 목회자들 사이에서 영적 부흥이 일어나야 한다. 목회자들은 청중의 양심을 향해 하나님의 온전한 말씀을 전해야 한다. 사람들을 거리끼게 만드는 복음의 영광을 온전히 드러내고, 하나님의 거룩하심을 강조해야 한다. 인간의 부패함을 폭로하고, 갈보리의 십자가를 가리키며, 각처에 있는 모든 사람에게 회개하고 복음을 믿으라고 요구해야 한다. 또한 하나님의 백성이 거룩한 삶을 살고, 세상을 멸시하며, 자아에 대한 관심을 버리고, 희생적인 섬김을 실천하며, 영원을 생각할 수 있도록 독려해야 한다. 그래야만 교회 안에 있는 회심하지 않은 자들이 잠에서 깨어날 수 있다. 잠에서 깨어난 사람들 가운데는 설교자와 그의 메시지를 증오할 사람들도 있을 테고, 죄를 애통해하고 복음을 믿어 영생을 얻는 사람들도 있을 것이다.

지금까지 목회자들의 각성을 촉구했으니 이번에는 교인들에게 관심을 돌려보자. 목회자가 자신의 직무에 소홀한 것을 뉘우치고 성령의 능력으로 성경을 충실하게 전하기 시작한다면 어떻게 반응해야 할까? 기뻐해야 할까, 아니면 목회자의 뜻을 꺾고 그를 쫓아낼 때까지 팔을 걷어붙이고 싸워야 할까? 교회에서 경건하지 못한 다수의 사람들을 내 편으로 끌어들이지 못할 경우에는 교회를 떠나야 할까? 개혁을 원하는 목회자와 교회를 떠나 본래부터 교회나 그리스도께 속한 적이 없었다는 것을 드러내야 할까?

이런 생각을 가진 사람은 많지만 실제로 이를 거론하는 사람은 별로 없다. 교회가 우리와 우리의 필요 욕구가 아닌 하나님과 그리스도의 영광에 관해 말한다면 어떻게 반응해야 할까? 우리의 양심을 겨냥한 성경적인 설교를 어떻게 받아들여야 할까? 교회에서 오락이 사라지고, 진심에서 우러나는 단순한 예배가 회복된다면 어떻게 해야 옳을까? 즐거운 행사가 기도회와 가정예배로 대체된다면 환영해야 할까, 아니면 거부해야 할까? 모든 사람이 문화적인 적절성이나 상황보다는 하나님을 기쁘시게 하는 것이 더 중요하다고 말한다면 어떻게 반응해야 할까? 교회 안에서 능력 있고 성경적인 기독교가 회복된다면 과연 어디로 발길을 향해야 할까? 요한 사도는 본문에서 그런 상황에서 어떤 결정을 내리느냐가 신앙고백의 진정성을 판별하는 시금석이라고 가르쳤다.

10
그리스도를 시인하는가?

거짓말하는 자가 누구냐 예수께서 그리스도이심을 부인하는 자가 아니냐 아버지와 아들을 부인하는 그가 적그리스도니 아들을 부인하는 자에게는 또한 아버지가 없으되 아들을 시인하는 자에게는 아버지도 있느니라 너희는 처음부터 들은 것을 너희 안에 거하게 하라 처음부터 들은 것이 너희 안에 거하면 너희가 아들과 아버지 안에 거하리라(요일 2:22-24).

사랑하는 자들아 영을 다 믿지 말고 오직 영들이 하나님께 속하였나 분별하라 많은 거짓 선지자가 세상에 나왔음이라 이로써 너희가 하나님의 영을 알지니 곧 예수 그리스도께서 육체로 오신 것을 시인하는 영마다 하나님께 속한 것이요 예수를 시인하지 아니하는 영마다 하나님께 속한 것이 아니니 이것이 곧 적그리스도의 영이니라 오리라 한 말을 너희가 들었거니와 지금 벌써 세상에 있느니라(요일 4:1-3).

그의 성령을 우리에게 주시므로 우리가 그 안에 거하고 그가 우리 안에 거하시는 줄을 아느니라 아버지가 아들을 세상의 구주로 보내신 것을 우리가 보았고 또 증언하노니 누구든지 예수를 하나님의 아들이라 시인하면 하나님이 그의 안에 거하시고 그도 하나님 안에 거하느니라(요일 4:13-15).

요한일서의 목적은 그리스도인들이 그리스도를 통해 맺어진 하나님과의 관계와 그들의 영원한 상태에 관해서 성경적인 확신을 갖도록 돕는 데 있다. 그러나 요한일서를 읽어보면 거짓 교사들이 교회 안에 들어와 기독교의 근본 진리에 관한 의심을 부추겼다는 사실을 발견할 수 있다. 우리는 이 본문에서 거짓 교사들이 퍼뜨린 그릇된 사상을 몇 가지 찾아볼 수 있다.

- 거짓 교사들은 예수님이 그리스도시라는 것을 부인했다.
- 거짓 교사들은 예수 그리스도께서 육신으로 오셨다는 것을 부인했다.
- 거짓 교사들은 예수님이 하나님의 아들이시라는 것을 부인했다.

이런 사실들과 요한일서에서 발견되는 또 다른 증거들을 고려하면 당시의 거짓 교사들은 영지주의를 신봉하는 자들이었던 것 같다. 아니면 나중에 영지주의로 알려지게 된 이단의 초기 사상을 가르친 자들이었던 것으로 보인다. 영지주의는 "지식"을 뜻하는 헬라어 "그노시스"(*gnosis*)를 번역한 것이다. 지식은 기독교의 본질적인 요소다. 그러나 영지주의자들은 성경에 어긋나고, 성경 외의 다른 곳에서 발견한 특별한 지식을 주장했다. 영은 선하고 물질은 악하다는 것이 그들의 핵심 사상이었다. 초대교회 당시에 영지주의를 위험한 이단으로 만든 심각한 오류가 이런 비성경적인 이원론에서 비롯했다.[30] 첫째, 영지주의는 인간의 육체는 물질이기 때문에 악하고, 하나님은 순수한 영이시기 때문에 선하시다고 생각했다. 둘째, 영지주의는 그리스도를 믿는 믿음이 아니라 오직 영지주의자들만이 알 수 있는 특별한 계시를 통해 육체로부터 벗어나야만 구원을 받을 수 있다고 생각했다. 셋

---

30) 이원론이란, 물체나 존재의 상태를 서로 반대되거나 대조되는 개념으로 양분하는 것을 의미한다. 특히 철학적 이원론은 현실을 두 가지 독립된 원리, 즉 물질적인 것과 비물질적인 것, 또는 물질과 정신으로 나눠 생각하는 사고체계를 가리킨다.

째, 영지주의는 육체는 악하기 때문에 금욕적인 삶을 통해 철저히 제어해야 한다고 생각했다. 한편 어떤 영지주의자들은 육체는 정신에 아무런 영향도 끼치지 못하기 때문에 마음껏 부도덕하게 살아도 괜찮다고 주장했다.

바울이 골로새서에서 그랬던 것처럼 요한도 요한일서에서 이런 이단 사상을 비중 있게 다루었다. 영지주의를 상세히 다루는 것은 우리의 주제를 벗어난 것이지만, 그것이 가르치는 이단 사상 가운데 두 가지는 우리의 주제와 밀접하게 관련된다. 하나는 예수 그리스도의 본질에 관한 내용이고, 다른 하나는 구원받기 위해 그분을 믿어야 하는 문제에 관한 내용이다.

첫 번째 영지주의 이단 사상은 "가현설"(假現說)이라고 불린다. 이 명칭은 "……처럼 보이다", "…… 같다"를 뜻하는 헬라어 동사 "도케오"(dokeo)에서 유래했다. 영지주의자들은 물질로 구성된 육체는 본질적으로 악하다고 생각했기 때문에 성육신을 부인하고, 하나님이신 그리스도께서 육체를 지닌 것처럼 보이셨다(또는 나타나셨다)고 가르쳤다. 두 번째 이단 사상도 이와 비슷하다. 이 사상은 대표자인 케린투스(Cerinthus)의 이름을 따라 "케린투스주의"(Cerinthianism)라고 불린다. 그는 하나님인 그리스도의 영이 나사렛 예수가 세례를 받을 때 하늘에서 내려와 그분에게 임하셨고, 그분이 십자가에서 죽기 직전에 그분을 떠나 하늘로 올라가셨다고 가르쳤다. 간단히 말해 영지주의자들은 하나님의 영원하신 아들의 성육신을 부인하고, 하나님이신 그리스도와 인간 예수는 서로 다른 두 인격이라고 주장했다. 그들은 예수님이 그리스도시요, 하나님의 아들이시라는 사실을 부인했다.

지금까지의 논의를 통해 배운 진리를 정리해 보자. 나사렛 예수께서는 하나님의 영원하신 아들이시다. 그분은 하늘의 영광을 버리시고 성령으로 동정녀의 몸에 잉태되셨다. 그분은 인간의 몸을 입으신 하나님으로 베들레헴에서 태어나셨다. 그분은 신성과 인성을 지니셨다. 그리고 율법과 선지자들이 예언한 그리스도시며, 세상의 구원자시다. 이런 사실을 믿지 않으면 그리스도인이라고 할 수 없다. 예수 그리스도에 관한 이 중요한 진리 가운데 어느 하나라도 믿지 않으면, 겉으로 아무리 진지하고 선한 일에 열심을 낸다고 해도 기독교적 신앙고백으로 인정할 수 없다.

그리스도를 어떻게 생각하는가?

존 뉴턴은 잉글랜드 올니에서 목회자로 사역하면서 "그리스도를 어떻게 생각하는가?"라는 찬송가를 작사했다. 이 찬송가는 요한일서 4장의 본문을 구체적으로 적용한 것이다.

> 그리스도를 어떻게 생각하느냐가
> 우리의 상태와 생각을 시험하는 기준이네.
> 그리스도를 옳게 생각하기 전에는 안심할 수 없네.
> 예수님을 어떻게 생각하느냐에 따라
> 그분을 사랑하는지 여부에 따라
> 우리를 대하시는 하나님의 태도가 달라지고
> 우리의 운명이 긍휼일지 진노일지 결정된다네.
>
> 어떤 사람들은 예수님을 피조물로,
> 기껏해야 인간이나 천사로 생각한다네.

> 그들은 나와 같은 감정을 느끼지도 못하고,
> 자신이 구원받지 못한 비참한 상태라는 것을 알지도 못한다네.
> 몹시도 무기력한 죄인인 내가
> 그분이 하나님이라는 사실을 확신하지 못한다면,
> 그분의 보혈을 믿을 수도 없고
> 그분의 보호하심을 의지할 수도 없다네.[31]

단언하건대, 기독교는 예수 그리스도와 그분의 사역에 관한 것이다. 이런 선언은 오늘날의 복음주의 공동체 안에 있는 많은 사람에게 어느 정도 전위적이고 급진적으로 느껴질지도 모른다. 복음주의 교회가 지금보다 더 건강했거나 성경에 좀 더 관심을 집중했다면 굳이 이런 선언이 필요하지 않았을 것이다. 그러나 지금은 필요하다. 개혁과 부흥을 원하는 목회자라면 항상 이 진리를 생각해야 한다. 우리가 가장 자주 반복하고 가장 소중히 여겨야 할 진리가 있다면 바로 "그리스도께 근거하고, 그분께 초점을 맞추는 종교가 가장 참되고 본질적인 형태의 기독교다"라는 것이다.

> 이 닦아둔 것 외에 능히 다른 터를 닦아둘 자가 없으니 이 터는 곧 예수 그리스도라(고전 3:11).

오늘날의 교회는 존 뉴턴의 찬송가에 관심을 기울여야 한다. 이 시

---

31) Todd Murray, "What Think You of Christ?," *Beyond Amazing: The Forgotten Hymns of John Newton*, compact disc. 토드 머레이는 존 뉴턴이 1779년에 출간한 『올니 찬송가』(*Olney Hymnal*)에서 몇몇 찬송가를 엄선하여 다시 펴냈다.

대의 병폐를 극복하려면 그의 찬송가가 필요하다. 뉴턴은 그리스도의 탁월하심에 관해 구구절절 옳게 말했다. 그리스도께서는 하나님의 가장 뛰어난 계시이자, 가장 위대한 사역의 결정체시다. 그리스도에 관한 우리의 생각이 우리가 고백하는 믿음의 진정성을 입증하는 기준이다. 그리스도를 옳게 알고 있지 못하면 우리의 고백이나 행위나 교회와의 관계는 아무 소용도, 의미도 없다.

성경은 그리스도의 인성과 신성을 분명하게 가르친다. 그리스도의 신성과 인성을 부인하는 것은 성경을 부인하는 적그리스도의 행위다. 사실, 신성과 인성의 차이는 낮과 밤의 차이보다 크다. 그리스도의 인격을 떠나면 이 두 가지 본성은 서로 아무 관계가 없는 극과 극이 된다. 오직 그리스도 안에서만 신성과 인성이 서로 혼합되거나 서로를 훼손하지 않고 온전히 공존한다.

구원자는 인간이어야 했다. 인간은 율법을 어긴 죄로 죽어야 할 운명을 지녔기 때문이다. 깨끗한 동물들을 순결한 상태로 죽여 희생 제물로 바쳤지만, 그 피를 모두 합쳐도 인간의 죄를 없애지 못했다.

이는 황소와 염소의 피가 능히 죄를 없이 하지 못함이라(히 10:4).

하늘의 모든 천사가 우리의 구원을 위해 자신의 생명을 온전히 바친다고 해도 큰 도움이 되지 못했을 것이 분명하다. 구원자는 우리와 같은 종족, 곧 뼈와 살로 이루어진 인간이어야 했기 때문이다. 그리스도께서는 우리의 "기업 무를 자"가 되시기 위해 우리의 친족이 되셔야 했다(레 25:25, 룻 2:1, 20).

이처럼 우리의 구원자는 온전한 인간이셨다. 아울러 그분은 어떤 관점에서 보나 부족함이 전혀 없는 온전하신 하나님이어야 했다. 여기에서 그 이유를 다 설명할 수는 없지만, 그중 세 가지만 말해 보겠다. 첫째, 오직 하나님만이 구원자시다. 그분은 그 칭호를 누구와도 나누지 않으신다. 하나님은 구원을 신성의 특권으로 주장하셨다. 이사야 선지자를 통해 "나 곧 나는 여호와라 나 외에 구원자가 없느니라"(사 43:11)고 선언하셨다. 따라서 그리스도께서 우리의 구원자가 되려면 반드시 하나님이어야 했다. 그분이 하나님이 아니시라면 구원자가 되실 수 없다. 그리고 우리는 결국 여전히 죄 가운데 있을 뿐 아니라, 모든 사람 가운데 가장 불쌍한 사람일 수밖에 없다(고전 15:19).

둘째, 구원 사역이 신성을 요구하는 이유는 매우 엄청난 문제이기 때문이다. 무(無)에서의 창조[32]는 인간의 상상을 초월하지만, 구원 사역은 이보다 더 어마어마한 일이다. 세상을 무에서 창조하는 일은 하나님의 희생을 요구하지 않았다. 하나님은 창조 사역을 행할 때 힘이 모두 소진되어 원기를 회복할 필요가 없으셨다. 창조 사역이 완성되었을 때 하나님은 조금도 피로를 느끼지 않으셨다. 그분은 간단하게 창조 사역을 완성하셨다. 일곱 째 날에 안식하셨지만 그것은 친히 이루신 사역을 관조하기 위해서였다. 즉 말씀으로 무로부터 창조하신 세상의 선하고 아름다운 모습을 지켜보시기 위해서였다. 그러나 십자가에서 하나님은 큰 희생을 치르셨다. 육신을 입으신 창조주께서 나무에 달려 모든 힘과 기력을 소진하셨다. 신성이 극심한 고통을 당했고, 하늘은 마치 지불 능력이 없는 파산에 이른 듯한 지경에 처했다. 하나님 외에 누가 능히 그런 사역을 감당할 수 있겠는가? 하나님 외

---

[32] 성경은 하나님이 무에서 세상을 창조하셨다고 가르친다(히 11:3). 그분은 다른 원천으로부터 세상을 창조하신 것이 아니라 말씀으로 창조하셨다.

에 누가 그런 속전을 지불할 능력이 있겠는가? 율법을 어긴 우리의 죄는 어마어마한 대가를 요구했다. 심지어 스랍이 모두 목숨을 내놓는다고 해도 거룩한 정의의 심판대 앞에서 우리의 운명을 바꿔놓을 수 없다. 우리를 죄의 저주와 형벌에서 구원하려면 무한한 가치를 지닌 인격의 희생이 필요했다. 그리스도께서 온전한 신성을 지니지 않으셨다면 그런 값을 치를 수 없었을 것이다.

셋째, 구원자가 신성을 지니셔야 했던 이유는 인간의 전적 타락 때문이다. 인간적 해결책이나 도덕적 노력만으로는 우리의 부패함을 개선할 수 없다. 우리는 하나님이 필요하다. 하나님 외에 다른 존재를 통해 구원받을 수 있다고 생각하는 사람은 율법을 어긴 자신의 부패한 본성이 얼마나 심각한지 이해할 수 없다. 그런 사람은 눈이 멀어 죄의 어두운 현실을 보지 못하고, 귀가 먹어 양심의 소리를 듣지 못한다. 인간은 불가능이 없으신 하나님 외에 그 누구도 고칠 수 없는 악한 본성을 지니고 있다. 우리는 이 사실을 깨달아야 한다(렘 32:27, 눅 1:37).

우리 자신을 정직하게 평가한다면 겸손한 마음으로 부끄러움을 느껴야 마땅하다. 세상의 재판관과 친구들 앞에서조차 우리 죄를 용서받기 어렵다는 것을 깨달아야만 두려운 마음으로 복음을 받아들일 수 있다. 조상들의 죄를 진지하게 살펴보면 우리 자신이 그들의 죄를 더욱 교묘하게 모양만 고쳐 다시 퍼뜨리고 있다는 사실을 발견할 수 있을 것이다. 역겨운 자화자찬이나 실현되지 못한 서로의 가능성을 치켜세우는 일을 중단해야 한다. 그래야만 우리의 낙관적인 생각이 거미줄같이 허망한 것에 의존하고 있다는 사실을 깨우칠 수 있다. 그리고 죽음과 무덤이 우리를 향해 빠르게 다가오고 있다는 사실을 인정해야만 한다. 그래야 우리를 구원하고 세상을 올바로 만들기 위해서 세상의 지혜자가 전하는 도덕적 교훈 이상이 필요하다는 사실을 깨우칠 수 있다. 우리가 거역한 하나님이 우리의 구원을 위해 대가를 치르셨다. 우리를 창조하신 하나님이 우리를 다시 창조하셔야만 구원받을 수 있다.

온 세상이 성경의 렌즈를 통해 자신을 바라보고, 존 뉴턴과 바울 사도의 인간관을 받아들인다면 더 바랄 것이 없겠다. 그들은 우리를 구원하고 변화시키는 하나님의 은혜가 없으면 도덕적으로 비참한 상태에서 벗어날 수 없다고 믿었다.[33] 사람들이 이런 인간관을 받아들일 때, 그리스도께서 온전하신 하나님이 아니라면 우리를 구원할 충분한 공로나 능력을 발휘하실 수 없음을 이해할 것이다.

예수님을 누구라고 말하는가?

예수님은 공생애가 새로운 전기를 맞이할 무렵 제자들에게 "사람들이 인자를 누구라 하느냐"(마 16:13)라고 물으셨다. 베드로는 그 질문에 "주는 그리스도시요 살아 계신 하나님의 아들이시니이다"(마 16:16)라고 대답했다. 이 사실에서 우리는 예수님이 행하신 일을 옳게 이해하고 믿는 것도 중요하지만, 그분이 어떤 분인지 옳게 이해하는 것도 그에 못지않게 중요함을 알 수 있다. 이 진리를 요한일서 4장이 가르치는 내용과 결합시키면 예수님이 그리스도시요, 성육신하신 하나님이라고 믿지 않으면 결단코 그리스도인이 될 수 없다는 결론이 도출된다.

---

33) 존 뉴턴은 "나 같은 죄인 살리신 주 은혜 놀라워"(새찬송가 305장)라는 유명한 찬송으로 자신을 바라보는 관점을 분명하게 드러냈고, 바울 사도는 "오호라 나는 곤고한 사람이로다 이 사망의 몸에서 누가 나를 건져내랴"(롬 7:24)는 말로 자신을 묘사했다.

참된 교회는 성숙한 그리스도인과 그렇지 못한 그리스도인, 학자와 상인, 교사와 학생 등 온갖 종류의 사람들로 가득하다. 어떤 사람은 다른 사람들보다 그리스도에 관한 위대한 진리를 더 많이 알고 있고, 또 그런 진리를 설명하는 능력이 더 뛰어나다. 그러나 하나님의 백성 가운데 가장 훈련이 덜 된 사람도 예수님이 역사상 가장 독특하신 인간이시며, 새 언약의 약속을 통해 육신을 입고 우리 안에 거하시게 된 하나님의 영원하신 아들이라는 진리를 믿어야만 한다(요 1:14, 히 2:14). 그리고 하나님의 모든 백성이 그분에게 직접 배워 그분을 알게 될 것이라는 진리를 믿지 않으면 안 된다(요 6:45, 렘 31:34).

타 종교를 비롯해 기독교를 흉내 낸 사이비 집단의 뚜렷한 특징 가운데 하나는, 그리스도의 인격에 관한 진리를 왜곡시키는 것이다. 그러나 하나님은 그런 이단 사상이 자기 백성 가운데서 영향력을 발휘하지 못하게끔 도와주신다. 세상의 오지에 사는 그리스도인들조차도 비록 표현은 어눌할지 몰라도 그리스도께서 하나님이자 사람이시라는 진리를 확실하게 이해하고 있다. 그들은 한 인격 안에 두 본성이 서로 혼합되지 않고 서로를 훼손하지도 않으면서 어떻게 공존할 수 있는지 정확히 설명하지 못한다. 그럴지라도 예수님이 온전하신 하나님이자 인간이시라고 알고 있고, 그와 다른 가르침을 전하는 사람들과는 교제하기를 거부한다.

자, 이제 우리 자신에게 관심을 돌려보자. 지금까지 논의한 내용을 적절하게 적용하면서 이번 장을 마무리하려고 한다. 그리스도를 어떻게 생각하는가? 그분에 관해 어떻게 말하는가? 그리스도의 신성과 인성을 인정하고 그분을 극진히 존중해야만 구원을 확신할 수 있다.

그리스도이신 주님은 아무리 존귀하게 여기고, 아무리 많이 찬양해도 지나치지 않다. 그러나 오늘날 그리스도를 고백하고 그리스도인을 자처하는 사람들 가운데 그분을 낮게 평가하는 사람들이 적지 않다. 그분의 신성과 인성을 올바로 고백할지는 몰라도 그분께 무관심하고 그분을 경박하게 거론할 때가 많다. 그리스도를 평범하고 속된 존재로 생각하고 있지는 않은지 주의하라. 그분을 더 이상 공경하거나 경외하지 않는다면 우리의 영적 상태를 심각하게 고민해 봐야 한다.

성경이 그리스도에 관해 가르치는 것과 다르게 생각하는 사람이 있다면 하나님의 가르침을 받았다고 판단하기 어렵다. 그리스도에 관한 위대한 진리가 사랑, 공경, 실천적인 헌신을 불러일으키지 못한다면 성령으로 거듭났다고 말할 수 없다. 중생이 그리스도에 관해 올바르게 생각하게 만들고, 그분을 향한 새로운 감정을 일으킨다는 것은 온전히 받아들이고 믿어야 할 진리다.

11
자기를 깨끗하게 하는가?

보라 아버지께서 어떠한 사랑을 우리에게 베푸사 하나님의 자녀라 일컬음을 받게 하셨는가, 우리가 그러하도다 그러므로 세상이 우리를 알지 못함은 그를 알지 못함이라 사랑하는 자들아 우리가 지금은 하나님의 자녀라 장래에 어떻게 될지는 아직 나타나지 아니하였으나 그가 나타나시면 우리가 그와 같을 줄을 아는 것은 그의 참 모습 그대로 볼 것이기 때문이니 주를 향하여 이 소망을 가진 자마다 그의 깨끗하심과 같이 자기를 깨끗하게 하느니라 (요일 3:1-3).

본문에서 요한은 신앙생활에서 도덕적 순결이 차지하는 중요성에 초점을 맞춘다. 그가 주의 깊게 진술한 말씀은 도덕적 순결이 그리스도인의 선택 사안이 아닌 회심의 명백한 증거라고 강조한다. 우리가 인격적인 거룩함을 추구하는 삶을 살고 그리스도의 깨끗하심과 같이 우리 자신을 깨끗하게 하려고 노력한다면, 그것은 그분께 진정으로 구원의 소망을 두고 있다는 확실한 증거다.

이 본문을 읽을 때는 교회에 침투한 거짓 교사들이 육신은 악하고 신앙생활에 아무런 영향을 끼치지 못한다고 가르쳤다는 사실을 기억해야 한다. 그들은 육신의 욕망을 마음껏 만족시키고 다른 사람들에게도 주저하지 말고 그렇게 하라고 독려했다. 그들은 세상을 사랑하는 마음, 곧 "육신의 정욕과 안목의 정욕과 이생의 자랑"에 사로잡혀 살았다(요일 2:16). 그들은 자유를 육체의 기회로 삼았다(갈 5:13). 그리고 성경적인 성화를 추구하는 사람들을 깨달음이나 특별한 지식 없이 율법에 얽매여 살아가는 사람으로 무시했다(히 12:14).

현대 복음주의도 성화를 무시하는 경향이 있다. 이 말은 과장이 아니다. 요한이 요한일서를 써서 논박한 영지주의가 우리 안에 침투한 것은 아니다. 그러나 세속의 물결이 온통 우리를 지배하고 있는 오늘날, 육신의 욕망을 제한하고 도덕적 순결을 강조하는 가르침을 싫어하는 성향은 더욱 강해지고 있다. 어떤 사람들은 은혜를 명분으로 내세워 "거룩하라!"는 성경의 명령을 무시하거나 재해석한다. 심지어는 노골적으로 부인하기도 한다. 거룩함을 추구거나 좀 더 순결해지려고 노력하는 사람들은 종종 광신자, 율법주의자, 고결한 척하는 도덕군자 등으로 불린다.

요한 사도는 이런 이단 사상을 논박하면서 거룩함을 예수 그리스도와 참된 그리스도인의 뚜렷한 표징으로 제시했다. 요한 사도는 그리스도께 진정으로 소망을 둔 사람은 "그의 깨끗하심과 같이 자기를 깨끗하게 하느니라"(요일 3:3)고 말했다. 이 세상에서는 결코 개인의 도덕적 순결이 완전해질 수 없다. 또한 그것은 하나님 앞에서 의롭다 하심을 받는 수단도 아니다. 그럼에도 도덕적 순결은 성령의 거듭나게 하시는 사역을 통해 하나님을 알고, 그리스도를 영접했다는 것을 보여 주는 확실한 증거다. 믿음으로 말미암아 은혜로 구원받은 사람은 하나님이 만드신 사람이다. 하나님이 만드신 사람은 그분의 성품을 닮는 것을 통해 그 사실을 드러내기 마련이다. 하나님을 닮았다는 것을 보여주는 가장 뚜렷한 증표는 "거룩함"이다.

기록되었으되 내가 거룩하니 너희도 거룩할지어다 하셨느니라(벧전 1:16).

교회 안에서 율법주의를 조장해서는 곤란하지만, 도덕적 순결에 관한 성경의 가르침은 다시 회복해야 한다. 그리스도인이라고 주장하면서 잘못 살아가는 사람들 때문에 복음 메시지를 거부하거나 들으려고 하지 않는 비그리스도인이 많다. 더욱이 교회는 거룩하지 못한 탓에 하나님과의 소통 불능, 그분의 임재 부재, 신령한 삶과 능력의 결핍 같은 수많은 문제에 시달리고 있다. 더욱 유감스러운 것은 성경적 확신의 근거가 전혀 없는 사람들이 영생을 확신하며 예배당을 가득 메우고 있는 현실이다. 거룩함을 좇는 삶이나 경건 훈련이 필요하다는 생각은 그들에게 매우 낯설다(딤전 4:7, 6:11, 딤후 2:22). 그들은 거룩해지려고 끊임없이 애쓰는 것이 회심의 가장 큰 증거 가운데 하나라는 진리를 배우지 못했다. 또 그런 경고의 말을 들은 적도 없다. 그들은 거룩함 없이는 아무도 주님을 볼 수 없다는 진리를 배우지 못했기 때문에 그 진리를 의식하지 않고 살아간다(히 12:14).

도덕적 순결에 관한 기독교의 견해

"깨끗하다"(pure), "깨끗하게 하다"(purifies)는 말은 같은 헬라어 어근에서 비롯했다. "깨끗하다"라는 형용사는 헬라어 "하그노스"(bagnos)에서 유래했다. 이 말은 사람이나 물건이 "순결하다", "거룩하다", "정결하다", "청정하다"는 뜻이다. "깨끗하게 하다"라는 동사는 "순결하게 하다", "정결하게 하다", "성결하게 하다"를 뜻하는 헬라어 "하그니조"

(*bagnizo*)를 번역한 것이다. 신약성경은 이 말을 의식적인 정결함은 물론(요 11:55), 내면의 깨끗함을 가리키는 의미로 사용한다. 야고보는 흩어진 신자들에게 보낸 편지에서 손과 마음을 깨끗하게 하여 하나님을 가까이하라고 권고했다(약 4:8). 베드로 사도는 자신의 첫 번째 편지에서 그리스도인을 "진리에 순종함으로 영혼을 깨끗하게 하는 사람"으로 묘사했다(벧전 1:22 참고). 요한 사도는 본문에서 참된 그리스도인은 그리스도의 깨끗하심같이 자기를 깨끗하게 한다고 말했다.

"깨끗하게 하다"로 번역된 헬라어 동사가 계속적인 행위를 뜻하는 현재시제라는 점에 주목하라. 따라서 3절은 "주를 향하여 이 소망을 가진 자마다 그의 깨끗하심과 같이 자기를 '계속' 깨끗하게 하느니라"로 번역할 수 있다. 개인적인 성화의 발전이 한순간에 이루어지는 경험의 결과가 아니라는 것을 이런 사실에서 알 수 있다. 회심하는 순간부터 마지막에 천국에서 온전히 영화롭게 될 때까지 계속되는 과정인 것이다. 이것이 신학자와 주석학자들이 그리스도인의 거룩해지는 과정을 "점진적인 성화"로 일컫는 이유다. 물론 하나님은 우리의 삶에서 일어나는 일이나 기도를 통한 개인적인 경험, 또는 특별한 영적 부흥의 사역을 통해 다른 때보다 더 빠르게 우리를 성장시키실 수 있다. 그러나 그리스도인이 거룩해지는 과정은 하나님의 점진적인 섭리 사역을 비롯하여 날마다 거룩해지려고 애쓰는 그리스도인의 노력을 통해 서서히 발전해 나간다.

본문에서 "깨끗하게 하다" 앞에 "자기를"이라는 말이 사용된 것에 주목하라. 이것은 주어가 외부에 영향을 받는 것이 아니라, 자신에게 영향력을 행사하는 것을 의미한다. 다시 말해, 깨끗하게 되는 사람이 곧 깨끗해지는 일을 행하는 사람이다. 물론 이는 하나님이 우리의 성화에 개입하지 않으신다는 뜻과는 거리가 멀다. 그러나 우리의 성화가 둘 이상의 주체가 상호 협력을 통해 통합된 효과를 일으키는 특성을 지님을 보여준다. 중생은 단독적인 사역(곧 하나님만의 사역)이지만, 성화는 협력적인 사역(곧 하나님과 그리스도인의 상호 협력에 의한 사역)이다. 바울은 빌립보서에서 이 진리를 이렇게 아름답게 표현했다.

> 그러므로 나의 사랑하는 자들아 너희가 나 있을 때뿐 아니라 더욱 지금 나 없을 때에도 항상 복종하여 두렵고 떨림으로 너희 구원을 이루라 너희 안에서 행하시는 이는 하나님이시니 자기의 기쁘신 뜻을 위하여 너희에게 소원을 두고 행하게 하시나니(빌 2:12, 13).

성화는 하나님과 그리스도인이 원하는 목적을 이루기 위해 서로 능동적으로 참여하는 신인 협력 과정이다. 그리스도인은 이 과정을 거치면서 그리스도의 형상을 닮아간다. 하나님은 이 사역을 예정하셨고, 내주하시는 성령과 다양한 섭리를 통해 계속 이끌어 나가신다. 하나님이 이 사역을 처음 시작하셨고, 또한 계속 이끌어 나가신다는 사실은 그리스도인의 성장을 온전히 확신할 수 있게 만든다. 이것이 바울이 그리스도인 안에서 착한 일을 시작하신 하나님이 그리스도 예수의 날까지 온전히 이루실 것이라고 담대히 말할 수 있었던 근거다. 또한 성경은 성화가 그리스도인 자신의 참여에 의존한다고 가르친다. 하나님이 그리스도인의 더러움과 우상들을 제거하시는 동안 그리스도인도 그리스도의 깨끗하심같이 자신을 깨끗하게 하고, 하나님을 두려워하는 가운데서 영육의 온갖 더러운 것에서 자신을 정결하게 해야 할 책임이 있다(겔 36:25, 고후 7:1).

어떤 독자들은 성화가 인간의 노력을 요구한다는 사실에 대해 이렇게 물을지도 모른다.

"그렇다면 이것은 참된 그리스도인도 거룩해지지 않을 수 있다는 증거, 다시 말하면 육적인 상태에 머물러 있는 그리스도인이 있을 수도 있다는 증거가 아닌가?"

그러나 그런 질문 역시 구원의 본질에 대한 무지를 드러낼 뿐이다. 거룩해지려는 그리스도인의 바람은 새 탄생의 산물이다. 그리스도인은 하나님의 자녀, 곧 의를 추구하려는 새로운 성향을 지닌 새로운 피조물이 되었다. 그리스도인은 육신, 세상, 마귀로 인해 큰 갈등을 겪으면서도 하나님을 사랑하는 새로운 감정이 생겨나서 세상을 멸시하고 더욱 거룩해지려는 열정을 발휘하기 마련이다. 우리는 하나님이 자기의 기쁘신 뜻을 위하여 소원을 두고 행하게 하시려고 모든 그리스도인 안에서 역사하고 계신다는 사실을 잊어서는 안 된다(빌 2:12, 13). 하나님은 자신의 뜻에 우리의 뜻을 일치시키고, 그에게 능력을 주어 그 뜻을 행하도록 이끄신다. 하나님은 그런 성향과 능력을 모두 공급해 주신다. 그분은 우리를 인도하시고, 우리에게 힘을 주신다. 하나님은 자신의 자녀들을 항상 지켜보겠다고 약속하셨다. 그분은 그들을 방탕함이나 나태함에 빠지도록 버려두지 않으신다. 분명한 의도를 가지고 사랑으로 징계하신다. 히브리서 기자는 이렇게 말했다.

> 주께서 그 사랑하시는 자를 징계하시고 그가 받아들이시는 아들마다 채찍질하심이라 하였으니 너희가 참음은 징계를 받기 위함이라 하나님이 아들과

같이 너희를 대우하시나니 어찌 아버지가 징계하지 않는 아들이 있으리요 징계는 다 받는 것이거늘 너희에게 없으면 사생자요 친아들이 아니니라 또 우리 육신의 아버지가 우리를 징계하여도 공경하였거든 하물며 모든 영의 아버지께 더욱 복종하며 살려 하지 않겠느냐 그들은 잠시 자기의 뜻대로 우리를 징계하였거니와 오직 하나님은 우리의 유익을 위하여 그의 거룩하심에 참여하게 하시느니라(히 12:6-10).

점진적인 성화는 진정으로 회심한 모든 그리스도인의 삶에서 발견되는 특성이다. 우리는 이 점을 이번 장 결론부에서 상세히 논할 것이다. 우리는 참된 그리스도인이 자신의 삶에서 이루어지는 하나님의 성화 사역에 복종하려고 하고, 성경이 제공한 수단들을 활용해 협력하려는 성향을 지닌다는 사실을 기억해야 한다.

성화의 수단

하나님이 그리스도인의 성화에 개입하여 역사하신다는 사실을 나태함이나 게으름의 빌미로 삼아서는 곤란하다. 오히려 그런 사실은 그리스도인의 책임과 의무를 독려한다. 하나님이 우리 안에서 역사하시기 때문에 우리의 노력이 헛되지 않을 것이라는 확신을 가질 수 있다. 우리는 수동적인 태도를 변명하려 들지 말고, 오히려 열심히 거룩함을 추구해야 한다. 진지하고 열정적인 태도로 거룩함을 추구하는 데 모든 관심을 기울여야 한다. 바울 사도가 디모데에게 권고한 대로 우리는 경건해지기 위해 열심히 훈련하고 노력해야 한다(딤전 4:7).

성경은 하나님이 그리스도인의 성화를 위해 여러 가지 방법을 허락하셨다고 가르친다. 그 방법들 가운데 가장 중요한 것 네 가지만 짚고 넘어가겠다. 첫째, 거룩함은 죄를 버리는 것에서 시작한다. 우리를 오염시키는 것과 관계를 단절하지 않으면 깨끗해질 수 없다. 더러운 물을 계속 맞고 있으면 아무리 비누로 몸을 씻어봤자 소용없다. 시궁창에 서 있거나 진흙 구덩이에 뒹굴면서 깨끗한 옷을 입어봤자 아무 유익이 없다. 이런 이유로 바울은 고린도 신자들에게 이렇게 권고했다.

> 그러므로 너희는 그들 중에서 나와서 따로 있고 부정한 것을 만지지 말라 내가 너희를 영접하여(고후 6:17).

둘째, 하나님은 성경을 경건한 삶을 훈련하기 위한 기본 수단으로 허락하셨다. 시편 기자는 청년이 행실을 깨끗하게 하려면 하나님의 말씀을 지켜야 한다고 말했다(시 119:9). 그리고 죄를 짓지 않으려면 하나님의 말씀을 마음속에 소중히 간직해야 한다고 말했다(시 119:11). 바울 사도는 경건하지 못한 세상을 본받지 않고 하나님의 선하시고, 기뻐하시고, 온전하신 뜻에 복종해 변화되려면 마음을 새롭게 해야 한다고 가르쳤다(롬 12:2). 베드로 사도도 거룩한 삶을 권고하면서 구원에 이르도록 자라려면 순전한 말씀의 젖을 사모해야 한다고 말했다(벧전 2:2).

셋째, 강력한 힘을 지니고 있는데도 종종 무시되는 성화의 수단은 기도의 훈련이다. 주님은 시험에 들지 않고 악에서 구원받기 위해 기도하라고 가르치셨다(마 6:13). 주님은 배신당하시던 날 밤, 겟세마네에서도 제자들에게 "유혹에 빠지지 않게 기도하라"(눅 22:40)고 당부하셨다. 바울 사도는 에베소 신자들에게 보낸 서신에서 영적 싸움을 언급하고 나서 모든 기도와 간구를 하되 깨어 구하기를 항상 힘쓰며 성도를 위해 기도하라고 권고했다(엡 6:18).

넷째, 성경은 그리스도와 복음을 더 많이 이해할수록 더욱 깨끗해지고 거룩해진다고 가르친다. 이 네 번째 수단은 성경 연구와 기도와 밀접한 관계를 맺지만, 분리해서 다룰 필요가 있다. 명제적 진리를 적용하거나 성경 원리를 흉내 내는 것만으로는 변화될 수 없기 때문이다. 우리는 성경을 통해 그리스도에 관한 계시를 더 많이 이해함으로 변화된다. 그리스도를 닮은 경건한 그리스도인과 교제를 나누는 것보다 우리를 더 거룩하게 변화시키는 것은 없다. 그런 사람과 더 많이 어울리고, 더욱 친밀한 교제를 나눌수록 우리의 삶에 끼치는 영향도 커지기 마련이다. 이런 원리가 사람들과의 교제를 통해서도 큰 효과를 발휘한다면, 그리스도와 함께 시간을 보낼 때는 그 효과가 얼마나 더 크겠는가? 그리스도의 가르침은 영이요 생명이다(요 6:63). 그분은 흠이 없는 본보기가 되시고, 그분의 영광은 우리를 온전히 변화시킨다. 이것이 바울 사도가 이렇게 말한 이유다.

> 우리가 다 수건을 벗은 얼굴로 거울을 보는 것같이 주의 영광을 보매 그와 같은 형상으로 변화하여 영광에서 영광에 이르니 곧 주의 영으로 말미암음이니라(고후 3:18).

세상에서 순례의 길을 가는 동안에는 그리스도를 희미하게 바라볼 수밖에 없다. 그러나 그분을 아무리 희미하게 바라보았더라도 그 변화의 능력은 말할 수 없이 커서 모든 성도 중에 가장 작은 자에게까지 놀라운 영향을 끼친다(엡 3:8). 성경 연구와 기도를 통해 그분과 더 많이 교제할수록, 그분의 영광에 의해 더욱 거룩하게 변화되어 그분의 형상을 닮게 된다. 히브리서 기자의 말대로 주님은 "거룩하고 악이 없고 더러움이 없고 죄인에게서 떠나 계시고 하늘보다 높이 되신"(히 7:26) 분이다.

물론 성경은 이런 영적 훈련의 수단을 사용하는 것을 참된 회심의 증거로 가르치지 않는다. 그러나 이런 수단들은 그리스도를 믿는다고 고백하는 사람의 참된 영성을 판별하는 시금석과 같다. 가장 성숙하고 헌신적인 그리스도인도 때로는 영적 훈련을 소홀히 할 수 있다. 그러나 자신의 성화에 아무 관심이 없고, 늘 냉담한 마음과 수동적인 태도를 유지하는 사람은 회심했다고 말하기가 매우 어렵다.

회심의 증거로서의 성화

이번 장 본문 마지막 구절은 매우 강력하면서도 의미심장하다. 전체 문장은 매우 간결하지만 그 안에는 오늘날의 복음주의가 경험하는 많은 해악을 극복할 수 있는 진리가 담겨 있다.

> 주를 향하여 이 소망을 가진 자마다 그의 깨끗하심과 같이 자기를 깨끗하게 하느니라(요일 3:3).

첫 번째로 주목해야 할 것은 "자마다"라는 표현이다. "모든 자"를 뜻하는 이 말은 주 예수 그리스도를 믿어 구원에 이른 모든 그리스도인을 가리킨다. 요한의 의도는 분명하다. 거룩함을 추구하는 성품과 행위가 참된 그리스도인의 표징이라는 것이다. 거룩함을 추구하는 것은 믿음이 뛰어난 소수의 성인들에게만 국한되지 않는다. 그것은 그리스도께 진정으로 소망을 둔 모든 그리스도인의 특징이다. 복음주의 공동체에서는 사람들을 세 가지 계층, 즉 "비그리스도인", "육적인 그리스도인", "신령한 그리스도인"으로 구분하는 잘못된 관습이 오랫동안 지속되어왔다. 그런 구분은 경건의 모양은 갖췄지만 그 능력은 부인하는 사람들이 교회 안에 가득하게 된 결과를 낳았다(마 7:21, 딤후 3:5, 딛 1:16). 그리스도인들이 죄로 인해 고민하는 것은 사실이다. 심지어 가장 경건한 그리스도인도 항상 신앙의 열정을 잃을 위험에 직면해 있다. 그러나 이런 사실이 이른바 "육적 그리스도인"이라고 불리는 사람들을 인정하는 근거가 될 수는 없다. 평생 계속 육적인 상태에 머무르는 그리스도인, 곧 하나님의 사역이 효과적으로 이루어지지 않는 그리스도인은 결코 존재하지 않는다.

성경은 하나님이 모든 그리스도인 안에서 그 기쁘신 뜻을 위해 소원을 두고 행하게 하신다고 가르친다(빌 2:13). 우리는 하나님이 만드신 바 그리스도 예수 안에서 선한 일을 위해 지으심을 받은 자들이다(엡 2:10). 하나님은 모든 일을 자신의 뜻이 결정하는 대로 행하시며, 자신이 기뻐하는 일을 천지와 바다와 모든 깊은 데서 다 행하시는 분이다(시 115:3, 135:6, 엡 1:11). 피조 세계를 통치하시는 하나님이 자신의 자녀들 안에서 그 선하신 뜻이나 목적을 이루지 못하실 리가 없지 않겠는가?(사 46:9, 10) 성경은 하나님이 자기 자녀들의 이름을 자신의 손바닥에 새겨놓으셨다고 가르친다(사 49:15, 16). 그런데 어떻게 그분의 자녀들이 그분의 눈길을 피하거나 자애로운 돌보심에서 벗어날 수 있겠는가? 사람들에게 자녀를 "오직 주의 교훈과 훈계로 양육하라"(엡 6:4)고 명령하신 하나님이 어찌 자신의 자녀들을 버려두실 수 있겠는가? 장로들에게 자기 집을 잘 다스리라고 요구하신 하나님이 어찌 자신의 가정을 무질서하게 방치하실 수 있겠는가?(딤전 3:4, 5) 우리는 이미 히브리서

12장 6-8절에서 그 대답을 발견했다. 하나님은 자기 백성을 아들로 대하시고, 사랑으로 훈육하신다.

하나님은 자기 자녀들을 돌보고 훈육하는 일에 열심을 내신다. 복음주의 공동체 안에 제멋대로 살아가는 사람들이 수두룩한 것은 하나님의 약속에 문제가 있어서가 아니다. 그것은 그들이 그분의 자녀가 아니라는 증거다. 참으로 두려운 사실이지만 그런 사람들은 하나님의 자녀가 아니다. 그들이 하나님의 자녀라면 히브리서 기자의 말대로 하나님은 그들을 징계하셨을 것이고, 그들은 그것을 달게 받아야 했을 것이다.

우리는 요한일서 본문에서 성화가 그리스도인의 노력과 그를 부르신 하나님의 사역을 통해 이루어진다는 위대한 진리를 발견할 수 있다. 그리스도를 향해 진정으로 구원의 소망을 둔 그리스도인은 그분의 깨끗하심과 같이 자기를 깨끗하게 한다. 우리를 아들로 입양하신 하나님은 세심한 관심을 기울여 자기의 뜻에 복종하게 하신다. 심지어는 심한 채찍질이 필요하더라도 하나님은 자기 자녀를 엄히 다스리신다.[34]

그리스도인은 죄, 육신, 세상에 맞서 계속 싸운다. 그리스도인은 때로 실패한다. 하나님의 거룩하게 하시는 사역에 무관심한 탓에 성화가 조금도 진척이 없을 때도 있다. 가시적인 열매가 눈에 띄지 않을 때 종종 가장 심한 가지치기와 훈육이 이루어진다. 미래의 구원과 영화를 위해 그리스도께 소망을 두었다고 고백하는 사람은 거룩함과 순

---

34) 히브리서 12장 6절의 "채찍질하심이라"라는 동사가 매우 엄한 의미를 담고 있다는 점은 아무리 강조해도 지나치지 않다. 이 말은 "채찍으로 때리다"를 뜻하는 헬라어 "마스티고오"(mastigoo)를 번역한 것이다.

결함을 좇아야 한다. 그리고 그분의 형상을 본받기 위한 열정을 보임으로 그 소망의 진실성을 입증해야 한다. 그런 성장의 증거가 명백히 드러나면 그리스도를 진정으로 알게 되었다는 확신도 아울러 증가된다. 그러나 우리 삶에 그런 증거가 나타나지 않는다면 심각하게 고민해 봐야 한다.

성경은 거룩함 없이는 아무도 주님을 볼 수 없다고 분명하게 가르친다(히 12:14). 이는 천국에 들어갈 만큼 충분히 거룩해지려고 노력해야 한다는 뜻이 아니다. 만일 그렇다면 "은혜로 된 것이면 행위로 말미암지 않음이니"(롬 11:6)라는 말씀대로 은혜가 아닌 행위로 구원받으려는 것밖에 되지 않는다. 개인적인 성화가 하나님 앞에서 의롭다 하심을 받거나 영원한 구원을 받는 공로가 될 수는 없다. 그러나 그것은 믿음으로 말미암아 은혜로 구원받았다는 사실을 입증하는 증거다. 이 진리는 지금까지 복음 설교에서 매우 중요한 비중을 차지해 왔다. 요즘에는 이 진리에 무지한 그리스도인이 많다. 이 진리를 적절히 설명하지도 않고, 또 그리스도를 고백하는 사람들의 양심에 옳게 호소하지 못할 때가 많다. 그런 이유로 참된 그리스도인인데도 마땅히 지녀야 할 확신을 지니지 못하고, 거짓 회심자인데도 근거 없이 구원을 확신하는 사태가 빚어지고 있다.

그리스도인은 그리스도의 재림으로 거룩해질 날을 기다려서는 안 된다. 죄와 관계를 끊고 하나님의 말씀을 배우고 기도하여 자신을 깨끗하게 하려고 노력해야 한다. 참된 그리스도인은 주님을 닮으려는 열정으로 먼저 하나님의 나라와 의를 구하고, 경건해지기 위해 자신을 연단하려는 노력을 기울이기 마련이다(마 6:33, 딤전 4:7). 그런 노력이 낯설게 느껴진다면 우리가 믿음 안에 있는지 우리 자신을 시험하고, 우리의 부르심과 택하심을 굳게 하기 위해 크게 분발해야 한다(고후 13:5, 벧후 1:10).

그리스도인들을 위한 권고

하나님은 목적지가 불확실한 여행길을 홀로 걸어가라고 우리를 부르지 않으셨다. 하나님은 우리 안에서 역사하시고, 자신이 시작하신 착한 일을 온전히 이루겠다고 약속하셨다. 요한은 하나님의 사역이 우리 안에서 완전해질 때 우리가 어떤 모습이 될지는 정확히 알 수 없지만, 우리가 그리스도와 같아질 것은 분명하다고 말했다(요일 3:2). 우리가 우리의 궁극적인 모습을 알 수 없는 이유는 결과가 불확실하기 때문이 아니다. 오히려 상상을 초월할 만큼 위대하기 때문이다.

> 기록된 바 하나님이 자기를 사랑하는 자들을 위하여 예비하신 모든 것은 눈으로 보지 못하고 귀로 듣지 못하고 사람의 마음으로 생각하지도 못하였다 함과 같으니라(고전 2:9).

이것이 그리스도인이 궁극적으로 경험할 현실이다. 가장 훌륭한 그리스도인도 지금은 죄와 연약함과 의심 때문에 괴로워하지만, 나중에는 가장 연약하고 애처로운 그리스도인조차도 큰 은혜를 누리게 될 것이다. 이 은혜는 비록 조금 지체되더라도 그리스도께서 온 세상에 자신을 나타내실 때 그분과 함께 밝히 드러날 것이다. 그때가 되면 그리스도께서 온전히 승리해 영광을 거두실 것이다. 그리고 지금 호된 징계와 시련을 당하는 그리스도인들도 그분과 함께 온전히 승리하여 영화롭게 변화될 것이다. 그때에는 우리가 하나님의 참 자녀라는 사실이 마지막으로 확실하게 입증될 것이다. 하나님의 작정에 근거하고 갈보리의 보혈로 확증된 이 위대한 소망은 그리스도인들에게 "말할 수 없는 영광스러운 즐거움"을 안겨준다(벧전 1:7, 8). 뿐만 아니라 하나님처럼 거룩해지려는 열망을 가지고 열심히 성화를 추구하도록 독려한다(벧전 1:16).

12
의를 행하는가?

자녀들아 이제 그의 안에 거하라 이는 주께서 나타내신 바 되면 그가 강림하실 때에 우리로 담대함을 얻어 그 앞에서 부끄럽지 않게 하려 함이라 너희가 그가 의로우신 줄을 알면 의를 행하는 자마다 그에게서 난 줄을 알리라(요일 2:28, 29).

죄를 짓는 자마다 불법을 행하나니 죄는 불법이라 그가 우리 죄를 없애려고 나타나신 것을 너희가 아나니 그에게는 죄가 없느니라 그 안에 거하는 자마다 범죄하지 아니하나니 범죄하는 자마다 그를 보지도 못하였고 그를 알지도 못하였느니라 자녀들아 아무도 너희를 미혹하지 못하게 하라 의를 행하는 자는 그의 의로우심과 같이 의롭고 죄를 짓는 자는 마귀에게 속하나니 마귀는 처음부터 범죄함이라 하나님의 아들이 나타나신 것은 마귀의 일을 멸하려 하심이라 하나님께로부터 난 자마다 죄를 짓지 아니하나니 이는 하나님의 씨가 그의 속에 거함이요 그도 범죄하지 못하는 것은 하나님께로부터 났음이라 이러므로 하나님의 자녀들과 마귀의 자녀들이 드러나나니 무릇 의를 행하지 아니하는 자나 또는 그 형제를 사랑하지 아니하는 자는 하나님께 속하지 아니하니라(요일 3:4-10).

앞 장에서 우리는 그리스도를 닮아 거룩해지는 것이 참된 그리스도인의 증거라고 배웠다.

주를 향하여 이 소망을 가진 자마다 그의 깨끗하심과 같이 자기를 깨끗하게 하느니라(요일 3:3).

이번 장의 두 본문은 그리스도를 닮아 의를 행하는 것이 참된 그리스도인의 표징이라고 가르치는데 11장과 12장에서 말하는 두 가지 기준은 서로 매우 유사하다.

- 그리스도인은 그리스도의 깨끗하심같이 자기를 깨끗하게 한다(요일 3:3).
- 그리스도인은 그리스도의 의로우심같이 의를 행한다(요일 2:29).

참된 그리스도인의 이 두 가지 표징은 서로 대칭을 이룬다. 거룩함과 의로움은 서로 구별되고, 또 구별되어야 한다. 그러나 한 사람의 인격 안에 한 가지 표징만 있고, 다른 한 가지 표징이 없는 경우는 있을 수 없다. 한 가지 표징을 가진 사람은 다른 한 가지 표징도 가진다. 거룩해지는 정도에 따라 의로움도 그만큼 증가된다.

의는 깨끗하거나 거룩한 것이 무슨 의미인지 분명하게 보여준다. 참된 거룩함이나 도덕적 순결은 황홀경에 빠진 영적 상태나 감정이 아니라, 의의 실천으로 입증된다. "의"는 헬라어 "디카이오수네"(dikaiosune)를 번역한 것으로, 하나님 앞에서 옳다 인정하심을 받은 사람이나 사물의 상태를 가리킨다. 이 말이 그리스도인의 의로운 지위를 가리키는 의미로 사용될 경우에는, 그리스도와 그분의 사역을 믿는 믿음을 통해 하나님 앞에서 법적으로 의롭다 하심을 받는 것을 말한다. 그리고 그리스도인 개인의 의로움을 가리키는 의미로 사용될 때는, 성경에 계시되고 예수 그리스도를 통해 특별히 밝히 드러난 하나님의 본성과 뜻에 따라 사는 것을 말한다. 그리스도와 율법은 서로 모순되지 않는다. 그러나 그리스도께서는 하나님과 그분의 뜻에 관한 모든 것을 율법보다 더 분명하게 계시하신다. 요한은 그리스도를 거룩함과 의로움의 궁극적인 기준으로 제시한다(요일 3:3, 7). 변화의 능력을 지닌 이 강력한 진리는 그리스도인의 도덕성과 윤리가 그리스도 중심적인 특성을 지니게 만든다.

"행하다"는 "만들다", "하다", "일으키다", "행동하다", "성취하다", "실행하다", "실천하다", "이행하다", "일하다"를 뜻하는 헬라어 "포이에오"(poieo)를 번역한 것이다. 이 용어의 의미를 이렇게 길게 나열한 이유는 "포이에오"가 활동을 의미한다는 것을 강조하기 위해서다. 요한이 언급한 의는 실천적이고, 가시적이고, 활동적이다. 말씀을 듣기만 하고 행하지 않는 사람들은 이 "의"와 아무 상관이 없다. 야고보는 이렇게 말했다.

> 너희는 말씀을 행하는 자가 되고 듣기만 하여 자신을 속이는 자가 되지 말라(약 1:22).

또한 지식이 뛰어나지만 실천하지 않는 자들이나 신비주의자들도 이 "의"와는 거리가 멀다. "의"는 복종의 의, 곧 하나님의 율법에 순응하고 그리스도를 본받으려는 실천적 의를 가리킨다.

"포이에오"가 "계속적인 행위", "삶의 방식", "영속적인 실천"을 의미하는 현재시제로 사용된 것에 주목하라. 신앙생활을 하다 보면 죄와 맞서 싸우다가 실패할 때가 많다. 그러나 참된 그리스도인은 하나님의 뜻을 어겼을 때는 크게 뉘우치며, 더욱 복종하려고 노력하는 특성을 지닌다.

귀담아 들어야 할 경고

실천적이고 가시적인 복종이 회심의 진정성을 판단하는 기준이라는 사실에 놀라서는 안 된다. 우리는 이미 이 진리를 두 차례나 접했다. 요한일서 1장 5-7절에 언급된 첫 번째 시험의 기준은 빛 가운데 행하는 것이다. 즉 하나님과 그분의 뜻을 나타낸 계시에 복종하는 삶이다. 요한일서 2장 3-5절에 언급된 세 번째 시험의 기준은 하나님의 명령을 지키는 것을 각각 진정으로 회심한 사람의 증거로 제시했다. 이제 요한일서 2장 29절은 의를 행하는 자, 곧 자신의 삶과 행위를 하나님의 율법에 일치시키는 사람이 진정으로 하나님에게서 난 자라고 가르친다. 이 본문들은 믿음으로 말미암아 은혜로 구원을 얻었다는 증거가 행위를 통해 드러난다고 가르치는 다른 신약성경 말씀들과 일맥상통한다(약 2:14-26). 칭의는 성화를 통해 입증된다(빌 1:6, 2:12, 13, 히 12:14). 의롭게 된 신분은 개인적인 의를 통해 그 정당성이 입증된다(딛 1:16). 그리스도를 주님으로 고백하는 사람은 실천적인 복종을 통해 그 고백의 진정성이 입증된다(마 7:21). 누구든지 그리스도 안에 있으면 새로운 피조물이다. 이전 것은 지나갔고 새것이 되었다(고후 5:17).

이런 진리는 철저히 성경에 근거한다. 또한 교회의 역사에 등장한 뛰어난 사람들과 신앙고백은 이 진리를 지지한다. 그러나 현대 복음주의자들은 이 진리를 거의 모두 잊고 말았다. 구원이 실천적인 증거를 지닌다거나 세상과 어울리는 사람은 진정으로 회개하지 않았다는 말을 조금이라도 입 밖에 꺼내기라도 하면 대다수 복음주의자들은 즉각 크게 분노하면서 거친 비난을 쏟아낸다. 우리가 요한의 경고에 귀를 기울여야 할 이유가 바로 여기에 있다.

> 자녀들아 아무도 너희를 미혹하지 못하게 하라 의를 행하는 자는 그의 의
> 로우심과 같이 의롭고(요일 3:7).
>
> 이러므로 하나님의 자녀들과 마귀의 자녀들이 드러나나니 무릇 의를 행하
> 지 아니하는 자나 또는 그 형제를 사랑하지 아니하는 자는 하나님께 속하지
> 아니하니라(요일 3:10).

이 말을 한 사람은 비난과 비방을 일삼는 율법주의자가 아니다. 나이든 요한이 편지를 읽을 사람들을 자녀라고 일컬은 이유는 두 가지다. 하나는 그리스도의 양떼를 보살피는 목자이자 사도로서 그들에 대한 부성애를 드러내기 위해서다. 다른 하나는 그들이 어린아이처럼 "사람의 속임수와 간사한 유혹에 빠져 온갖 교훈의 풍조에 밀려 요동"(엡 4:14)하기 쉬운 성향을 지녔다는 사실을 일깨워주기 위해서다. 특히 기독교의 윤리나 도덕 문제에서 그런 잘못을 저지르기 쉽다.

교회는 양쪽에 무서운 함정이 도사리고 있는 좁은 길을 가고 있다. 한쪽에는 율법주의가 있다. 율법주의는 규칙과 보상을 강조하고 행위를 치켜세워 그리스도와 그분의 사역을 훼손한다. 인간은 채권자가 되고, 하나님은 그의 경건과 고귀한 업적을 보상해야 할 채무자가 된다. 바리새인은 하나님보다 규칙을 더 사랑했고, 은혜는 천박한 사람이나 구하는 것이라고 생각했다(눅 18:11). 율법주의는 티는 찾아내고 들보는 무시하며, 하루살이는 걸러내고 낙타는 삼킨다(마 7:3-5, 23:24). 율법주의는 끊임없이 판단하고, 비교하고, 경쟁한다(마 7:1, 2, 고후 10:12). 율법주의자는 서열과 위계질서와 복종을 요구한다(마 23:5-7, 막 12:38, 39, 눅 11:43, 20:46). 율법주의자는 서로 물고 먹어 피차 멸망한다(갈 5:15).

교회가 걷고 있는 좁은 길의 또 다른 쪽에는 율법폐기주의가 있

다.35) 율법폐기주의는 율법주의만큼이나 위험하지만 오늘날의 교회 안에 널리 퍼져 있다. 따라서 이 문제는 좀 더 상세히 다뤄야 할 필요가 있다. 율법폐기주의는 하나님의 은혜를 방탕한 것으로 바꾸어놓는 위험한 교리다(유 1:4).36) 이 교리의 모토는 "은혜를 더하게 하려고 죄에 거하자"(롬 3:8, 6:1 참조)이다. 율법폐기주의의 극단적 형태는 쉽게 식별하여 거부할 수 있다. 그러나 관대함, 동정심, 기독교적 관용으로 위장한 율법폐기주의는 매우 기만적이며 치명적이다.

우리는 절대적인 도덕 원리를 부인하는 상대주의 시대에 살고 있다. 이런 병폐가 교회에 침투하여 위험한 해악을 초래하고 있다. 상대주의는 율법의 의로운 원칙을 무너뜨리고, 기독교적인 삶의 방식이 존재한다는 것을 부인함으로 좁은 길을 구분할 수 없게 만든다. 우리 가운데는 절대적인 도덕 원리를 강조하는 설교를 의아하게 생각하는 사람이 많다. 우리의 양심에 율법이나 진리를 호소하는 순간, 우리는 그 설교자를 율법주의자로 비방하고 그의 가르침을 속박으로 규정한다. 우리는 행위에 관한 진리는 더 이상 알 수 없다고 생각하기 때문에 결국에는 자율이라는 한 가지 가능성만 남게 된다(삿 17:6, 21:25). 여기서 자율이란, 사람마다 자기 소견에 옳은 대로 행동하는 것을 말한다. 이것은 전에도 수없이 이루어졌지만 항상 똑같이 처참한 결과를 가져왔다. 율법의 계시가 없으면 사람들이 제멋대로 행하다가 결국에는 멸망하기 마련이다.

---

35) 율법폐기주의는 그리스도인이 은혜를 통해 율법의 도덕적 속박에서 온전히 자유로워졌다고 가르친다. 이 그릇된 교리는 제약 없는 부도덕한 행위를 부추긴다.
36) "방탕한 것"은 억제되지 않은 "정욕", "부절제", "음탕함", "호색", "파렴치함", "무례" 등을 뜻하는 "아셀게이아"(aselgeia)를 번역한 것이다.

묵시가 없으면 백성이 방자히 행하거니와 율법을 지키는 자는 복이 있느니라(잠 29:18).[37]

우리는 인본주의와 개인주의를 표방하는 시대, 개인을 만물의 중심이자 목적으로 내세우는 시대에 살고 있다. 오늘날은 개인이 자율성을 발휘하여 최소한의 제약도 없이 마음껏 자신을 표현하는 시대다. 복종해야 할 거룩한 기준은 더 이상 존재하지 않기에 사람들은 제각기 자기 소견대로 행할 수밖에 없다. 어떤 사람이 다른 사람을 비난하면, 다른 사람의 견해를 무시하고 자신의 견해만을 앞세운다는 이유에서 무지하고 교만하다는 비난에 직면하게 된다. 사람들은 하나님이 말씀하신 것을 구체적으로 식별하여 적용할 수 없다고 믿는다. 그래서 성경을 아무리 정확하게 설명해도 귀를 막고 듣지 않는다. 게다가 "하나님이 이렇게 말씀하셨습니다!"라고 말하는 사람을 위험한 광신자로 비난한다. 우리가 "하나님이 참으로 그렇게 말씀하시더냐?"(창 3:1 참조)라는 마귀의 주문을 외운다면 그때마다 그의 마수에 걸려들 수밖에 없다.

마지막으로, 우리는 "경건은 모든 것을 관용하는 것이다"라고 이해하고, "관대함이야말로 사랑을 보여주는 가장 뛰어난 길이다"라고 강조하는 왜곡된 낭만주의 시대에 살고 있다. 책망은 어떤 형태든 가장 큰 부도덕으로 치부된다. 기독교 용어 가운데 많은 것이 다시 정의되었거나 아예 삭제되었다. "내가 잘못했습니다"라는 말은 자살 행위이고, "당신이 잘못했습니다"라는 말은 범죄 행위다. 선지자들은 모두

---

37) 이 구절 후반부는 묵시가 하나님의 율법의 계시를 가리킨다는 것을 분명하게 보여준다.

유배되었고, 영적 삶을 가르치는 조언자들이 그 자리를 대신했다. 의를 강조하는 성경적인 교훈과 책망과 바르게 함과 의로 교육하는 것이 자기실현을 부추기는 원리들로 대체되었다(딤후 3:16). 철이 철을 날카롭게 하는 것이 서로를 인정해 주는 것으로 바뀌었고(잠 27:17), 교회의 권징은 세일럼 마녀재판(Salem witch trials) 같은 극악무도한 행위로 간주된다. 우리의 사랑은 몹시도 고상하고 세련되어 그리스도의 원시적인 계명을 더 이상 소화시킬 수 없다.

우리는 개인과 배려와 관용을 존중한다는 명분을 내세워 모든 기준을 무너뜨린 실천적인 율법폐기주의자가 되었다. 또한 우리의 무지로 인해 지혜도, 원리도 없는 무법한 백성으로 전락했다. 우리는 세상 안에서 살고 있고, 세상을 꼭 빼닮았다. 우리는 우리에게 좁은 길을 알려주는 성경의 가르침을 무시하거나 화려한 화술로 적당히 무마시킨다. 사람들은 우리가 진리를 알 수 없다고 말하고, 우리는 그런 거짓말에 속아 우리 자신을 어둠 가운데 행하도록 방치한다.

오늘날의 기독교가 힘과 건강을 되찾으려면 거짓에 속지 말아야 한다. 구원 신앙과 참된 회심은 가시적인 실천 행위에 의해 거룩함과 의로움이 점진적으로 증대되는 과정을 통하여 확인된다는 사실을 잊어서는 안 된다. 요한 사도가 제시한 단순하고 상식적인 가르침으로 돌아가야 한다. 요한일서 3장 7, 10절이 가르치는 진리에 따르면 그리스도를 고백하는 사람은 의로움을 갈망하고, 의를 행하려고 노력하는 일을 통해서만 구원을 확신할 수 있다.

동물의 세계는 관찰 가능한 특징과 행위에 근거하여 다양한 종으로 분리된다. 인간은 그 성품과 행위를 통해 하등 동물과 구분된다. 말과 물고기, 영장류와 곤충을 혼동할 가능성은 절대 없다. 각자의 특징이

뚜렷하기 때문이다. 그러나 현대 기독교라는 혼란스러운 동물원에서는 하나님의 자녀와 마귀의 자녀가 지니는 특징을 구별하기가 어렵다. 우리는 이 둘이 서로 다른 특징이 있다고 생각하는 것조차 이해할 수 없다는 듯한 태도를 취한다.

우리에게는 다른 사람의 회심을 확증하거나 부인할 수 있는 궁극적인 능력이 없다. 심지어는 우리 자신을 판단하는 것조차 신중해야 한다. 균형이 필요하다. 방종과 엄격함이라는 두 가지 함정에 빠지지 않도록 주의해야 한다. 구원의 확신을 심어주거나 철회할 수는 없다. 그렇다고 거룩함과 의로움을 추구하는지 자신을 시험하라고 경고하는 말까지 자제해서는 곤란하다(고후 13:5). 성경에 비춰보아 아무런 죄책감이나 개선의 노력 없이 죄를 짓고, 의에 무관심하고, 부도덕한 행위를 일삼는 것으로 드러나거든 그 모든 것이 회심하지 않은 사람의 특징이라고 단호히 경고해야 한다. 우리는 이렇게 외쳐야 한다.

여호와를 만날 만한 때에 찾으라 가까이 계실 때에 그를 부르라(사 55:6).

그와는 달리 성경에 비춰보아 하나님의 나라와 의를 먼저 구하고(마 6:33), 그리스도를 더욱 닮아가고, 변화되지 않은 부분을 고치려 노력하고, 죄가 드러났을 때 상하고 통회하는 마음을 느낀다면(시 51:17, 사 66:2) 그 모든 것이 하나님의 자녀가 지니는 특징이라고 힘써 격려해야 한다.

가족의 특징을 분별하라

요한 사도는 요한일서 3장 처음 몇 구절에서 하나님의 자녀와 마귀의 자녀를 대조했다. 요즘 같은 과민한 문화 속에서는 인류를 그런 식으로 구분하는 것을 별로 달가워하지 않을지도 모르겠다. 세상을 상호 배타적인 두 범주, 즉 유대인과 이방인, 그리스도인과 비그리스도인, 교회와 세상으로 나누는 것은 성경의 일반적인 특성이다.

이런 구분도 충분히 불쾌하게 들릴 테지만 본문의 구분은 그보다 훨씬 거칠고 급진적이다. 세상을 하나님의 자녀와 마귀의 자녀로 나누는 것이 과연 가능할까? 사탄의 협력자가 되지 않았거나 히틀러처럼 잔악한 행위를 저지르지 않은 비그리스도인들이 설 수 있는 중간 지대는 없는 것일까? 요한과 그리스도에 따르면 세상은 그리스도를 통해 하나님의 영적 자녀가 된 그리스도인들과 아담과 그의 불순종을 통해 마귀와 연합한 비그리스도인들로 양분된다. 참으로 불쾌하게 들릴 테지만 신약성경은 그런 표현을 과감하게 사용한다.

이런 성경의 진리를 고려하면 요한이 그리스도인과 비그리스도인의 가시적인 차이를 언급하는 말로 요한일서 본문을 마무리한 이유를 짐작할 수 있다(요일 3:10). 신앙고백의 진정성은 시험할 수 있고, 또 시험해야 한다. 구원의 확신은 말이나 감정이 아닌 "변화되었고, 또 변화되어가는 삶"의 증거에 근거한다.[38] 요한은 10절에서 그리스도인과 비그리스도인의 차이가 "드러났다"고 말했다. 이 말은 "명백하다", "분명하다", "뚜렷하다", "곧 알 수 있다", "알려지다"를 뜻하는 헬라어 형용사 "파네로스"(phaneros)를 번역한 것이다. 마가도 예수님의 가르침을 기록하면서 같은 어근의 용어를 사용하였다.

---

38) "변화되었고, 또 변화되어가는"이라는 표현은 중생의 초기 능력과 그리스도인의 삶에서 진행되는 성화의 사역을 모두 언급하고 있다는 점에서 매우 중요하다. 이 두 가지 현실은 긴장 관계에 놓여 있다. 그리스도인은 한편으로는 중생을 통해 실제로 변화되었고, 다른 한편으로는 점진적인 성화의 사역을 통해 계속 변화되는 중이다. 후자는 그리스도인이 천국에서 영화롭게 될 때까지 지속된다.

드러내려 하지 않고는 숨긴 것이 없고 나타내려 하지 않고는 감추인 것이 없느니라(막 4:22).

회심의 증거는 식별할 수 없는 비밀이나 신비가 아니라, 삶의 태도를 통해 분명하게 드러난다. 그리스도인과 비그리스도인의 차이는 쉽게 알 수 있을 만큼 명백하다. 요한은 그 차이를 놀랍도록 간결하게 요약했다.

- 비그리스도인은 죄를 짓고 의를 행하지 않는다(요일 3:8-10).
- 그리스도인은 의를 행하고 죄를 짓지 않는다(요일 3:7-9).

요한에 따르면, 비그리스도인은 그가 행하는 것과 행하지 않는 것에 의해 분명하게 식별된다. 비그리스도인은 죄를 짓고 의를 행하지 않는다. 이 둘은 따로 언급할 수 있지만 불순종을 뜻한다는 점에서 본질적으로 동일하다. 비그리스도인은 하나님의 뜻에 복종하지 않고 그 기준에서 벗어난다. 또한 계명을 통해 드러난 하나님의 의를 계속 무시하고, 그분이 금하시는 행위를 저질러 자신의 실체를 드러낸다. 그는 그리스도께서 멸하시려는 마귀의 행위에 동참하고, 그리스도께서 죽음으로 속량하신 죄를 저지른다는 점에서 마귀와 한통속이다(요일 3:5, 8).

앞서 간단히 설명한 대로, 사이비 집단에 가담하거나 노골적으로 하나님을 대적하는 큰 죄를 저지르며 온갖 부도덕한 행위를 일삼아야만 마귀와 연합한 사람이 되는 것은 아니다. 기독교를 믿고 복음주의 신앙을 지닌 것처럼 행동하는 사람들도 얼마든지 그럴 수 있다. 그런 사람들은 입으로는 그리스도께 충성한다고 주장하지만, 삶으로는 그런 충성심이 거짓이라는 것을 보여준다. 그들은 죄인의 기도를 드렸고, 주일예배에 참석하며, 겉으로는 이 시대의 악덕을 멀리하고 도덕성을 추구하는 것처럼 행동한다. 그러나 그들은 이 세상과 거기에 속한 것을 열심히 추구한다. 성경을 이해하려는 의도도 없고, 하나님의 뜻을 의식하며 살지도 않는다. 그들은 성경적인 분별력을 지니지 못하고, 아무런 양심의 가책 없이 자유롭게 죄를 저지른다. 바울 사도의 표현을 빌려 말하면 그들은 "경건의 모양은 있으나 경건의 능력은 부인"(딤후 3:5)한다.

성화에 무관심하고 하나님의 율법을 소홀히 하는 것이 노골적인 불순종보다는 작은 죄라고 여기는 착각에 빠지지 않도록 주의해야 한다. 요한일서 3장 4절에 따르면 죄는 무엇이든 하나님을 거역하고 그분의 주권에 도전하는 불법이다. 그리스도를 믿는다고 주장하면서 그분의 말씀에 무관심한 사람들도 공공연히 반항하면서 하나님의 면전에 대고 주먹을 휘두르는 사람들만큼이나 위험하다. 이것이 그리스도께서 산상설교 마지막에 제자들에게 하신 말씀의 요지다.

> 그때에 내가 그들에게 밝히 말하되 내가 너희를 도무지 알지 못하니 불법을 행하는 자들아 내게서 떠나가라 하리라(마 7:23).

그리스도께서는 요한이 본문에서 사용한 말과 똑같은 말(불법)을 사용하셨다. 그분도 요한처럼 자기를 주님으로 일컬으면서도 자신이 원하는 대로 살아가는 사람들은 심판의 날에 정죄를 받을 것이라고 말씀하셨다. 그리스도께서는 물론 요한도 율법을 통해 의롭다 하심을 받는다거나 행위를 통해 구원이 보장된다고 가르치지 않았다. 우리는 믿음으로 말미암아 은혜로 구원받았다. 따라서 아무도 자랑할 수 없다. 그러나 참된 은혜는 율법폐기주의나 불법을 부추기지 않고 그리스도에 대한 복종과 거룩함과 참된 경건을 독려한다. 바울 사도는 디도서에서 이 진리를 확증했다.

> 모든 사람에게 구원을 주시는 하나님의 은혜가 나타나 우리를 양육하시되 경건하지 않은 것과 이 세상 정욕을 다 버리고 신중함과 의로움과 경건함으로 이 세상에 살고(딛 2:11, 12).

은혜는 우리에게서 하나님의 의를 제거하여 우리의 지체를 불의의 무기로 내주도록 허용하지 않는다(롬 6:12, 13). 또한 은혜는 우리의 교훈을 위해 기록된 구약성경의 영원한 진리를 폐하지도 않는다(롬 15:4). 그리고 그리스도의 권위를 찬탈해 그분을 주권적인 의지나 통치력이 없는 허수아비 군주로 만들지도 않는다(눅 6:46). 의를 경시하고 불법을 조장하는 것은 은혜의 의도가 아니다. 그런데도 오늘날 그런 생각이 만연해 있다. 복음주의 공동체 안에서 성경의 명령대로 살아가려고 애쓰는 사람을 찾아보기가 매우 어렵다. 성경이 가르치는 확실하고도 구체적인 도덕법을 조금이라도 언급하면 즉시 율법주의라고 공격한다. 성경의 교훈에 무지하고, 그 책망을 경시하며, 바르게 함과 의로운 교육을 거부하는 것이 능사인 양 살아가는 복음주의자가 허다하다(딤후 3:16). 이스라엘에 왕이 없어서 모든 사람이 제각기 자기 소견에 옳은 대로 살았던 것처럼 행동하는 사람이 매우 많다. 교회에는 그리스도를 구원자로 받아들이며 영생의 소망을 가졌다고 주장하는 이들이 차고 넘친다. 그러나 모두 하나님의 계시된 뜻을 도외시하며 불법한 삶을 살고 있다. 이런 현실이 참으로 불행한 이유는 거짓 확신을 부추겨 마지막 날에 돌이킬 수 없는 심판을 자초하기 때문이다.

참된 그리스도인도 비그리스도인처럼 그가 행하는 것과 행하지 않는 것으로 식별할 수 있다. 그리스도인과 비그리스도인은 형식상으로는 서로 매우 흡사하지만 내용 면에서는 사뭇 다르다. 참된 그리스도인은 비그리스도인이 거부하는 의를 행하고, 그가 계속 저지르는 죄를 멀리하기 때문이다(요일 3:7, 9, 10). 요한은 이들의 행동이 이처럼 분명하게 다른 이유를 명확하게 알고 있었다. 진정으로 회심한 사람들이 습관적으로 죄를 짓지 않는 이유는 그들이 하나님에게서 났고 그분의 씨가 그들 안에 거하기 때문이다(요일 3:9).

"씨"는 헬라어 "스페르마"(sperma)를 번역한 것이다. 이 말은 문자적으로 이해하면 식물로 성장하는 씨앗이나 임신을 가능하게 하는 사람의 정자를 가리킨다. 그러나 여기에서는 성령의 거룩한 생명이 그리스도인의 영혼 안에 역사하여 중생과 성화를 일으킨다는 비유의 의미로 이해하는 것이 바람직하다. 요한이 하나님의 씨와 새로운 탄생을 언급한 의도는 회심이 하나님의 초자연적인 사역이고, 그리스도인은 의로움과 거룩함을 위해 하나님의 형상으로 재창조된 새로운 본성을 지닌 새로운 피조물이라는 사실을 강조하기 위해서였다(고후 5:17, 엡 4:24). 베드로 사도가 말한 대로 그리스도인은 신성한 성품에 참여할 뿐 아니라, 하나님의 능력을 통해 생명과 경건에 속한 모든 것을 부여받는다(벧후 1:3, 4).

요한이 "그도 범죄하지 못하는 것은 하나님께로부터 났음이라"(요일 3:9)고 자신 있게 말할 수 있는 이유는 모든 그리스도인의 삶에서 하나님의 초자연적인 사역이 이루어지고 있기 때문이다. 물론 그리스도인이 전혀 유혹을 받지 않고, 육신과의 싸움에서 자유로우며, 도덕적 실패의 가능성도 없이 죄 없는 상태로 살아간다는 뜻은 결코 아니다. 단지 성령으로 거듭난 사람은 습관적으로 죄를 지으며 살아갈 수 없다는 의미일 뿐이다. 그렇게 할 수 없는 이유는 그리스도인의 의지 때문이 아니다. 그리스도인 안에서 이루어졌고, 또 계속 이루어지는 하나님의 사역 때문이다. 하나님은 그리스도인을 새로운 피조물로 만드셨다. 따라서 그리스도인은 전에 즐거워하던 죄와 불의를 더 이상 용납할 수 없는 상태로 거듭났다. 그리스도인은 양심의 큰 고통이나 죄의 역겨움을 느끼지 못한 채 서슴없이 죄를 지을 수가 없다. 더군다나 하나님의 계속되는 섭리의 사역을 통해 징계가 이루어지기 때문에 그리스도인은 죄를 저질렀더라도 곧 회개하고 깨끗함과 새로운 회복을 추구한다(요일 1:8-10).

신약성경은 "의에 무관심하며 공공연히 죄와 반역을 일삼는 사람도 진정으로 거듭난 그리스도인일 수 있다"는 복음주의자들의 견해를 조금도 용납하지 않는다. 그리스도를 믿는 믿음을 고백하면서도 그런 식으로 살아가는 사람은 영원한 운명을 심각하게 고민해야 할 것이다. 스스로 속지 말고 요한이 제시한 대로 "의를 행하는 자는 그의 의로우심과 같이 의롭고 …… 의를 행하지 아니하는 자는 …… 하나님께 속하지 아니하니라"(요일 3:7, 10)는 간단한 시험을 자신에게 적용해 봐야 한다.

13
세상을 이기는가?

무릇 하나님께로부터 난 자마다 세상을 이기느니라 세상을 이기는 승리는 이것이니 우리의 믿음이니라 예수께서 하나님의 아들이심을 믿는 자가 아니면 세상을 이기는 자가 누구냐(요일 5:4, 5).

자녀들아 너희는 하나님께 속하였고 또 그들을 이기었나니 이는 너희 안에 계신 이가 세상에 있는 자보다 크심이라 그들은 세상에 속한 고로 세상에 속한 말을 하매 세상이 그들의 말을 듣느니라 우리는 하나님께 속하였으니 하나님을 아는 자는 우리의 말을 듣고 하나님께 속하지 아니한 자는 우리의 말을 듣지 아니하나니 진리의 영과 미혹의 영을 이로써 아느니라(요일 4:4-6).

어떤 점에서 인간의 문제는 두 가지로 간단히 요약할 수 있다. 하나는 죄의 정죄고, 다른 하나는 죄의 권세다.[39] 우리는 그리스도를 믿는 믿음으로 의롭다 하심을 받았기 때문에 죄의 정죄에서 해방되었다.

> 그러므로 이제 그리스도 예수 안에 있는 자에게는 결코 정죄함이 없나니 (롬 8:1).

---

39) 로마서 6장에 관해 저자와 찰스 레이터 목사가 나눈 대화에 근거한다.

우리는 성령의 거듭나게 하시는 사역을 통해 새로 태어나 새로운 삶을 살아갈 수 있는 능력을 얻었기 때문에 죄의 권세에서 자유롭다(롬 6:4-6). 그리스도인은 자신의 의지나 경건한 신앙을 통해 승리를 거두지 않는다. 십자가와 성령과 하나님의 신실한 섭리를 통해 자신 안에서 이루어졌고, 또한 이루어지고 있는 사역에 의해 승리를 거둔다.

신약성경은 하나님의 자녀가 안팎에서 비롯하는 많은 싸움에 직면한다고 가르친다. 때로는 패배하여 낙심할 때도 있지만, 그의 삶은 전체적으로 진정한 승리의 열기를 가득 뿜어낸다. 그는 일곱 번 넘어져도 다시 일어난다(잠 24:16). 그는 어두운 골짜기를 걸어가지만 갈수록 더 높은 곳을 향해 올라간다. 간간이 실패를 경험하지만 그의 삶은 실패로 끝나지 않는다. 그리스도인은 비록 실패하더라도 궁극적으로는 패배하지 않는다. 이것이 구원의 본질이다. 착한 일을 시작하신 하나님이 그 일을 온전하게 하실 것이기 때문이다. 1689년 『런던 신앙고백』 17장은 이 진리를 이렇게 진술했다.

> 하나님이 사랑으로 받아주신 사람들, 하나님의 영으로 효과적으로 부르심 받아 거룩하게 된 사람들, 선택된 백성의 보배로운 믿음이 주어진 사람들은 은혜의 상태에서 온전히 또는 궁극적으로 벗어나지 않고, 마지막까지 확실하게 보존되어 영원히 구원받는다. 하나님의 은사와 부르심에는 후회함이 없다. 그래서 그분은 늘 그들 안에서 믿음, 회개, 사랑, 기쁨, 소망을 비롯해 영생에 이르는 성령의 모든 은사를 조성하고 일으키신다. 많은 폭풍우와 홍수가 일어나 몰아닥쳐도 그들은 자신이 믿음으로 굳게 서 있는 토대와 반석으로부터 절대 떨어지지 않는다. 불신앙과 사탄의 유혹으로 인해 잠시 하나님의 빛과 사랑을 의식하는 마음이 어두워져 흐릿해질 수는 있다. 그러나 하

나님은 여전히 변함이 없으시기 때문에 그분의 능력에 의해 구원을 확실하게 보장받는다. 그들은 하나님의 손바닥에 새겨졌고, 그들의 이름은 영원 전부터 생명책에 기록되었다. 따라서 그들은 값 주고 산 소유를 온전히 누릴 것이다.

여기에서 우리는 세상이 그리스도인을 이겨 그리스도를 부인하고 다시 세상으로 돌아가게 만들 수 없다는 것이 참 회심의 증거임을 알 수 있다. 세상은 그리스도인의 삶에서 이루어지는 하나님의 사역을 방해하여 삶의 열매를 맺지 못하게 만들 수 없다. 우리는 하나님을 알고, 진정으로 거듭났다고 확신할 수 있다. 우리의 안팎에서 수많은 싸움이 벌어져 자주 넘어지고 실패하더라도 하나님이 우리를 굳게 붙잡아주시고, 자신의 영광과 우리의 유익을 위해 우리 안에서 역사하시기 때문이다.

세상 vs. 그리스도인

앞 장에서 언급한 대로 "세상"은 하나님을 대적하고, 그리스도의 계명에 따라 좁은 길을 걸어가려고 애쓰는 그리스도인을 방해하는 모든 세력을 나타낸다. 존 번연은 『천로역정』에서 이런 싸움의 과정을 잘 묘사했다. 그의 책은 "멸망의 도시"에서 "천성"을 향해 가는 "크리스천"의 긴 여정에서 일어나는 사건들을 상세히 추적하여 묘사했다. 그리스도인은 순례의 길을 가는 동안 세상으로부터 온갖 공격을 당한다. 셀 수 없이 많은 유혹, 속이는 사람들과 귀신들, 용기를 잃게 만드는 사건들, 사악한 비방, 무자비한 비난, 고난, 박해, 세상으로 되돌아가고 싶은 충동 등 많은 일을 겪는다. 그러나 그리스도인은 온갖 역경과 실패 속에서 종종 비틀거리면서도 "어린양의 피"(계 12:11), "하나님의 말씀"(요일 2:14), "내가 결코 너희를 버리지 아니하고 너희를 떠나지 아니하리라"(히 13:5)는 말씀으로 승리를 거둔다.

그리스도인인 우리는 세상이 우리를 적대시하거나 온갖 수단과 방법을 동원해 그리스도 안에서의 성장을 방해하더라도 놀라거나 흔들려서는 안 된다. 이것이 바울이 이렇게 말한 이유다.

> 무릇 그리스도 예수 안에서 경건하게 살고자 하는 자는 박해를 받으리라 (딤후 3:12).

베드로 사도도 시험하려고 오는 불같은 시련을 당할 때 무슨 이상한 일이 일어난 것처럼 놀라지 말라고 당부했다(벧전 4:12). 그리스도인과 세상은 의와 불법, 빛과 어둠, 그리스도와 벨리알, 살아 계신 하나님과 말 못하는 우상만큼이나 서로 다르다(고후 6:14-16). 따라서 이 둘 사이에는 휴전의 가능성이 전혀 없는 싸움과 반목이 항상 존재한다. 그리스도인과 세상의 싸움은 결코 중단되지 않는다. 따라서 그리스도인은 하나님께 소망을 두고, 그리스도를 바라보며, 믿음의 선한 싸움을 싸워야 한다. 주님 안에서와 그 힘의 능력으로 강건해지고, 하나님의 전신 갑주를 입어야 한다. 그래야만 마귀와 사람들의 간계에 단호히 맞설 수 있다(엡 6:10, 11).

이 지구상에는 그리스도인이 날마다 감당해야 할 싸움보다 더 많은 용기와 인내를 요구하는 싸움은 없을 것이다. 그리스도인이 날마다 대항해야 하는 군대 가운데 그토록 탁월한 힘과 전술을 갖춘 군대는 세상 어디에도 없다. 우리는 낯선 세상에서 우리의 교리와 도덕성을 파괴하려는 적들과 마주하고 있다. 우리는 우리를 속이려는 사람들과 귀신들에게 둘러싸여 있다. 사람들은 우리를 종교적인 광신자로 매도하며 타협을 종용한다. 주님을 부인하고, 소명을 포기하고, 멸망의 도시로 되돌아오라는 유혹의 목소리가 곳곳에서 울려온다.

승리의 확실성

세상의 인정사정없는 공격을 생각하면 그리스도인이 패하지 않고 승리할 것을 어떻게 확신할 수 있는지 묻지 않을 수 없다. 대답은 간단하다. 우리의 소망은 위대하신 주님과 그분 안에서 우리가 소유한 구원의 본질에 근거한다.

> 그러나 이 모든 일에 우리를 사랑하시는 이로 말미암아 우리가 넉넉히 이기느니라(롬 8:37).

요한일서 5장 4, 5절은 세 가지 중요한 현실을 통해 그리스도인의 승리가 확실할 수밖에 없는 근거를 제시했다. 그리스도인은 새로운 탄생, 그리스도와 그분의 사역을 믿는 믿음, 자기 안에 계시는 주님의 위대하심으로 승리한다(요일 4:4, 5:4, 5). 우리의 승리가 확실한 이유는 주님이 그 기쁘신 뜻과 영광을 위해 자신의 능력으로 이루시는 승리이기 때문이다. 그리스도인의 싸움은 현실이다. 그리스도인은 힘써야 하고(눅 13:24, 롬 15:30), 굳게 지켜야 하고(고전 15:2, 살전 5:21, 히 3:6, 14, 4:14, 10:23, 계 2:25, 3:11), 부지런함과 열심을 다해(롬 12:11, 히 6:11, 벧후 1:5) 싸워야 한다(엡 6:12, 딤전 1:18, 6:12). 그러나 그리스도인은 전쟁의 먼지가 모두 가라앉고 원수를 온전히 섬멸한 뒤에는 싸움과 승리가 주님의 것이라고 인정해야 한다(삼상 17:47, 대하 20:15, 슥 4:6). 우리가 믿음을 잃지 않았다면 주님이 주신 믿음으로 승리한 것이다(막 9:24). 우리가 유혹에 무너지지 않았다면 주님이 우리를 구원하셨기 때문이다(마 6:13, 고전 10:13, 벧후 2:9). 우리가 의심과 절망의 캄캄한 미궁을 잘 헤쳐 나왔다면 주님이 우리를 인도하셨기 때문이다(시 5:8, 31:3, 43:3, 48:14, 139:10). 우리가 싸움에서 훌륭한 기개를 보여주었다면 주님이 우리의 본성을 새롭게 창조하셨기 때문이다(겔 36:26, 고후 5:17). 우리가 넘어졌다가 다시 일어났다면 주님이 우리를 일으키셨기 때문이다(시 18:33, 66:9, 겔 37:10, 롬 14:4). 우리가 부지런함과 희생으로 열심히 노력했다면 주님이 은혜를 주셨기 때문이다(고전 15:10, 엡 3:7). 그런 은혜를 알고 있는 그리스도인은 그 은혜를 거역하는 삶을 살지 않는다. 하나님께 너무 많은 공로를 돌렸다고 생각하거나 자기 자신을 더 많이 치켜세우려고 애쓸 그리스도인은 아무도 없다. 오히려 그리스도인은 다윗 왕과 바울 사도와 더불어 이렇게 외칠 것이다.

> 여호와여 영광을 우리에게 돌리지 마옵소서 우리에게 돌리지 마옵소서 오직 주는 인자하시고 진실하시므로 주의 이름에만 영광을 돌리소서(시 115:1).
>
> 자랑하는 자는 주 안에서 자랑하라(고전 1:31).

요한에 따르면 그리스도인의 승리를 확신할 수 있는 첫 번째 현실은 새로운 탄생이다.

> 무릇 하나님께로부터 난 자마다 세상을 이기느니라(요일 5:4).

이 책에서 우리는 이 교리를 수없이 강조했다. 중생의 교리는 하나님의 위대한 사역이 아닐 수 없다. 전적으로 타락하여 하나님과 원수가 되어 그분의 뜻을 거역하던 죄인이(롬 8:7) 그분을 사랑하고, 그분의 뜻을 즐거워하며, 그분의 영광을 구하는 새로운 피조물로 변화된다. 허물과 죄로 죽었던 사람들이 하나님에 대해 산 자가 된다(엡 2:1-5). "이 뼈들이 능히 살 수 있겠느냐"(겔 37:3)라는 오래된 물음이 중생을 통해 해결된다.

그런데 오늘날의 복음주의 안에서 중생의 교리는 잊힌 교리가 되고 말았다. 중생을 옳게 이해하거나 전하지 못하는 탓에 여러 가지 폐해가 발생했다. 회심의 영광이 그리스도를 따르겠다는 인간의 결심으로 축소되었다. 회심이 일어나는 데 필요한 기적에 대해서는 일언반구조차 없다. 믿겠다고 결심한 사람이 곧 그리스도인으로 간주된다. 또한 그리스도인이 믿음을 계속 유지하며 성장하고 열매를 맺는 것도 개인적인 결심에 의존한다. 그리스도를 믿기로 결심했기 때문에 영생은 당연히 확보된 상태이고, 그 상태에서 또 다른 결심을 하지 않는다면 육적이고 세속적이고 부도덕한 삶을 살아도 무방하다고 생각한다. 이런 생각은 회심의 본질에 대한 무지를 드러낸다. 또한 "구원의 전 과정"을 본성이 변화되지 않은 사람의 의지에 의존하게 만든다.[40]

그러나 중생과 회심을 옳게 이해한다면 죄인의 회개와 믿음이 하나님의 초자연적인 사역을 통해 이루어진다는 것을 알 수 있다. 죄인은 중생을 통해 하나님을 사랑하고, 기쁘시게 하며, 그분의 형상을 닮고 싶어하는 성향을 지닌 새로운 피조물이 된다. 그가 올바른 결정을 내릴 수 있는 이유는 하나님의 형상으로 새롭게 되어 참된 의로움과 거

---

40) "구원의 전 과정"이란 과거의 칭의, 현재의 성화, 미래의 영화, 이 세 가지 시제로 이루어지는 전체적인 구원을 가리킨다.

룩함을 추구하는 본성을 지녔기 때문이다. 따라서 그리스도인이 승리하는 이유도 "중생"이라는 하나님의 기적적인 사역을 통해 새로운 피조물로 변화되었기 때문이다.

요한일서 5장 4절은 그리스도인의 승리를 확신할 수 있는 두 번째 현실로 "그리스도와 그분의 사역을 믿는 믿음"을 언급했다. 그리스도인이 믿음으로 하나님 앞에서 의롭다 하심을 받는다는 것은 기독교의 근간이다. 이 진리가 그리스도인의 삶 속에 존재하지 않으면 안팎에서 가해 오는 공격에 저항할 수 있는 힘이나 평안을 가질 수 없다. 또한 신앙생활을 건설해 나갈 토대도 마련할 수 없다. 믿음으로 말미암아 의롭다 하심을 받는다는 교리가 없으면 승리는 불가능하다.

죄인이 회심하려면 하나님의 의로우신 기준이 참으로 엄격하고, 자신은 그 기준을 충족시키지 못했다는 사실을 어느 정도 인식하는 것이 필요하다. 죄인은 성경을 깊이 알아갈수록 하나님의 성품과 자신의 성품의 무한한 괴리를 더욱 절실하게 의식한다. 따라서 그리스도를 믿는 믿음을 통해 흠 없고 완전한 의가 자신에게 전가되었다는 확신이 있어야 한다. 그렇지 않으면 그로 인해 깊은 절망과 좌절을 느낄 수밖에 없다. "믿음으로 의롭다 하심을 받고, 그리스도의 의를 덧입고, 하나님과 올바른 관계를 맺는 것이 흠 없고 죄 없으신 주님의 가치와 공로에 근거한다"는 사실을 깨달아야만 절망에 빠지려는 유혹을 극복할 수 있다. 그가 연약함과 실패의 와중에서도 승리할 수 있는 이유는 복음의 확실한 진리를 믿기 때문이다.

> 그러므로 우리가 믿음으로 의롭다 하심을 받았으니 우리 주 예수 그리스도로 말미암아 하나님과 화평을 누리자(롬 5:1).

그러므로 이제 그리스도 예수 안에 있는 자에게는 결코 정죄함이 없나니
(롬 8:1).

그리스도인의 내면에서 비롯하는 의심과 절망과 실패가 그를 방해한다. 그는 형제들을 참소하는 자, 곧 옛 뱀, 마귀, 사탄으로 불리는 존재에게 혹독한 공격을 당한다(계 12:9, 10). 마귀는 자기의 때가 얼마 남지 않은 것을 알고 크게 분노하며 온 세상을 미혹하려고 애쓰고, 으르렁거리는 사자처럼 삼킬 자를 찾아 두루 돌아다닌다(벧전 5:8, 계 12:12). 마귀는 하나님의 백성을 향해 무시무시한 증오심을 내뿜는, 잔혹하고 무자비한 원수다. 그는 지옥의 불길 같은 열정으로 하나님의 백성을 멸망시키려고 애쓴다.

마귀는 다양한 공격 무기를 갖추고 있다. 그가 가장 즐겨 사용하는 무기 가운데 하나가 무엇인지 아는가? 바로 그리스도인의 실패를 지적하며, 하나님의 은혜를 받지 못했다고 공격하는 것이다. 그는 한쪽 날로는 그리스도인에게 상처를 입히고, 다른 쪽 날로는 회복에 대한 희망을 잘라버린다. 그리스도인의 실패를 과장하는 한편, 하나님이 자기 백성에게 베푸시는 사랑의 무조건적인 본성을 축소시키는 전술을 사용한다.

기독교가 행위의 종교이거나 인간이 최소한의 의로움을 갖추어야만 구원받을 수 있다는 보완의 교리를 가르친다면 절망에서 헤어나기 어렵다. 만일 그렇다면 우리는 죄의 정죄에서 벗어나지 못한 채 기독교 신앙을 외면했을 것이다. 그리고 기독교의 가르침을 우리가 내줄 수 없는 것을 우려내려는 술책으로 간주했을 것이다. 그것은 인간의 운명을 놀이거리로 삼으면서 인간의 고통을 즐거워하는 신들을 묘사

한 헬라 신화보다 더 잔인할 것이다. 그런데 마귀는 우리가 그렇게 생각해 주기를 간절히 바란다.

그러나 기독교는 행위의 종교와는 거리가 멀어도 한참 멀다. 기독교는 결코 줄어들지도 않고, 혼합되지도 않는 은혜를 전한다. 죄인은 믿음과 행위가 결합된 힘이 아닌 오직 믿음으로 말미암아 은혜로 의롭다 하심을 받는다. 그리스도인의 행위는 그리스도의 완전하신 사역을 보완하는 것이 아니라, 거기에서 비롯하는 결과다. 믿음으로 의롭다 하심을 받은 자는 또한 성령으로 거듭난다. 그는 하나님의 뜻을 행하려는 새로운 성향을 지닌 새로운 피조물이 되었다. 가장 순수한 형태의 기독교는 구원은 오직 믿음으로 얻으며, 행위는 구원의 증거라고 가르친다.

마귀는 행위와 믿음을 결합시켜 행위가 하나님의 구원 사역의 수단이라고 믿게 만들어서 이 아름다운 교리를 왜곡하도록 유도한다. 그런 혼합주의는 성경을 곡해하는 결과를 낳는다. 성경은 구원 문제와 관련해서는 항상 은혜와 행위가 서로 배타적인 관계에 놓여 있다고 가르친다. 바울은 로마 신자들에게 이렇게 말했다.

> 만일 은혜로 된 것이면 행위로 말미암지 않음이니 그렇지 않으면 은혜가 은혜 되지 못하느니라(롬 11:6).

이 말씀은 "행위가 없는 믿음은 죽은 믿음"이라는 야고보의 말과 모순되지 않는다. 의롭다 하심을 받는 것은 믿음으로 말미암아 오직 은혜로 이루어지고, 행위는 칭의와 중생을 입증하는 증거다.

믿음은 그리스도인이 유혹이나 거센 공격에 굴복하지 않고 세상을 물리치는 수단이다. 그리스도인은 온갖 원수와 실패에 직면하여 안팎에서 싸워나가는 동안 견고한 반석이신 그리스도만을 의지한다. 그리스도인은 그리스도 예수로 자랑하고, 육체를 신뢰하지 않는다(빌 3:3). 의심이 솟구치고 원수의 공격이 거세게 밀어닥쳐도 그리스도인은 자신의 내면에서 미덕과 힘을 찾지 않는다. 자아로부터 눈을 돌려 그리스도 안에 계시는 하나님을 바라보고 승리를 외치며, 마귀의 사나운 공격을 물리친다.

> 누가 능히 하나님께서 택하신 자들을 고발하리요 의롭다 하신 이는 하나님이시니 누가 정죄하리요 죽으실 뿐 아니라 다시 살아나신 이는 그리스도 예수시니 그는 하나님 우편에 계신 자요 우리를 위하여 간구하시는 자시니라(롬 8:33, 34).

그리스도인은 자신의 내면에서 들려오는 비난과 원수의 비방을 믿음으로 물리친다. 또한 실패를 경험하더라도 두려워하거나 절망에 사로잡히지 않는다. 그리스도인이 하나님 앞에서 의롭다 하심을 받았다고 굳게 확신할 수 있는 이유는 그 의가 구원자이신 그리스도와 그분의 사역에 근거하기 때문이다. 찬송가 작가 호레이쇼 스패포드는 이 진리를 이처럼 아름답게 표현했다.

> 저 마귀는 우리를 삼키려고 입 벌리고 달려와도
> 주 예수는 우리의 대장 되니 끝내 싸워서 이기리라.
> 내 지은 죄 주홍빛 같더라도 주 예수께 다 아뢰면
> 그 십자가 피로써 다 씻으사 흰 눈보다 더 정하리라.[41]

마지막으로, 그리스도인은 자기 안에 거하시는 주님의 위대하심 덕분에 확실하게 승리한다.

> 자녀들아 너희는 하나님께 속하였고 또 그들을 이기었나니 이는 너희 안에 계신 이가 세상에 있는 자보다 크심이라(요일 4:4).

이 말씀은 하나님이 우리와 함께 계실 뿐 아니라, 성령을 통해 우리 안에 거하신다는 놀라운 진리를 깨우쳐준다. 우리 가운데 가장 경건한 그리스도인도 이 진리가 가르치는 친밀한 교제의 깊이를 온전히 헤아리기 어렵다(고후 13:13, 빌 2:1). 우리는 자녀이기 때문에 하나님은 우리의 마음속에 아들의 영을 보내 "아빠 아버지"라고 부르게 하신다. 성령께서는 우리가 더 이상 종이 아닌 아들이자 하나님의 상속자라는 증거요, 보증이시다(갈 4:6, 7). 그분은 우리의 영과 더불어 우리가 하나님의 자녀인 것을 증언하신다(롬 8:16). 그분은 우리를 위한 미래의 구원이 온전히 이루어질 때까지 우리 기업의 보증이 되신다(고후 1:22, 5:5, 엡 1:13, 14, 4:30).

내주하시는 성령께서는 하나님의 위대한 목적이 우리 안에서 이루어지게 하기 위해 우리의 필요를 채워주신다. 그분은 하나님이 그리스도 안에서 우리를 위해 행하신 일과 우리에게 허락하신 것을 이해할 수 있도록 도와주신다(고전 2:12, 요일 2:20, 27). 그리고 우리에게 위탁된 복음의 교리를 잘 지켜 진리에서 벗어나거나 다른 복음으로 사람들을 그릇 인도하지 않도록 이끄신다(딤전 6:20, 딤후 1:14, 갈 1:6, 7). 성령께서는 우

---

41) 호레이쇼 스패포드, "내 평생에 가는 길", 새찬송가 413장, 2, 3절

리의 육신과 싸우시고, 육신과의 싸움에서 큰 갈등을 겪을 때 우리를 도와주신다. 또한 그리스도의 사랑을 알고 하나님의 충만하심으로 충만해질 수 있도록 우리의 속사람을 능력으로 강건하게 하신다(엡 3:16-19). 그분은 거짓으로부터 우리를 보호하시고, 삶의 열매를 맺게 하시며, 우리를 인도하시고, 능력을 주어 사역을 행하게 하신다(행 1:8, 롬 8:14, 갈 5:18, 22, 23, 요일 2:26, 27). 더불어 우리의 연약함을 도우신다. 어떻게 기도해야 할지 모르는 우리를 대신해서 말로 다할 수 없을 만큼 깊이 탄식하시며 기도해 주신다(롬 8:26). 이런 "보혜사"가 그리스도 안에서 우리에게 값없이 주어지는데 어찌 세상과 육신과 지옥의 권세를 이길 수 없겠는가?[42]

본문에서 배울 수 있는 또 다른 진리는 우리 안에 거하시는 하나님이 우리의 모든 원수보다 무한히 위대하시다는 사실이다. 온 세상의 사람과 귀신들이 연합하여 하나님의 보좌를 공격해도 계란으로 바위를 치는 것처럼 작은 흠집도 만들지 못한다. 하나님 앞에서 민족들은 통의 한 방울 물과 같다. 하나님은 그들의 결집된 힘을 없는 것같이, 빈 것같이 여기신다. 그분은 하늘을 휘장처럼 펼치시며, 통치자들을 폐하시고, 세상의 사사들을 헛되게 만드신다(사 40:15-23). 하나님은 하늘의 군대에게든지 땅의 사람에게든지 자기 뜻대로 행하신다. 그분의 손을 금할 자나 그분께 무엇을 하느냐고 감히 물을 수 있는 사람은 아무도 없다(단 4:35). 지혜로도, 명철로도, 모략으로도 하나님을 당할 수 없다(잠 21:30).

그리스도인 안에 거하시는 하나님은 바로 이런 분이다. 하나님은

---

42) "보혜사"는 헬라어 "파라클레토스"(parakletos)를 번역한 것으로 "돕는 자", 즉 "조언자"나 "옹호자"를 가리킨다. 요한은 성령을 언급할 때 종종 이 명칭을 사용했다(요 14:16, 26, 15:26).

신실하지만 무능하거나, 능하지만 신실하지 못한 분이 아니다. 그분은 약속을 지키시는 신실하신 하나님이다. 하나님은 약속하신 것을 능히 이루실 수 있다(신 7:9, 롬 4:21). 우리 안에서 착한 일을 시작하신 하나님은 그 일을 온전히 이루신다. 하나님은 우리를 보호하사 거침이 없게 하시고, 우리로 그 영광 앞에 흠 없이 기쁨으로 서게 하신다(유 1:24). 따라서 우리 가운데 가장 작고 연약한 그리스도인도 바울 사도처럼 이렇게 외칠 수 있다.

> 그러나 이 모든 일에 우리를 사랑하시는 이로 말미암아 우리가 넉넉히 이기느니라 내가 확신하노니 사망이나 생명이나 천사들이나 권세자들이나 현재 일이나 장래 일이나 능력이나 높음이나 깊음이나 다른 어떤 피조물이라도 우리를 우리 주 그리스도 예수 안에 있는 하나님의 사랑에서 끊을 수 없으리라(롬 8:37-39).

승리의 의미

그리스도인은 새로운 탄생, 그리스도와 그분의 사역을 믿는 믿음, 자기 안에 거하시는 주님의 위대하심으로 세상을 이긴다(요일 5:4, 5). 그러나 그리스도인의 승리가 무엇을 의미하는지 옳게 이해해야 한다. 첫째, 이것은 그리스도인이 육신을 단번에 정복하고 더 이상 갈등을 겪지 않는다는 의미가 아니다. 육신과의 싸움은 가장 성숙하고 거룩한 그리스도인의 삶에서조차 때로 격렬하게 일어난다(갈 5:17). 둘째, 이것은 참된 그리스도인이 세상에서 죄를 극복하고 항상 죄 없는 완전한 상태로 살아간다는 의미가 아니다. 사도들 가운데서 경건하기로 유명한 야고보조차도 "우리가 다 실수가 많으니"(약 3:2)라고 말했다. 주님이 사랑하신 요한 사도는 이렇게 더욱 엄중하게 말했다.

> 만일 우리가 죄가 없다고 말하면 스스로 속이고 또 진리가 우리 속에 있지 아니할 것이요(요일 1:8).

승리하는 신앙생활은 모든 갈등에서 자유롭거나 싸움에서 한 번도 패하지 않는 삶을 의미하지 않는다. 승리하는 신앙생활은 끊임없는 노력과 인내에서 발견된다. 이긴다는 것은 실패에도 불구하고 포기하지 않는 것을 의미한다. 우리의 신앙 여정은 이보 전진 일보 후퇴를 거듭하면서도 계속 믿고, 회개하고, 주님을 좇아가는 과정이다. 우리의 현실을 부인할 수 없는 것처럼 우리는 그리스도를 부인할 수 없다.[43] 우리가 세상으로 돌아갈 수 없는 이유는 영생의 말씀이 오직 주님께만 있다는 것을 알기 때문이다(요 6:68). 우리가 복음을 굳게 붙잡고 천국을 침노하는(눅 16:16) 이유는 강한 의지나 각별히 뛰어난 경건함을 갖추었기 때문이 아니다. 우리가 매우 절박한 상황에 처해 있기 때문이다. 우리는 우리의 무능력을 절실히 의식하고 물에 빠진 사람이 생명줄을 붙잡고 등산가가 등산용 못과 로프에 매달려 있는 것처럼 그리스도를 굳게 붙잡는다. 이긴다는 것은 그리스도와 함께 계속 걸으며 끝까지 믿음으로 인내하는 것을 의미한다(마 24:13).

그러나 끊임없이 불신앙과 타협과 속된 삶을 일삼는다면 크게 두려워해야 한다. 성화의 증거 없이 계속 죄를 지으며 산다면 구원을 의심해야 할 근거가 충분하다(히 12:14). 하나님의 계명을 멀리했는데도 징계

---

43) 찰스 레이터 목사와 나눈 대화에 근거한다.

가 없다면 진정으로 거듭났는지 의심해 봐야 한다(히 12:8). 늘 잠에 취한 듯 하나님과 그분의 복음에 무관심하다면 우리가 믿음 안에 있는지 성경의 빛에 우리를 비춰봐야 한다(고후 13:5). 씨 뿌리는 자의 비유가 가르치는 대로 구원 문제는 처음에 복음을 어떻게 받아들였느냐가 아니라, 어떤 결과를 가져왔느냐에 따라 결정된다(마 13:3-9, 18-23). 처음 시작은 좋아 보였지만 중도에 무너진 사람들은 믿음을 잃고 아무 열매 없이 끝을 맺는다. 그것은 그들의 믿음이 처음부터 거짓이었다는 강력한 증거다.

14
예수님을 믿는가?

만일 우리가 사람들의 증언을 받을진대 하나님의 증거는 더욱 크도다 하나님의 증거는 이것이니 그의 아들에 대하여 증언하신 것이니라 하나님의 아들을 믿는 자는 자기 안에 증거가 있고 하나님을 믿지 아니하는 자는 하나님을 거짓말하는 자로 만드나니 이는 하나님께서 그 아들에 대하여 증언하신 증거를 믿지 아니하였음이라 또 증거는 이것이니 하나님이 우리에게 영생을 주신 것과 이 생명이 그의 아들 안에 있는 그것이니라 아들이 있는 자에게는 생명이 있고 하나님의 아들이 없는 자에게는 생명이 없느니라(요일 5:9-12).

대체로 시리즈물은 마지막 것이 가장 좋은 법이다. 회심의 마지막 증거도 예외는 아니다. 회심의 마지막 증거는 "성자에 관한 성부의 증언을 믿는 믿음"이다. 요한은 하나님이 예수 그리스도에 관해 계시하신 진리를 믿는 믿음으로 우리가 하나님의 자녀라는 사실을 알 수 있다고 가르친다. 바울 사도는 그리스도 예수로 자랑하고 육체를 신뢰하지 않는 것이 그리스도인의 표징이라고 말했다(빌 3:3).

믿음에 관한 오해

본문을 살펴보기에 앞서 구원 신앙에 관한 두 가지 오류를 먼저 다뤄보고자 한다. 첫 번째 오류는 믿음의 본질과 그것에 관한 우리의 이해와 관련된다. 현대의 복음전도는 대체로 구원 신앙을 몇 가지 영적 원리나 법칙에 피상적으로 동의하는 것으로 축소해 버린다. 많은 사람이 한 차례 기도문을 외워 그리스도를 영접하겠다고 결심하는 것을 복음전도로 생각한다. 회심했다고 주장하는 사람이 남은 생애 동안 그리스도를 염두에 두지 않고 살아가는데도 과거에 한번 올바른 결정을 내려 올바른 일을 행했다는 것을 근거로 구원받았다고 간주한다. 구원 신앙을 일평생 그리스도를 바라보고 살며 하나님의 약속을 끝까지 붙잡는 것으로 이해하지 않는다. 그저 망각하기 일쑤인 과거의 결신 행위로 이해하는 경우가 비일비재하다.

성경과 교회의 위대한 신앙고백들은 구원 신앙을 하나님의 "깊은 것", 곧 가장 큰 관심과 주의를 기울여 살펴보고 묵상해야 할 심원한 교리로 제시한다. 그러나 우리는 복음을 단순화하기 위해 구원 신앙을 일종의 의식으로 축소시켜 그 깊은 의미와 장엄한 진리를 제거했다. 이는 영광스러운 우주를 몇 분이면 왕래할 수 있는 작은 땅덩이로 만든 것과 다름없다. 이렇게 축소되어 변질된 구원 신앙은 그리스도 안에서 갓난아이가 먹는 우유처럼 대충 이해해버리고는 좀 더 어려운 교리를 배우는 단계로 발전하는 과정에서 그냥 무시해도 무방하다는 듯 취급된다. 다시 말하지만, 구원 신앙의 가치를 깎아내리는 오늘날의 풍토는 성경의 가르침과 정면으로 충돌한다. 성경은 구원 신앙을 가장 중요하게 취급하고, 그것을 설명하고 정의하는 데 많은 지면을 할애한다.[44] 복음이 지닌 본래의 영광과 능력을 회복하려면 성경을 근거로 성자에 대한 성부의 증언을 믿는다는 것이 무엇을 의미하는지 옳게 이해해야 한다. 사람들에게 죄인의 기도를 신뢰하도록 가르치는 오늘날의 방법론을 버리고, 믿음으로 인내하며 "그리스도를 바라보도록" 이끌어야 한다.

구원 신앙에 관한 두 번째 오류는 믿음의 방향과 목적과 관련된다. 오늘날의 복음주의 안에는 믿음 교회, 믿음 운동, 믿음 집회, 믿음에 관한 서적 등이 차고 넘쳐난다. 그러나 이 모든 것의 관심은 영원한 칭의를 얻는 믿음이 아니다. 단지 하나님에게서 일시적인 축복을 얻기 위한 믿음을 독려하는 데 집중된다. 기독교 서점에는 승리, 번영, 능력을 얻는 법을 가르치는 책들만 가득할 뿐, 참된 구원 신앙의 본질과 증거를 성경적으로 해설한 책은 찾아보기 어렵다. 요즘은 영원한 구원이나 하나님을 아는 지식보다 일시적인 물질 축복이나 개인적인 번영을 강조한다. 이런 풍토가 복음주의의 본질을 드러낸 것이라면 우리는 참으로 두려운 현실에 직면해 있는 것이다.

복음이 지닌 본래의 영광과 능력을 회복하려면 일시적인 것에 집착하는 현상을 극복하고, 영원한 것에 관심을 돌려야 한다. 우리의 저울을 정직한 눈금을 가리키도록 다시 맞춰놓아야 한다. 그렇게 하면 영원한 것과 일시적인 것을 저울에 올려놓았을 때 영원한 것이 놓인 곳이 아래로 기울 것이다. 베드로 사도는 믿음의 목적이 일시적인 이익이 아닌 영혼의 구원에 있다고 강조했다. 그는 "믿음의 결국 곧 영혼의 구원을 받음이라"(벧전 1:9)고 말했다.

믿음의 결국(헬라어로 "텔로스"[telos]), 곧 그 궁극적인 목적은 유한한 삶에

---

44) 히브리서 기자는 "하나님을 향한 믿음"을 그리스도에 관한 "초보적인" 가르침의 일부로 간주했다(히 6:1). 언뜻 생각하면 그가 구원 신앙을 기독교 신앙의 초보 교리로 분류한 것처럼 보인다. 그러나 사실은 그렇지 않다. 여기서 "초보"라는 말은 "시작", "기원", "연속물의 처음 것"을 뜻하는 헬라어 "아르케"(arche)를 번역한 것이다. 이 말은 구원 신앙이 기독교의 가장 중요한 근본 교리라는 개념을 전달한다. 구원 신앙은 신앙생활의 시작 단계이자 마지막 단계다. 사실 신앙생활 전체를 믿음의 삶으로 규정할 수 있다. 하나님의 의가 믿음에서 믿음에 이르는 복음을 통해 계시되기 때문이다.

서 눈을 돌려 영원한 정죄에서 구원받고 하나님과의 관계를 회복하는 데 관심을 집중하고, 미래에 있을 영광의 소망을 바라보는 것이다. 물론 우리는 일시적인 것이든 영원한 것이든 항상 하나님을 믿어야 한다. 그러나 후자를 무시하고 전자를 취하는 것은 금은 남겨놓고 찌꺼기만 취하는 것과 같다.

믿음의 본질

본문은 무엇보다 성자에 관한 성부의 증언을 믿는 믿음을 강조한다. 이 주제는 매우 단순해 보이지만, 믿음의 정확한 본질을 둘러싸고 일어나는 혼란은 이루 말할 수 없이 크다. 구원 신앙을 소유했다고 주장하면서도 그 신앙이 일상생활에 아무런 영향도 끼치지 못하는 복음주의자가 많다. 이런 비극적인 현상은 중요한 물음을 제기한다.

"성자에 관한 성부의 증언을 믿는다는 것이 무슨 의미인가? 믿음을 소유한다는 것이 무엇을 의미하는가?"

히브리서 기자는 "믿음은 바라는 것들의 실상이요 보이지 않는 것들의 증거"(히 11:1)라고 말했다. 히브리서 기자에 따르면, 믿음은 간절히 바라지만 아직 실현되거나 드러나지 않은 것의 현실을 확신하는 것을 의미한다. 이런 믿음의 정의는 "믿음은 막연한 바람이나 광적인 망상과 어떻게 다른가?"라는 중요한 질문을 제기한다. 우리는 하나님의 순전하신 인격과 그분의 진실한 계시에서 그 대답을 찾을 수 있다. 우리가 아직 보지 못한 것과 바라는 것을 확신할 수 있는 이유는 하나님이 증언하셨기 때문이다. 노아의 삶이 이 진리를 구체적으로 보여 준다. 히브리서 기자는 노아에 대해 이렇게 말했다.

> 믿음으로 노아는 아직 보이지 않는 일에 경고하심을 받아 경외함으로 방주를 준비하여 그 집을 구원하였으니 이로 말미암아 세상을 정죄하고 믿음을 따르는 의의 상속자가 되었느니라(히 11:7).

노아가 방주를 만든 이유는 세상이 곧 홍수로 멸망할 것이라고 믿었기 때문이다. 또한 그가 그런 확신을 가질 수 있었던 이유는 세계적인 홍수에 관한 역사적 기록이 있었기 때문도 아니고, 그런 사건이 곧 일어날 것을 암시하는 확실한 증거가 있었기 때문도 아니었다. 그가 홍수가 있을 것을 확신하고 방주를 만드는 데 평생을 바친 이유는 보이지 않는 일에 경고하심을 받았기 때문이다. 노아가 세계적인 홍수가 있을 것을 믿고 그 신념을 실천으로 옮긴 이유는 하나님이 홍수를 예고하셨기 때문이다.

아브라함의 생애 역시 믿음의 본질을 보여주고 있다. 바울 사도는 이렇게 말했다.

> 그가 백세나 되어 자기 몸이 죽은 것 같고 사라의 태가 죽은 것 같음을 알고도 믿음이 약하여지지 아니하고 믿음이 없어 하나님의 약속을 의심하지 않고 믿음으로 견고하여져서 하나님께 영광을 돌리며 약속하신 그것을 또한 능히 이루실 줄을 확신하였으니(롬 4:19-21).

아브라함은 아내 사라를 통해 아들을 낳게 될 것이라고 온전히 확신했다. 그러나 그의 확신은 자신이 볼 수 있는 것에 근거하지 않았다. 그나 사라나 아이를 낳을 수 있는 나이를 훨씬 넘어섰기 때문이다. 그는 가능성이 없는데도 희망을 가졌고, 불신앙으로 흔들리지 않았으며, 아직 잉태되지도 않은 아들을 분명히 얻게 될 것이라고 확신했다. 그 이유는 단 하나, 하나님이 말씀하셨기 때문이다. 그는 하나님이 약속하신 것을 능히 이루실 수 있다고 확신했다.

참 믿음은 하나님이 증언하셨다는 한 가지 이유만으로 바라는 것과 아직 보지 못한 것을 확신하는 것이다. 하나님의 아들을 믿는 믿음은 특히 더 그렇다. 성자에 대한 성부의 증언보다 더 위대한 증언은 없기 때문이다.

하나님의 증언

요한일서 5장 9-12절의 주제는 성자, 곧 나사렛 예수 그리스도에 관한 성부의 증언이다. "증언"은 헬라어 "마르투리아"(*marturia*)를 번역한 말로 신약성경에서 모두 113회 사용되었다. 이 가운데 64회가 요한의 서신에 나타난다. 요한복음은 세례 요한(요 1:6-8, 15, 3:26, 32, 33, 5:32-34), 요한 사도(요 19:35, 21:24), 성부 하나님(요 5:37, 8:18), 성령(요 15:26), 성경(요 5:39), 예수님의 사역(요 5:36, 10:25), 예수님 자신(요 3:11, 32, 33, 8:14, 18, 18:37)이 예수님에 관해 증언했다고 기록한다. 요한일서는 요한 사도(요일 1:2, 4:14), 성령과 물과 피(요일 5:6-8),[45] 성부 하나님(요일 5:9-11)이 예수님에 관해 증언했다고 기록한다. 요한복음에서 증언의 목적은 모든 사람이 예수님을 그리스도시요 하나님의 아들이시라고 믿게 하고, 그 믿음으로 구원받을 수 있다는 것을 깨우쳐주는 것이다(요 20:31). 요한일서에서 증언의 목적은 예수 그리스도와 그분의 복음에 관한 진리를 확증하고, 거짓 교사들에 의해 믿음이 흔들리는 그리스도인들에게 확신을

---

[45] "물과 피"는 예수님의 세례와 십자가를 가리키는 듯하다. 예수님의 세례와 십자가가 모두 그분이 그리스도, 곧 하나님의 아들이요 세상의 구원자라고 증언한다.

심어주는 것이었다.[46]

요한은 본문에서 하나님의 진실성과 그분을 믿는 믿음의 합리성을 강력하게 주장했다. 그는 사람과 하나님을 대조한 다음 열등한 증언에서 우월한 증언으로 나아갔다. 그는 "우리가 사람들의 열등한 증언을 받아들인다면 하나님의 우월한 증언은 훨씬 더 신뢰해야 하지 않겠는가?"라는 논리를 폈다(요일 5:9). 이 세상에서는 믿을 만한 합리성을 갖춘 증언에서 가장 터무니없는 증언에 이르기까지 온갖 증언이 우리의 신뢰를 요구한다. 사실 다른 사람을 신뢰하지 않는다면 개인과 사회 안에서 가능하던 많은 것이 곧바로 불가능해질 것이 틀림없다. 결국 우리는 인간이 진리를 왜곡하는 성향이 있음을 잘 알면서도 사람들을 신뢰한다(시 116:11, 롬 3:4). 쉽게 거짓말을 할 수 있는 사람들을 신뢰하는 것을 합리적으로 생각한다면, 성경이 거짓말을 하실 수 없다고 증언하는 하나님의 진리는 더욱 신뢰해야 마땅하지 않겠는가?(시 31:5, 사 65:16, 딛 1:2) 하나님의 본성은 완전하기 때문에 그분은 절대 거짓말을 하실 수 없다(히 6:18). 사무엘 선지자는 "이스라엘의 지존자는 거짓이나 변개함이 없으시니"(삼상 15:29)라고 말했다. 심지어 거짓 선지자인 발람조차도 이같이 증언했다.

> 하나님은 사람이 아니시니 거짓말을 하지 않으시고 인생이 아니시니 후회가 없으시도다 어찌 그 말씀하신 바를 행하지 않으시며 하신 말씀을 실행하지 않으시랴(민 23:19).

---

46) 이 본문에 대해 더 자세한 설명을 원한다면 다음 자료를 참조하라. Colin G. Kruse, *Letter of John*, 179-184.

열등한 증언(인간)을 믿고 월등한 증언(하나님)을 무시하는 것은 불합리할 뿐 아니라, 하나님의 성품에 대한 불신을 드러낸다. 인간 사이에서도 다른 사람의 말을 의심하는 것은 그의 인격을 모욕하는 것이다. 다른 사람의 말을 받아들이는 우리의 태도는 우리가 그를 어떤 사람으로 생각하고 있는지를 드러낸다. 인간들끼리도 그러하다면 말씀과 인격이 하나이신 하나님의 경우는 더더욱 그럴 수밖에 없다(히 6:18). 성경이 하나님의 말씀을 불신하는 것을 그분의 인격을 모욕하는 가증한 죄이자 반역으로 간주하는 이유가 여기에 있다. 요한은 본문에서 "하나님을 믿지 아니하는 자는 하나님을 거짓말하는 자로 만드나니"(요일 5:10)라고 말했다.

요한은 하나님의 신실하심과 말씀의 진실성을 강조하고 나서 하나님의 증언이 가리키는 대상(성자)을 명시했다. 그는 9절에서 하나님이 "그의 아들에 대하여 증언"하셨다고 말했다. 요한이 완료시제를 사용한 사실은 성자에 대한 하나님의 증언이 절대 취소될 수 없는 성격을 띤다는 것을 보여준다. 하나님은 성자에 관해 증언하셨고, 그 증언은 결코 변하지 않는다. 에드먼드 히버트는 "하나님은 성자에 대한 자신의 증언을 영원히 기록하셨다"고 말했다.[47] 하나님은 구약 시대의 선지자들(눅 24:44-47, 요 5:39), 세례 요한(요 1:6-8, 15, 3:26, 32, 33, 5:32-34), 성령의 사역(요 5:36, 10:25), 귀로 들을 수 있는 음성,[48] 십자가를 둘러싸고 일어난 초자연적인 천재지변(마 27:50-53), 그리스도의 부활(롬 1:4, 4:25), 오순절 성령 강림(행 2:1-36)을 비롯해 교회의 역사를 통해, 지속되는 성령

---

47) Hiebert, *Epistles of John*, 241.
48) 그리스도께서 세례를 받으실 때(마 3:16, 17, 막 1:10, 11), 변화산에서 변화되셨을 때(마 17:5, 막 9:7, 눅 9:35), 유월절에 제자들 앞에 계실 때(요 12:27-39) 하늘에서 하나님의 음성이 들려왔다.

의 증언을 통해 성자에 대해 증언하셨다.

성자에 대한 성부의 증언은 굉장히 많고 분명하기 때문에 불신앙을 선택하는 것은 터무니없다. 성경은 비그리스도인의 비위를 맞추거나 그가 더 많은 정보나 증거를 요구하는 것을 용납하지 않는다. 불신앙은 허용될 수도, 변명될 수도 없다. 죄인이 명백한 사실을 강퍅하게 부인하고 불신앙을 선택하는 이유는 하나님의 의에 복종하기를 거부하기 때문이다. 불신앙이 참으로 심각하고 무서운 죄라는 사실이 그리스도의 경고를 통해 여실히 드러난다. 그분은 이렇게 말씀하셨다.

> 그를 믿는 자는 심판을 받지 아니하는 것이요 믿지 아니하는 자는 하나님의 독생자의 이름을 믿지 아니하므로 벌써 심판을 받은 것이니라(요 3:18).

영생의 의미

요한은 인간의 몸을 입고 태어나 선택받은 백성을 위해 십자가에 못 박히신 나사렛 예수에 관해 하나님이 명백하고 분명하게 증언하셨다고 진술했다. 또한 "하나님을 믿지 아니하는 자는 하나님을 거짓말하는 자로 만드나니"(요일 5:10)라는 말씀에서 알 수 있듯이 그는 그 증언을 믿는 것이 합리적이고, 그것을 부인하는 것은 죄라고 강조했다. 요한은 그런 논리를 펼치고 나서 성자에 대한 성부의 증언의 본질을 정확하게 드러냈다.

> 또 증거는 이것이니 하나님이 우리에게 영생을 주신 것과 이 생명이 그의 아들 안에 있는 그것이니라(요일 5:11).

이 말씀 안에 복음의 핵심이 담겨 있다는 말은 결코 과장이 아니다. 이 말씀을 온전히 이해하려면 두 가지 문제를 생각해 봐야 한다. 영생은 무엇인가? "아들 안에"라는 말에는 어떤 의미가 함축되어 있는가?

영생의 시기와 본질을 둘러싸고 많은 혼란이 빚어진다. 어떤 사람들은 영생의 시기를 논하면서 그것을 전적으로 미래의 희망으로 간주해 영화 또는 천국에서의 삶과 동일시한다. 그런 견해는 성경과 모순된다. 성경은 영생이 거듭나는 순간에 시작되어 영원히 지속된다고 가르친다. 요한복음은 "아들을 믿는 자에게는 영생이 있고"(요 3:36)라고 가르친다. "있고"라는 동사는 헬라어 현재시제다. 이는 영생이 진정으로 믿는 자들에게 현재의 현실로 이루어진다는 것을 보여준다. 요한은 요한일서 5장 11절에서 하나님이 우리에게 영생을 주셨다고 선언했다. "주셨다"는 동사는 헬라어 부정과거다. 이는 영생이 아들을 믿는 자들에게 이미 주어졌다는 것을 보여준다. 우리는 이 모든 사실을 통해 영생이 미래의 소망이면서 또한 현재의 현실이라는 것을 알 수 있다. 영생은 그리스도를 처음 믿는 순간에 시작되어 영원히 지속된다.

가장 흔히 저질러지는 오류는 영생을 양적인 시간으로 간주하고 그 본질을 무시하는 것이다. 영생은 영원히 지속되지만, 그 강조점은 그리스도인이 그리스도 안에서 받은 새로운 종류의 생명에 있다. 주 예수 그리스도께서는 영생을 이렇게 묘사하셨다.

> 영생은 곧 유일하신 참 하나님과 그가 보내신 자 예수 그리스도를 아는 것이니이다(요 17:3).

예수님은 영생을 양적인 시간이 아니라, 성부와 성자와의 교제를 통한 질적인 시간으로 간주하셨다. 이 진리를 이해하려면 "알다"라는 용어의 의미를 파악해야 한다. 헬라어 동사 "기노스코"(ginosko)를 번역한 이 말은 개인적인 관계를 통해 상대를 알게 된다는 히브리적 개념을 전달할 때 종종 사용된다. 이 말은 성경에서 남자와 여자의 육체적이고 인격적인 교감을 묘사할 때 자주 사용되었다. 여기에서는 하나님과의 친밀한 교제를 영생으로 묘사할 때도 이 말이 사용되었다. 요한은 요한일서를 마무리하면서 본문의 의미를 다시금 분명하게 밝혔다.

> 또 아는 것은 하나님의 아들이 이르러 우리에게 지각을 주사 우리로 참된 자를 알게 하신 것과 또한 우리가 참된 자 곧 그의 아들 예수 그리스도 안에 있는 것이니 그는 참 하나님이시요 영생이시라(요일 5:20).

영생이 인격적으로 친밀한 관계를 바탕으로 성자를 통해 성부를 아는 것과 동일시되는 것을 알 수 있다. 논리상의 순서는 이렇다. 하나님은 복음 선포, 내주하시는 성령의 중생케 하는 사역과 조명의 사역을 통해 자기 백성에게 생명, 깨달음, 자원하는 마음을 허락하신다. 그로 인해 그들은 믿음과 교제와 찬양과 하나님을 섬기는 것으로 이루어지는 새로운 삶을 시작한다. 이것이 곧 영생이다. 영생은 단지 영원히 지속되는 시간이나 천국의 소망이 아닌 그리스도 안에서의 새로운 삶을 가리킨다. 영생은 확인될 수 없는 현실, 곧 하나님 앞에서의 단순한 신분 변화나 신학적 추론과는 거리가 멀다. 영생은 그리스도인이 세상에서 순례의 길을 가는 동안 실제로 경험하고 확인할 수 있는 현재적인 실재다. 영생은 그리스도인에게 눈먼 자가 보게 되고, 귀먹은 자가 듣게 되고, 죽은 자가 다시 살아나는 것만큼이나 분명한 현실이다. 이런 경험적인 영생의 실재는 그리스도인 개인이나 상황에 따라 달라질 수 있지만, 그럼에도 엄연한 현실이다.

아들 안에 있는 생명

이번에는 이 생명이 "아들 안에" 있다는 심오한 진리에 관심을 기울여보자(요일 5:11). "아들 안에"라는 이 두 마디는 헬라어 "엔 토 후이오"(en to huio)를 번역한 것이다. 이 말은 성경에 있는 아름다운 진리를 가르친다. 헬라어 전치사 "엔"은 그 뒤의 명사, 곧 영생이 발견되는 장소를 가리킨다. 영생은 오직 아들 안에서만 발견된다. 예수님은 우리에게 필요한 전부이자 우리가 가진 전부다. 그분 없이는 하나님과 관계를 맺을 수 없다. 우리는 그분 안에서 인간에게 주어지는 하나님의 모든 축복을 소유한다. 그분을 떠나서 우리는 아무것도 소유하지 못하며, 단지 곤고하고, 가련하고, 가난하고, 눈멀고, 벌거벗은 죄인에 불과하다(계 3:17). 오직 그리스도만이 우리의 굳건한 토대가 되신다. 그분께 모든 것이 달려 있다. 그리스도께서 하나님 앞에서 의롭다 하심을 받아 그분과 올바른 관계를 맺는 데 필요한 모든 것을 결정하신다. 이 심오한 진리와 그 안에 담겨 있는 의미는 상당히 중요하기도 하거니와 온전히 이해하기도 어렵다.

영생을 비롯해 다른 모든 영적 축복이 성자 안에만 있다는 것은 기독교의 가장 위대한 근본 진리 가운데 하나다. 예수님은 자신에 대해 이렇게 증언하셨다.

> 내가 곧 길이요 진리요 생명이니 나로 말미암지 않고는 아버지께로 올 자가 없느니라(요 14:6).

베드로는 이스라엘의 지도자들 앞에서 이렇게 선언했다.

> 다른 이로써는 구원을 받을 수 없나니 천하사람 중에 구원을 받을 만한 다른 이름을 우리에게 주신 일이 없음이라(행 4:12).

또한 바울 사도는 젊은 디모데에게 이렇게 말했다.

> 하나님은 한 분이시요 또 하나님과 사람 사이에 중보자도 한 분이시니 곧 사람이신 그리스도 예수라(딤전 2:5).

영생이 오직 성자 안에만 있다는 진리는 아무리 강조해도 지나치지 않다. 그리스도 밖에 있는 사람은 "이스라엘 나라 밖의 사람", 곧 "약속의 언약들에 대하여는 외인이요 세상에서 소망이 없고 하나님도 없는 자"(엡 2:12)일 뿐이다. 이 진리를 인정해야만 기독교의 순전함을 보존할 수 있다.

에베소서 1장은 그리스도의 독특성과 필수성과 배타성을 분명하게 가르친다. 바울은 처음 열네 구절에서 "그리스도 안에"와 그와 비슷한 표현을 모두 11회 사용했다. 우리는 "아들 안에서" 모든 영적 축복을 누리고, "아들 안에서" 창세전에 선택받았다. 하나님은 "아들 안에서" 우리에게 은혜를 주시고, 우리는 "아들 안에서" 구원과 죄 사함을 받았다. 하나님은 "아들 안에서" 그 뜻의 비밀을 드러내셨고, "아들 안에서" 하늘과 땅의 모든 것을 통일하셨다. 우리는 "아들 안에서" 약속의 성령으로 인 치심을 받았다(엡 1:3, 4, 6, 7, 9, 10, 13). 우리가 영생을 비롯해 모든 영적 축복을 소유하게 된 것은 하나님의 사랑하시는 아들과 그분이 우리를 위해 이루신 사역 덕분이다. 이런 이유로 요한은 이렇게 결론지었다.

> 아들이 있는 자에게는 생명이 있고 하나님의 아들이 없는 자에게는 생명이 없느니라(요일 5:12).

이것은 그리스도의 독특성과 탁월성과 확실성에 관한 성경의 가장 강력한 선언 가운데 하나다.

이것은 그리스도인들에게 귀한 진리다. 천국의 모든 소망을 그리스도께 두고, 그리스도와 그분의 사역이 지니는 무한한 가치를 인정하기 때문이다. 성령을 통해 거듭나고 그리스도의 보혈을 믿는 믿음으로 의롭게 된 인간의 마음은 성자에게 모든 영광과 찬양을 돌리는 것을 못마땅하게 여기지 않는다. 오히려 참된 그리스도인은 그리스도를 영화롭게 하는 생각이나 말을 몹시 즐거워하고, 그분을 지극히 높이기를 마다하지 않는다. 참된 그리스도인은 그리스도께서 구원의 모든 것이 되신다는 것을 알고 선포하는 것을 기쁨으로 여긴다. 그는 아무 공로 없이 얻은 구원과 자신의 미덕이나 가치와 상관없이 주어진 칭의를 즐거워한다. 심지어 "새벽별"이 어둠 속에서 더 영광스럽게 빛날 수만 있다면, 자신의 죄가 모두 드러나 온 하늘을 뒤덮는다고 해도 전혀 개의치 않는다.[49] 우리가 참된 그리스도인이라면 구원의 모든 공로를 성자께 돌리는 것을 기뻐하고, 지극히 작은 공로라도 우리 자신에게 돌리기를 원하지 않을 것이 분명하다.

---

49) "새벽별"은 메시아를 가리킨다. 민 24:17, 벧후 1:19, 계 22:16.

성경은 그리스도께서 하나님과 인간 사이에 유일하신 중보자요, 구원자가 되신다고 가르친다. 이것은 그리스도인에게는 진정 귀한 진리이지만, 비그리스도인에게는 "걸림돌과 거치는 바위", 곧 가장 크게 거리끼는 것이 된다(롬 9:32, 33, 벧전 2:8). 비그리스도인은 이 진리를 편협하고 교만한 것으로 간주한다. 그 진리가 기독교를 그리스도 밖에서는 절대 구원받을 수 없다고 주장하는 배타적인 종교로 보이게 만들기 때문이다. 포스트모던 시대의 인간은 자신의 불의에 의해 생각이 왜곡된 탓에 종교는 모두 진리라는 터무니없는 가설을 주장한다. 따라서 기독교의 배타성은 그들에게 도저히 용납할 수 없는 죄다. 초기 그리스도인들이 무신론자로 간주되어 형틀에 매달려 불타 죽은 일이나 오늘날 성경적이고 역사적인 기독교가 비방당하는 것은 모두 그런 이유 때문이다. 교회가 진리 주장을 포기하거나 타협한다면 세상과 평화롭게 지내고 세상 사람들과 연합할 수는 있을 것이다. 그러나 하나님과의 평화와 연합으로부터는 멀어져 결국 그리스도를 배신하고 말 것이다.

내적 증거

요한 사도가 말하는 하나님의 증거는 "그분이 우리에게 영생을 주셨고 그 생명이 아들 안에 있다"는 것이다. 아울러 요한은 아들을 진정으로 믿는 자는 자기 안에 이 증거를 지니고 있다고 말했다(요일 1:10). 이 놀라운 진리는 처음에 생각한 것보다 이해하기가 훨씬 어렵다. 심지어 보수적인 개혁주의 전통을 따르는 학자들 사이에서도 의견이 다양하게 엇갈린다. 요한의 말은 믿는 자가 성자에 관한 하나님의 증언을 받아들여 내면화시켰다는 의미일까? 그의 말은 그리스도인 안에 거하시는 성령의 내적 증거를 가리킨 걸까, 아니면 그리스도인이 소유한 영생의 경험적인 증거, 곧 성부와 성자와의 친밀한 관계를 통해 이루어지는 새로운 삶의 현실을 가리킨 걸까? 어쩌면 그 말의 의미는 이 모두를 다 포함할 만큼 광범위한지도 모른다.

우리가 진정으로 회심했다는 첫 번째 표징은 사도들과 같은 목격자를 통해 처음 전달되었다(요일 1:1-4). 그 후로 세대를 거듭하면서 충실한 복음 설교를 통해 전달되어온 하나님의 증거를 받아들였다. 우리가 참된 그리스도인라는 것을 알 수 있는 근거는 "성도에게 단번에 주신"(유 1:3) 예수 그리스도의 복음을 붙잡아 의지하는 것이다. 우리는 성경 위에 서 있고, 역사적인 복음주의 전통을 계승했다. 우리는 복음의 소망을 버리지 않았고, 굳건하게 확립된 믿음 안에 머무른다(골 1:23).

구원을 가져다주는 하나님의 증거를 옳게 받아들이는 것은 피상적이지도, 진부하지도 않다. 우리는 이 믿음을 삶의 모든 영역으로 확대시켜 나간다. 그리스도께서는 참된 그리스도인의 양식과 음료이시다.[50]

> 내가 진실로 진실로 너희에게 이르노니 인자의 살을 먹지 아니하고 인자의 피를 마시지 아니하면 너희 속에 생명이 없느니라(요 6:53).

예수님의 말씀은 삶의 토대이자 원형, 목적이다. 복음은 우리의 일부이며, 우리의 정체성을 나타내는 표징이다. 복음은 우리를 규정하

---

[50] "양식과 음료"는 존 뉴턴의 『올니 찬송가』 중에 "그리스도를 어떻게 생각하는가?"라는 찬송가에 사용된 표현이다. "누가 예수님을 어떻게 생각하느냐고 물으면, 나의 가장 훌륭한 생각도 한없이 부족할 뿐이지만 그분이 나의 양식과 음료이시고 나의 생명, 나의 힘, 나의 곡간이라 대답하리라."

고, 우리의 갈 길을 제시한다. 복음은 우리 안에 있고, 우리의 존재를 구성한다. 우리는 복음과 우리 자신을 분리할 수 없다. 그렇게 하는 것은 우리의 인격을 나눠 사방에 흩어놓는 것과 같다. 우리는 마음속 가장 깊은 곳에서부터 복음에 동의하고, 그 아름다움을 즐거워하며, 그 계명을 실천하기를 원한다. 우리가 듣거나 읽는 복음의 진리는 한결같이 그리스도께서 우리의 전부이시며, 오직 그분 안에만 영생이 있다는 사실을 깨우쳐준다.

우리가 참된 그리스도인라는 두 번째 표징은 우리 안에 거하시는 성령의 내적 증거다. 요한복음은 성령께서 그리스도를 증언하고 그리스도인 안에 거하셔서 그를 모든 진리 가운데로 인도하기 위해 보내심을 받았다고 가르친다(요 14:16, 15:26, 16:13). 아울러 요한일서는 성령께서 그리스도인 안에서 하나님의 자녀가 되었다는 확신을 심어주신다고 가르친다. 우리는 하나님이 우리에게 주신 성령을 통해 우리가 하나님의 자녀로서 그리스도와 지속적인 관계를 맺고 있다는 사실을 깨닫는다(요일 3:24, 4:13). 하나님의 성령께서는 그리스도의 성육신과 구원 사역을 증언하시고, 그런 현실을 우리의 마음에 확증하신다(요일 4:2, 5:6-8).

성령의 내적 증거에 관한 가르침은 요한의 글에서만 발견되는 것은 아니다. 이것은 신앙생활에 관한 바울의 견해에서도 중요한 비중을 차지한다. 성령과 그분에게서 비롯하는 생명이 마지막 영화의 단계를 통해 드러날 생명의 첫 열매이자 보증으로 모든 그리스도인에게 주어진다(롬 8:23, 엡 1:13, 14). 하나님의 사랑은 성령으로 말미암아 우리의 마음에 부어져 확인할 수 있는 실질적인 경험으로 나타난다(롬 5:5).[51] 성령께서는 정죄에 대한 두려움을 없애시고 우리가 하나님의 자녀라는 강한 확신을 심어주어 "아빠 아버지"라고 부르짖게 만드신다(롬 8:15, 갈 4:6).⁵²⁾ 또한 성령께서는 하나님의 뜻에 따라 우리를 인도하시고, 우리가 연약할 때 도움의 손길을 베푸신다(롬 8:14, 26). 마지막으로, 성령께서는 계속적인 성화의 사역을 통해 그리스도의 형상을 닮게 하신다. 그리고 우리 안에서 자신의 열매가 맺히게 하셔서 우리가 하나님의 자녀임을 증언하신다(롬 8:16, 15:13, 갈 5:22, 23).⁵³⁾

요한과 바울에 따르면, 성령의 내적 사역은 하나님의 모든 자녀의 삶에 존재하는 현실이다. 이 현실이 겉으로 나타나는 것은 그리스도인마다 다르다. 심지어 가장 성숙한 그리스도인도 가지를 쳐야 할 때나 열매가 없을 때, 또는 하나님의 임재가 사라져 보이지 않을 때가 존재한다.⁵⁴⁾ 그럼에도 불구하고 모든 그리스도인의 삶 가운데서는 성령의 사역이 확인 가능한 실질적인 형태로 이루어진다. 이것은 하나님의 자녀가 누리는 생득적 권리일 뿐 아니라, 하나님을 안다고 확신할 수 있는 증표다.

우리가 진정으로 믿어 구원에 이르렀다는 세 번째 표징은 우리 안에 영생의 현실이 존재하는 것이다. 이 말의 의미를 이해하려면 영생

---

51) 물론 하나님의 사랑을 늘 똑같은 강도로 경험할 수 있는 것은 아니다. 하나님의 사랑은 그리스도인의 삶 안에 항상 존재하는 현실이다. 그러나 확인할 수 있는 형태로 나타나는 것은 그리스도인의 필요나 헌신, 하나님의 지혜로운 섭리에 따라 더 증가될 수도 있고, 줄어들 수도 있다.
52) 하나님의 자녀가 되었다는 그리스도인의 확신도 때에 따라 그 강도와 세기가 달라질 수 있다. 강력한 구원 확신은 성부의 뜻이지만, 가장 성숙한 그리스도인조차도 자기를 공격하는 원수(육신, 세상, 마귀)들과 싸우면서 의심에 시달릴 수 있다.
53) 성령의 증언은 감정이나 신비적인 것으로 제한되지 않는다. 그분은 그리스도를 본받는 경건한 삶에 가시적으로 나타나는 실질적인 증거를 통해 우리가 하나님의 자녀임을 증언하신다.
54) 하나님은 모든 곳에 계신다. 그러나 그분의 임재가 항상 밝히 드러나거나 그리스도인에게 늘 식별할 수 있는 형태로 나타나는 것은 아니다. 가장 성숙하고 경건한 그리스도인도 하나님의 임재를 거의 의식할 수 없는 시기를 경험할 수 있다. 그런 시기는 그리스도인에게 어둠 속에서 믿음으로 행하며 하나님을 신뢰할 것을 깨우치는 역할을 한다.

의 참된 본질을 기억해야 한다. 영생은 무한한 시간의 연장이 아니다. 영생은 하나님과 그리스도에 관한 지식과 친밀한 교제에 근거하고, 거기에서 비롯하는 질적인 삶을 의미한다(요 17:3). 영생이 끝없는 삶이나 천국에서 이루어지는 미래의 현실을 가리킬 뿐이라면 어떨까? 속되고 육적인 사람조차도 영생을 소유했다고 주장할 수 있고, 그런 그를 아무도 논박할 수 없을 것이다. 그러나 영생이 하나님을 알고 그분과 교제를 나누는 데서 비롯하는 새 생명을 가리킨다면 어떨까? 속되고 육적인 사람의 확신은 좋게 말하면 근거가 희박하고, 나쁘게 말하면 거짓으로 드러날 수밖에 없다.

복음주의 기독교가 표방하는 성경적인 진리 가운데 하나는 "영생을 소유했다고 확신할 수 있는 이유는 우리가 믿기 때문이다"라는 말이다. 그러나 이 말의 순서를 바꿔 "믿음을 소유했다고 확신할 수 있는 이유는 우리가 영생을 지니고 있기 때문이다"라고 말하는 것도 똑같이 성경적이다. 우리가 그리스도를 진정으로 믿고 있고, 그 믿음으로 의롭다 하심을 받았다고 확신할 수 있는 이유는 무엇인가? 회심할 때 우리 안에서 시작된 새로운 삶의 현실이 식별할 수 있는 형태로 지속되기 때문이다. 우리가 믿음으로 구원을 얻었다는 사실을 알 수 있는 이유는 무엇인가? 유일하신 참 하나님과 그분이 보내신 예수 그리스도와 실질적이고 지속적인 생명의 관계를 맺고 있기 때문이다(요 17:3, 요일 5:20).

요약

지금까지 요한일서를 중심으로 하나님의 자녀임을 입증하는 표징들을 살펴보았다. 이제 그 표징들을 간단히 요약하면서 모든 논의를 마무리하고 싶다. 아무쪼록 모든 그리스도인이 구원을 더욱 강하게 확신하고, 회심하지 않은 자는 자신이 그리스도를 모르고 있다는 사실을 깨우치기를 바란다.

시험 1. 참된 그리스도인은 빛 가운데 행한다(요일 1:4-7). 삶의 방식이 하나님의 본성과 뜻에 관한 계시에 차츰 순응한다.

시험 2. 참된 그리스도인은 죄를 민감하게 의식하여 회개하고 고백한다(요일 1:8-10).

시험 3. 참된 그리스도인은 하나님의 계명을 지킨다(요일 2:3, 4). 하나님의 뜻을 알고 싶어하고, 복종하려고 애쓰며, 불순종의 행위를 슬퍼한다.

시험 4. 참된 그리스도인은 하나님이 행하신 대로 행한다(요일 2:5, 6). 그리스도를 닮고 그분께 더욱 복종한다.

시험 5. 참된 그리스도인은 다른 그리스도인들을 사랑하고, 그들과 교제하기를 원하며, 행위와 진실함으로 그들을 섬기려고 노력한다(요일 2:7-11).

시험 6. 참된 그리스도인은 갈수록 세상을 멀리한다. 그리고 하나님의 본성과 뜻을 거역하는 모든 것을 거부한다(요일 2:15-17).

시험 7. 참된 그리스도인은 기독교 신앙의 역사적인 교리와 실천을 따르고, 그렇게 하는 다른 그리스도인들과 교제를 나눈다(요일 2:18, 19).

시험 8. 참된 그리스도인은 그리스도를 하나님으로 고백하고, 그분을 존귀하게 여긴다(요일 2:22-24, 4:1-3, 13-15).

시험 9. 참된 그리스도인은 마음과 행위로 거룩함을 추구한다(요일 3:1-3).

시험 10. 참된 그리스도인은 의를 행한다(요일 2:28, 29, 3:4-10). 그리고 하나님의 의로우신 기준에 부합하는 일을 행한다.

시험 11. 참된 그리스도인은 세상을 이긴다(요일 4:4-6, 5:4, 5). 힘을 잃고 낙심할 때도 있지만, 믿음으로 극복해 나간다. 끝까지 그리스도를 따르며 뒤돌아서지 않는다.

시험 12. 참된 그리스도인은 아들이신 예수 그리스도에 관한 하나님의 계시를 믿는다. 그리고 오직 그리스도 안에 있는 영생을 누린다(요일 5:9-12).

이런 표징들을 지니고 있고, 그것들이 삶 속에서 갈수록 분명하게 드러나는가? 그렇다면 하나님을 알고 그분의 자녀로서 열매를 맺고 있다는 증거다. 그러나 이런 표징들을 지니지 못한다면 영혼의 안위를 심각하게 고민해야 한다. 우리는 하나님을 믿어 구원에 이르기를 바라고, 우리 자신이 믿음 안에 있는지 시험해야 하며, 우리의 택하심과 부르심을 굳게 하려고 노력해야 한다(고후 13:5, 벧후 1:8-11).

GOSPEL ASSURANCE AND WARNINGS

네가 하나님은 한 분이신 줄을 믿느냐 잘하는도다 귀신들도 믿고 떠느니라 (약 2:19).

좁은 문으로 들어가라 멸망으로 인도하는 문은 크고 그 길이 넓어 그리로 들어가는 자가 많고 생명으로 인도하는 문은 좁고 길이 협착하여 찾는 자가 적음이라(마 7:13-14).

2

거짓 그리스도인들에 대한 복음의 경고

15
축소된 복음

네가 하나님은 한 분이신 줄을 믿느냐 잘하는도다 귀신들도 믿고 떠느니라
(약 2:19).

 따로 놓고 보면 흡사해 보이지만, 나란히 놓고 비교하면 차이가 확연하게 드러나는 것들이 있다. 비교와 대조는 거의 모든 발견 과정에서 유익한 방법으로 입증되었다. 이 방법은 성경을 연구하고 체계적인 신학을 확립할 때도 많은 도움을 준다. 지금까지 교회와 그리스도인들은 자신의 신앙과 실천을 성경과 (그보다는 못하지만 많은 유익을 주는) 교회사의 기준에 비교하고 대조하여 많은 도움을 받아 왔다. 오늘날의 복음주의 공동체도 그 과정이나 나타난 결과가 아무리 고통스럽더라도 그와 같은 관습을 따르는 것이 지혜로울 듯하다. 아직 해결할 시간이 남아 있다면 문제가 크게 심각하게 드러나더라도 절망할 필요는 없다.

 종교개혁 시대부터 현재에 이르는 역사적인 기독교 사상을 대충 살펴보더라도, 오늘날의 기독교가 표방하는 복음이 신앙 선조들이 믿었

던 복음과 많이 다르다는 것을 확연히 알 수 있다. 그 차이는 정통 교리를 부인하는 자유주의자들에게만 국한되지 않고, 가장 보수적이고 복음적인 교회들에서도 심심치 않게 발견된다. 우리는 모두 "하나님의 영광의 복음"(딤전 1:11)을 피상적인 신조로 축소시켰다. 그리고 누구든지 그런 신조를 고백하면 거듭난 참된 그리스도인이라고 선언한다.

그릇된 질문에 대한 올바른 대답

야고보 사도의 가장 큰 관심은 "하나님 아버지 앞에서 정결하고 더러움이 없는 경건"(약 1:27)을 가르치는 데 있었던 것으로 보인다. 그런 이유로 그의 서신은 전반적으로 매우 날카롭고 직설적이다. 그는 미묘한 차이를 남기지 않고 굵직굵직하게 말을 토해냈다. 경건함을 주장하는 신앙고백에는 큰 관심을 보이지 않고, 그보다 더 확실한 증거를 요구했다. 그는 행위를 통해 입증된 믿음을 확인하기를 원했다.

이 본문에서 야고보는 입으로만 그리스도를 믿는다고 고백하는 다른 유대인들의 허를 찔렀다. 그들은 공허한 신조주의라는 치명적인 구덩이에 빠졌다. 그들은 기독교의 위대한 교리에 지적으로 동의했을 뿐, 아직 회개하지 않은 상태였다. 야고보는 그런 상황을 바로잡기 위해 이스라엘의 가장 위대한 신앙고백인 "쉐마"(Shema)를 언급했다.[55] 그리고 나서 그는 날카로운 풍자로 가장 위대한 신조에 동의하고, 또 그것을 고백한다고 해도 행위가 뒤따르지 않으면 아무런 가치가 없다고 강조했다. 참되신 하나님은 오직 한 분뿐이라고 믿는 것은 옳다. 그러나 그 믿음이 말의 고백에 지나지 않는다면 마귀보다도 못한 사

---

55) "쉐마"는 "들으라"를 뜻하는 히브리어에서 유래했다. "이스라엘아 들으라 우리 하나님 여호와는 오직 유일한 여호와이시니"(신 6:4).

람이 되고 만다. 악한 귀신들도 같은 진리를 믿고 두려워하기 때문이다. 그리고 믿음을 고백하면서도 아무런 감정을 느끼지 못하는 사람보다 오히려 귀신들이 하나님을 더욱 공경하기 때문이다.

우리는 이런 야고보의 가르침을 통해 그리스도를 믿는 믿음을 공개적으로 고백하고, 기독교의 정통 교리에 말로 동의를 표하는 것이 구원의 결정적 증거는 아니라는 사실을 배울 수 있다. 귀신들도 하나님에 관한 온갖 올바른 진리를 믿고 있다. 심지어 그들이 공중 앞에서 그리스도에 대해 말한 내용은 성경에 기록으로 남기까지 했다.

> 더러운 귀신들도 어느 때든지 예수를 보면 그 앞에 엎드려 부르짖어 이르되 당신은 하나님의 아들이니이다 하니(막 3:11).

그러나 귀신들은 구원받지 못했다. 그들은 위대한 진리를 믿고, 위대한 교리에 대한 통찰력을 드러내고, 위대한 일을 고백했다. 그러나 여전히 악을 행하고, 의를 거부하며, 하나님과 반목하는 악한 영에 지나지 않았다. 그와 마찬가지로 하나님에 관한 진리를 믿고 공개적으로 고백하는 사람도 귀신들과 비교해 나은 점이 하나도 없을 수 있다.

야고보가 거의 2,000년 전에 오류로 질타한 것이 오늘날의 기독교 안에 여전히 활개를 치고 있다. 유대인들은 이스라엘의 고대 신앙을 유일신에 대한 공중 신앙고백으로 축소시켰다. 그리고 우리는 기독교 신앙을 몇 가지 물음에 긍정적으로 대답하는 것으로 축소시켰다. 현대의 복음전도는 "당신이 죄인이라는 것을 아십니까?"라는 질문에서 시작한다. 그 사람이 그렇다고 대답하면 "천국에 가기를 원하십니까?"라는 두 번째 질문이 이어진다. 두 번째 질문에도 그렇다고 대답하면, 기도를 드려 그리스도를 영접하라고 권고한다. 그 사람이 기도를 드리면 진심으로 기도했으니 구원을 받았다고 선언하고, 그를 하나님의 가족으로 받아들인다.

이번 장에서는 오늘날의 복음전도 방식을 자세히 살펴보고 그것이 온당하지 못하며, 극도로 위험하기까지 하다는 점을 밝힐 생각이다.

"당신은 죄인입니까?"

우리의 세상은 타락한 세상이고, 우리는 타락한 인종이다. 성경은 인간에게 있는 하나님의 형상이 심각하게 일그러졌고, 도덕적 부패함이 인간의 존재 전체를 오염시켰다고 가르친다. 죄는 인간의 육체(롬 6:6, 12, 7:24, 8:10, 13), 이성(롬 1:21, 고후 3:14, 15, 4:4, 엡 4:17-19), 감정(롬 1:26, 27, 갈 5:24, 딤후 3:2-4), 의지(롬 6:17, 7:14, 15)에 영향을 끼쳤다. 그러니 성경과 성령의 사역 없이 단순히 죄인이냐고 묻는 질문을 과연 옳게 이해할 수나 있겠는가? 단순히 긍정적으로 대답했다고 해서 그 대답이 무슨 의미이겠는가? 그런 대답으로 과연 그 사람에 관해 무엇을 알 수 있겠는가? 우리의 문화는 죄를 물 마시듯 한다(욥 15:16). 죄를 즐기고, 존중하며, 조장하고, 선전한다. 우리는 죄를 지을 뿐 아니라, 아무런 수치심 없이 죄를 자랑하기까지 한다. 따라서 어떤 사람이 자신이 죄인이라는 사실에 동의했더라도 그렇게 큰 의미는 없다. 마귀도 자신이 큰 죄인이라고 말할 테지만, 그의 고백은 그를 하나님께 가까이 나아가게 만들지 못한다. 그리고 하나님이 그의 마음속에서 역사하고 계신다는 것을 입증하지도 못한다. 인간도 마찬가지다.

이런 사실을 생각하면 "당신이 죄인이라는 것을 아십니까?"라고 묻기보다 "복음을 듣고 마음속에서 하나님의 역사가 일어나 죄에 대한 관점과 성향이 바뀌었습니까?"라고 묻는 것이 옳음을 알 수 있다. 구체적으로 말해 "하나님과 성경의 관점으로 죄를 바라보기 시작했습니까? 자신은 아무 공로가 없기 때문에 하나님의 심판을 받아 마땅하다고 생각하십니까? 자아와 죄를 사랑하는 마음이 혐오감과 수치심으로 바뀌었습니까? 용서받고 자유롭고 깨끗해지기를 갈망하십니까?"와 같은 물음이 필요하다.

말로 죄인이라고 고백하거나 죄를 강렬하게 반대하는 것과 실제로 죄를 미워하고 부끄럽게 여기는 것은 큰 차이가 있다. 성경은 어떤 사람의 마음속에서 하나님의 구원 사역이 이루어졌다는 것을 입증하는 증거는 죄를 향한 내적 성향이 변화되는 것이라고 가르친다.

번연의 『천로역정』은 단지 자신이 죄인이라는 것을 인정하는 사람과 죄에 대한 성향이 변화된 사람의 차이를 잘 보여주는 일화를 소개한다. 참된 그리스도인인 "믿음"과 거짓 그리스도인인 "수다쟁이"가 나누는 대화를 보자.

수다쟁이: 그러니까 여러 가지 능력에 관한 이야기가 되겠군요. 참 좋은 질문이오. 기꺼이 대답하지요. 대략 이렇게 나타난다고 말할 수 있죠. 먼저 하나님의 은총이 마음에 들어감으로써 죄를 비난하는 마음이 생기지요. 둘째로……

믿음: 아니, 잠깐만요. 한 번에 한 가지씩만 따져봅시다. 나는 하나님의 은총이 우리 영혼으로 하여금 자기 죄를 미워하게 만드는 것으로 나타난다고 이야기하는 편이 나으리라고 생각됩니다.

수다쟁이: 아니, 죄를 비난하는 것과 죄를 미워하는 것에 무슨 차이가 있다는 말이오?

믿음: 저런, 아주 큰 차이가 있습니다! 사람이 죄에 대해 나쁘다고 떠들어 댈 수야 있지만 죄를 미워하지 않고서는 죄를 비난할 수 없습니다.[56]

안타깝게도 스스로 현혹된 수다쟁이는 올바른 말을 많이 알고 있었지만, 마음속에서 현실로 드러난 것은 아무것도 없었다. 그는 죄를 인정하고, 강력히 반대하는 것이 옳다고 알고 있었다. 그러나 죄를 진정으로 증오하거나 죄 지은 것을 부끄럽게 여기는 마음이 없었다.

우리는 수다쟁이와 믿음의 대화를 통해 복음을 전할 때나 구도자에게 조언할 때 죄를 피상적으로 다루지 않도록 주의해야 함을 알 수 있다. "죄인"이라는 말을 임의로 정의하거나 자신이 자기 자신을 바라보는 관점에 근거하여 죄인인지 아닌지 대답하도록 묻는 것이 과연 온당할까? 우리는 성경의 가르침에 근거하여 구도자가 성경의 관점으로 죄를 이해하도록 도와야 한다. 그리고 자신의 부패함을 의식하도록 돕고, 죄에 대한 성향이 변화되었다는 증거를 보일 수 있도록 이끌어야 한다. 그래야만 죄에 대한 논의를 끝맺고 복음의 다음 단계로 나아갈 수 있다.

"천국에 가기를 원하십니까?"

현대의 복음전도는 죄에 관한 첫 번째 질문에 긍정적으로 대답하면 대부분 "천국에 가기를 원하십니까?"라는 두 번째 질문을 한다. 여기에서 우리는 "상대방의 대답이 긍정적이든 부정적이든 그것이 과연

---

[56] John Bunyan, *The New Pilgrim's Progress: John Bunyan's Classic Revised for Today with Notes by Warren Wiersbe*(Grand Rapids: Discovery House Publishers, 1989), 99. 『쉽게 읽는 천로역정』, 생명의 말씀사, 173, 174쪽.

그의 마음 상태를 옳게 드러내는가?"라는 중요한 질문을 생각해 봐야 한다. 누구든 천국이 아닌 지옥을 선택했다면 지옥의 두려움을 전혀 모르든지 정신병자든지 둘 중 하나일 것이다. 그러나 그가 천국을 선택했다고 해서 과연 그의 내면에서 하나님의 역사가 일어났고, 죄를 뉘우쳐 구원 신앙에 이르렀다는 확실한 증거가 될 수 있을까? 사람들이 천국에 가고 싶어하는 이유는 다양하다. 그리고 그 가운데는 이기적인 이유가 대부분이다.

첫째, 사람들이 천국을 원하는 이유는 이상향을 추구하기 때문이다. 세속적인 인본주의와 그 신념을 구체화한 세상은 모든 인간이 이상향, 즉 더할 나위 없이 완전한 곳을 갈망하는 본성을 지니고 있음을 보여준다. 제정신이 아니고서야 누가 낙원 대신 아수라장을 선택하겠는가? 사람은 누구나 두려움과 죽음이 없고 모든 꿈이 실현되는 아름답고 완벽한 세계를 원한다. 그러나 그런 소원이 있다는 이유만으로 그 사람의 내면에서 진정한 회심이 일어나고 있다고 확신할 수 있을까? 천국만을 위해 천국을 바라는 것은 그다지 큰 의미가 없다.

둘째, 사람들이 천국을 원하는 이유는 남은 대안이 지옥뿐이기 때문이다. 페루 북부에 사는 농부들은 1년에 한 번씩 논에 불을 질러 짚을 태운다. 그 불길은 매우 거세서 마치 온 세상이 연기와 재로 뒤덮인 것처럼 보이게 만든다. 자세히 들여다보면 온갖 종류의 독사와 해충이 불길을 피해 도망치는 모습을 볼 수 있다. 그것들은 단지 목숨을 보전하려는 본능에 따라 논에서 되도록 신속하게 기어 나온다. 그러나 안전한 장소에 이르렀을 때도 그것들은 여전히 독사이고 해충이다. 새로운 피조물이 아니다. 그들의 습성은 변하지 않았다. 그들은 여전히 자신들이 떠나온 어둡고 음습한 습지를 갈망하고, 자신들이 도망쳐온 높은 장소를 좋아하지 않는다. 그들이 한 곳에서 도망쳐 다른 곳으로 피신한 이유는 오직 한 가지, 목숨을 보전하기 위해서다.

마찬가지로 하나님의 사역을 통해 마음이 변화되지 않고, 단지 지옥에 대한 두려움 때문에 천국을 원하는 경우가 적지 않다. 성경은 지옥에 대한 두려움이 구원을 갈망하는 동기가 될 수 있다고 가르치지만, 그것만이 가장 중요하거나 유일한 동기는 아니다. 세례 요한은 사람들에게 임박한 진노를 피하라고 경고했다(마 3:7). 예수님은 지옥에서 몸과 영혼을 모두 멸하실 수 있는 하나님을 두려워하라고 가르치셨다(마 10:28). 베드로 사도는 오순절에 청중에게 패역한 세대에서 구원을 받으라고 외쳤다(행 2:40). 『천로역정』에 등장하는 "크리스천"이 천성을 향해 길을 떠난 이유도 그의 거주지에 멸망이 닥쳐왔기 때문이다. 그러나 진정으로 회심한 사람은 지옥에 대한 두려움과 자기보존의 본능에서 벗어나 하나님을 사랑하고 의를 갈망하는 단계로 나아가기 마련이다. 그는 단지 자신이 두려워하는 것에서 도망치는 데 그치지 않는다. 자신이 원하는 것, 곧 값진 진주(마 13:45, 46)와 같은 하나님의 나라와 의(마 6:33)를 추구한다. 그들이 버림받을까 두려워하는 이유는 예수님을 잃게 될까 두려워서다.[57] 이처럼 화를 모면하려는 갈망만으로는 참된 회심의 증거가 되기에 불충분하다.

셋째, 사람들은 하나님이 없는 천국을 원한다. 이미 말한 대로 많은 사람이 천국을 원한다. 그러나 천국의 모습이 어떠해야 하고, 어떤 식으로 운영되어야 하는지에 관한 의견은 제각기 다르다. 천국은 원하는 것을 정확히 얻을 수 있는 곳이어야 한다고 생각하는 사람이

---

57) 찰스 레이터 목사의 말이다.

많다. 그러나 천국에 거하는 사람들의 생각이나 소원이 상충되거나 제각각이라면 그런 장소가 어떻게 가능할 수 있겠는가? 만일 그렇게 되려면 스스로 규칙을 세우고 절대 주권을 행사할 수 있는 천국이 각자에게 하나씩 주어져야 할 것이다. 과연 성경의 하나님이 그런 계획에 적합하실까? 많은 사람이 생각하고 원하는 천국은 하나님이 모든 생각과 기쁨과 예배의 중심이 되시는 장소와는 거리가 멀다. 오직 하나님만이 절대 주권을 행사하시고, 오직 그분의 뜻만이 유일한 규칙인 천국을 사람들은 낯설어하고 심지어 혐오한다.

〈천국보다 아름다운〉(What Dreams May Come, 1998)은 불가지론자였던 한 의사가 죽어 천국에 간 것을 그린 영화다. 사후의 현실에 넋이 나간 채 그곳에 홀로 서 있던 그에게 한 천사가 다가왔다. 둘 사이에 간단한 대화가 시작되었다. 착한 의사는 "천국이 있다면 하나님도 있나요?"라고 물었다. 천사는 그렇다고 대답했다. 그러자 착한 의사는 "그분은 어디에 계십니까?"라고 다시 물었다. 천사는 위를 가리키며 대답했다. "그분은 저 위에 계십니다."

이 간단한 대화는 하나님과 인간의 반목 및 인간의 본성에 관해 많은 것을 시사한다. 인간은 하나님의 존재를 부인하기 어렵다는 것을 알고, 그분에 관해 알고 있는 사실을 되도록 묵살하려고 애써왔다(롬 1:18). 지난 수십 년 동안 인간은 문화, 정부, 교육, 종교에서 하나님을 제거하고, 그분을 편리하게 천국으로 몰아넣으려고 했다. 그리하여 그곳에서 세상일에 간섭하지 않고 모습을 숨긴 채 지내시게 만들려고 노력했다. 요즘에는 하나님과 인간의 싸움이 획기적인 국면으로 치달아 천국에서조차 하나님을 제거해 그분을 그보다 훨씬 높은 곳에 몰아넣는 상황이 발생했다. 교사가 성가신 학생을 졸업시켜 학급에서 제거해 버리는 것처럼 인류는 하나님을 제거하기 위해 그분을 더 높은 곳에 올려놓았다. 이 모든 상황은 강력하면서도 부인할 수 없는 한 가지 진실을 여실히 드러낸다. 모두가 천국에 가기를 원하지만 대부분은 그곳에 하나님이 계시는 것을 원하지 않는다는 것이다.

많은 사람이 하나님이 없는 천국을 원한다는 또 다른 증거가 있다. 그들이 세상에서 품은 소원과 야심이 천국에 있는 것들과 정면으로 충돌한다는 사실이다. 세상에서 예배를 원하지 않는 사람이 모든 것이 예배인 천국에 가고 싶어하는 이유가 무엇일까? 죄를 사랑하는 사람이 죄를 전혀 발견할 수 없는 곳에 가려는 이유가 무엇일까? 의에 대해 무관심한 사람이 완전한 의가 거하는 곳을 바라는 이유가 무엇일까? 하나님의 뜻에 무관심한 사람이 모든 것이 그분의 뜻대로 이루어지는 곳을 추구하는 이유가 무엇일까?

모든 인간이 천국에 가고 싶어하지만 그들이 원하는 천국은 성경에 계시된 천국과는 거리가 멀다. 따라서 천국에 가기를 원하느냐는 질문은 이렇게 고쳐 물어야 옳다.

"복음을 듣고 마음에 하나님의 사역이 이루어져 진정으로 그분을 갈망하는 마음이 생겨났습니까? 전에 관심도 없고, 전혀 원하지도 않았던 하나님이 지금은 간절히 사모하는 대상이 되었습니까? 마음속에서 하나님에 대한 사랑이 생겨났습니까? 하나님을 사모하는 새로운 성향이 생겨났습니까?"

우리는 천국에 가기를 원하느냐가 아니라, 하나님을 진정으로 원하느냐고 물어야 한다. 예수님은 이렇게 말씀하셨다.

> 영생은 곧 유일하신 참 하나님과 그가 보내신 자 예수 그리스도를 아는 것이니이다(요 17:3).

"기도하기를 원하십니까?"

현대의 복음전도는 죄에 관한 첫 번째 질문과 천국에 관한 두 번째 질문에 긍정적으로 대답하면 "기도로 예수님을 마음속에 영접하기를 원하십니까?"라는 마지막 세 번째 질문을 던진다. 상대방이 스스로 기도하기를 주저하면 종종 전도지 마지막에 적힌 죄인의 기도를 요구한다. 그리고 기도를 마친 후에는, 진심으로 기도했다면 하나님이 구원을 베푸셨고 예수님이 마음속에 들어오셨다고 믿으라고 말한다.

이것이 현대의 복음전도 방식이라면 우리는 "성경에 그런 방법을 사용한 전례가 있는가? 그리스도나 사도들이 그런 방법을 가르쳤거나 사용한 적이 있는가?"라고 묻지 않을 수 없다. 물론 성경은 그리스도를 구주로 영접하라고 가르친다(요 1:12). 그러나 그리스도를 믿기로 결심하거나 죄인의 기도를 드렸다는 이유만으로 성경의 요구가 충족된다고 생각하면 큰 오산이다. 특히 그리스도와 사도들은 죄인의 기도를 요구한 적이 없다. 사실 그리스도와 사도들이 사람들을 구원으로 초청한 방법은 오늘날의 초청 방법과는 사뭇 달랐다.

> 요한이 잡힌 후 예수께서 갈릴리에 오셔서 하나님의 복음을 전파하여 이르시되 때가 찼고 하나님의 나라가 가까이 왔으니 회개하고 복음을 믿으라 하시더라(막 1:14, 15).
>
> 유익한 것은 무엇이든지 공중 앞에서나 각 집에서나 거리낌이 없이 여러분에게 전하여 가르치고 유대인과 헬라인들에게 하나님께 대한 회개와 우리

주 예수 그리스도께 대한 믿음을 증언한 것이라(행 20:20, 21).

그리스도나 사도들이 죄인의 기도를 요구했거나 마음을 열어 예수님을 영접하라고 말한 사례는 성경 어디에서도 발견되지 않는다. 단지 회개하고 그리스도를 진정으로 믿으라고 권유한 사례만 발견될 뿐이다. 성경은 기도를 드려 예수님을 마음속에 영접하기 원하는지 여부에 초점을 맞추지 않는다. 성경은 하나님이 복음 설교를 통해 누군가의 마음속에서 역사를 시작하셨다면, 영혼 구원을 받기 위해 죄를 뉘우치고 예수 그리스도를 믿을 수밖에 없다고 가르친다.

어떤 사람이 그리스도를 믿는 믿음을 고백하면 함께 기뻐해야 마땅하다. 그러나 그것으로 그치지 말고 필요한 경고와 당부의 말을 건네야 한다. 진정으로 회개하고 믿으면 구원받는다는 진리를 가르쳐야 하지만, 회심의 진정성은 하나님의 일을 계속 추구하는 것으로 입증된다는 사실을 주지시켜야 한다. 구원은 한 번 맞으면 모든 것이 처리되는 예방접종이 아니다. 진정으로 회개하여 구원을 얻은 사람은 늘 죄를 뉘우친다. 그의 회개는 살아가는 동안 갈수록 더욱 깊어진다. 진정으로 회개하여 구원을 얻은 사람은 계속 믿음을 유지하며, 갈수록 하나님을 더욱 온전히 의지한다. 하나님이 회심을 통해 누군가의 삶 속에서 역사하기 시작하셨다는 증거는 그분의 사역이 그가 살아가는 동안 계속되는 것으로 확립된다. 회심했다고 하면서 하나님의 일에 무관심하고, 믿음을 유지하지 못하고, 점진적인 성화가 뒤따르지 않는 사람은 자신의 회심이 참되다거나 하나님의 자녀라고 확신할 수 있는 성경적 근거를 확보하기 어렵다. 그런 경고 없이 새로운 회심자를 그리스도인으로 인정하는 것은 위험천만한 일이 아닐 수 없다.

그릇된 질문과 잘못된 믿음

오늘날 죄를 인정하고, 믿기로 결심하고, 기도로 그리스도를 영접했지만 참된 회심의 열매를 보여주지 못하는 사람이 길거리와 예배당에 차고 넘친다. 물론 성경은 참된 복음이 전파되는 곳에서도 얼마든지 거짓 믿음이 존재할 수 있다고 가르친다(마 13:3-23). 그렇지만 오늘날에는 그리스도인을 자처하면서 속된 삶을 일삼는 사람이 엄청나게 많다. 왜 이런 불행한 현상이 발생했을까?

그 원인을 알아보기 위해 우리는 복음주의 기독교를 광범위하게 조사했다. 더불어 가장 인기 있는 개인전도와 대중전도 방식을 면밀히 살펴보았다. 그 결과 그동안 복음이 매우 피상적으로 전달되었고, 죄인들을 그리스도께 인도하는 방식은 그보다 훨씬 더 피상적으로 이루어진 것이 원인이라는 결론에 도달했다. 손을 들고 강단 앞으로 걸어 나가 죄인의 기도를 드린 사람들 가운데 진정으로 회심하지 않은 사람이 무척 많았다. 그들은 그릇된 질문에 올바르게 대답했고, 마땅히 더 많은 것을 알고 있어야 할 복음의 일꾼들은 그 대답만 듣고 그릇된 확신을 심어주었다. 그들의 토대는 모래와 같기 때문에 궁극적으로 멸망할 것이다. 우리는 단지 믿기로 결심하고 기도를 드리는 것을 통해서가 아니라, 그리스도를 바라봄으로 구원받는다는 사실을 일깨워주어야 한다. 과거에 회심이 이루어졌다는 사실은 그 회심의 사역이 현재에도 계속되는 것(구원을 베푸신 하나님이 또한 거룩하게 하신다는 것)을 통해 입증된다고 가르쳐야 한다. 과거의 결신이 현재의 삶에 지속적으로 영향을 끼치지 않는다면 그 구원의 희망은 헛된 것으로 드러날 것이다.

16
좁은 문

좁은 문으로 들어가라 멸망으로 인도하는 문은 크고 그 길이 넓어 그리로 들어가는 자가 많고 생명으로 인도하는 문은 좁고 길이 협착하여 찾는 자가 적음이라(마 7:13, 14).

많은 사람이 산상설교를 기독교의 선언문으로 생각한다. 산상설교는 기독교 신앙의 가장 고귀한 덕목, 가장 급진적인 제자도의 요구, 가장 아름다운 그리스도의 가르침을 전한다. 그 누가 일평생 연구하더라도 다 이해할 수 없는 진리가 그 안에 담겨 있다.

마태복음 7장 13, 14절은 이 놀라운 설교의 결론부가 시작되는 곳이다. 그리스도의 진지한 가르침과 그 영원한 진리에 관해 직설적이면서도 날카로운 경고를 담고 있는 이 말씀은 산상설교의 결론으로는 더할 나위 없이 적합하다. 이 말씀은 산상설교가 사소한 문제가 아닌 "인간의 실존"이라는 가장 중요한 문제를 다루고 있다는 것을 잘 보여준다. 그리스도께서는 입을 열어 천국과 지옥, 영원한 생명, 영원한 멸망과 같은 문제를 가르치셨다. 그분의 말씀은 구구절절 영원한 문제를 다룬다. 그리스도께서는 그런 영원한 문제를 다룰 수 있는 가장 큰 권위자로서 놀랍도록 엄숙한 태도로 가르침을 베푸셨다(마 7:29). 우리는 산상설교를 읽을 때 산상설교야말로 성부의 증언을 가장 진지하게 받아들여야 할 가르침이라는 것에 놀라고(마 7:28) 확신할 수밖에 없다. 성부께서는 성자에 대해 "이는 내 사랑하는 아들이니 너희는 그의 말을 들으라"(막 9:7)고 증언하셨다.

본문과 그 뒤에 이어지는 마태복음 7장 내용은 여러 가지를 서로 대조하고 있다. 하나는 생명에 이르게 하고, 다른 하나는 멸망에 이르게 하는 두 개의 문과 두 개의 길이 대조된다(마 7:13, 14). 그리고 두 종류의 설교자, 곧 양떼를 먹이는 자와 양떼를 해치는 자가 대조된다(마 7:15). 좋은 열매를 맺고 가지치기를 받아들이는 나무와 나쁜 열매를 맺고 잘려 불에 던져지는 두 종류의 나무도 대조된다(마 7:16-20). 믿음을 고백한 두 종류의 사람들, 즉 그리스도의 주재권을 인정하고 천국에 들어가는 사람과 주님을 고백했지만 천국에 들어가지 못하고 지옥에 던져지는 사람이 대조된다(마 7:21-23). 마지막으로 반석 위에 집을 지어 홍수 같은 하나님의 진노에서 구원받는 사람과 모래 위에 집을 지어 돌이킬 수 없는 멸망의 심판을 당하는 사람이 각각 대조된다(마 7:24-27).

문은 그리스도를 가리킨다

본문은 "좁은 문으로 들어가라"는 엄숙하면서도 단호한 명령으로 시작한다. 이 명령은 단 세 마디로 이루어졌지만, 대단히 중요한 의미를 담고 있기 때문에 정신을 바짝 차려 집중해야 한다. 이 명령을 듣는 순간, 피할 수 없는 막다른 골목에 도달한 듯한 느낌을 받는다. 우리는 결정의 지점에 서 있다. 명령이 들리지 않는 척하거나, 선택을 미루거나, 결정권을 타인에게 일임할 수 없다. 삶이냐 죽음이냐, 천국이냐 지옥이냐, 그리스도를 통해 하나님께 나아갈 것이냐 아니면 다른 뒷문을 통해 그분께 나아가려고 시도할 것이냐를 결정해야 한다. 우리가 "심판의 골짜기"에 서 있는 동안, 수많은 문이 우리를 에워싸고 있다. 각 문 앞에서 호객꾼들이 앞다퉈 우리의 관심을 끌려고 소리를 질러댄다. 그러나 그런 소란 속에서도 우리의 귀에는 그리스도의 큰 음성이 들려온다(욜 3:14). 그리스도께서는 자기에게로 오라고 우리를 부르신다. 오직 그분만이 참된 문이시고, 오직 그분만이 감옥의 벽에 갈라진 틈이 되어 우리를 자유로 인도하신다. 그리스도께서 감옥의 벽을 깨뜨리셨다. 그분이 그 갈라진 틈이요, 들어가 구원을 얻을 수 있는 유일한 문이시다(요 10:9). 우리는 결정해야 한다. 누구의 말을 들을 것인가? 누구를 믿을 것인가? 또다시 "그의 말을 들으라"는 성부 하나님의 말씀이 우리의 귀를 울린다.

예수 그리스도께서 "길이요 진리요 생명"이시라는 진리는 신약성경에서 모든 논쟁을 뛰어넘는 부인할 수 없는 진리다. 그분을 통하지 않고서는 아무도 하나님께로 나아갈 수 없다(요 14:6).

> 하나님은 한 분이시요 또 하나님과 사람 사이에 중보자도 한 분이시니 곧 사람이신 그리스도 예수라(딤전 2:5).
> 다른 이로써는 구원을 받을 수 없나니 천하사람 중에 구원을 받을 만한 다른 이름을 우리에게 주신 일이 없음이라 하였더라(행 4:12).

이것은 그리스도와 기독교에 관한 위대한 진리, 곧 세상에 큰 물의를 일으키는 진리다. 나사렛 예수께서는 온 세상 앞에서 "나 곧 나는 여호와라 나 외에 구원자가 없느니라"(사 43:11)고 외치신다.

세상이 귀를 막고, 옷을 찢고, 이를 갈더라도 아무 소용없다. 하나님이 은밀하고 영원하신 작정을 통해 이미 오래전에 모든 것을 결정하셨기 때문이다.

기독교가 조금만 양보하여 범세계적인 태도를 취한다면 세상에서 가장 사랑받는 종교 가운데 하나가 될 수 있을지도 모른다. 단지 조금만 바꾸면 기독교와 현대인 사이의 싸움이 그치고, 서로를 인정하며 평화롭게 공존할 수 있는 시대가 열릴 것이다. 그리스도 앞에 유일을 뜻하는 정관사 "the"를 없애고, 여럿 가운데 하나를 뜻하는 부정관사 "a"를 붙이면 된다. 다시 말해 다른 구원자들을 모두 배제하고 그분을 유일하신 구원자로 내세우지 말고, 세상의 구원자 가운데 하나로 선포하면 된다. 이 한 가지를 타협하면 더 많은 사람이 그리스도의 말에 귀를 기울일 테고, 편견과 독선에 사로잡혀 지구촌을 해롭게 만든다며 반대와 비방을 일삼던 사람들도 우리를 기쁘게 여길 것이다. 언뜻 생각하기에 작은 양보처럼 보이는 이 일을 감행한다면 온 세상이 구원자들을 모아놓은 만신전의 상석에 그리스도를 올려놓고, 우리에게 비중 있는 직위를 허락할 것이다.

그렇다면 그리스도인들은 왜 사소해 보이는 이 문제를 양보하지 않는 것일까? 왜 그들은 배타성을 포기하지 않고 사회적 소외와 박해와 죽음을 선택하는 것일까? 이는 포스트모던 시대의 관대한 정신을 소유한 사람들이 당혹스러워하거나 분노하기에 충분한 이유가 될 수 있다.

그러나 우리의 대답은 간단하다. 기독교는 양자택일의 종교다. 나사렛 예수는 하나님의 아들이거나 신성모독자거나, 가장 위대한 진리의 계시거나 가장 사악한 거짓말쟁이거나, 세상의 구원자거나 파렴치한 사기꾼이거나 둘 중 하나일 수밖에 없다. 기독교는 다른 종교와 달리 그리스도인들이 온전히 또는 부분적으로 복종해야 할 윤리적 규칙이나 가르침을 우선으로 강조하는 종교가 아니다. 기독교는 자신에 대한 증언이 사실이거나 거짓일 수 있는 한 인격체에 근거한다. C. S. 루이스의 유명한 삼자택일 논법에 따르면 나사렛 예수는 정신병자거나, 사기꾼이거나, 주님이거나 셋 중 하나다. 그분의 인격을 적당히 윤색하거나 성경이 그분에 대해 증언하는 것과 그분에 대한 다른 견해들을 종합하여 중간 지점을 찾는 것은 아무리 사소한 것이라도 용납될 수 없다.58)

그리스도인이 되려면 이 점을 굳게 고수해야 한다. 그리스도의 인격이나 그분의 가르침은 양보나 타협을 허용하지 않는다. 세상에 인정받으려고 애쓰면 그리스도께 인정받을 수 없다. 이 세상에서 생명을 얻으려고 애쓴다면 다음 세상에서 생명을 잃게 될 것이다(마 10:33, 39, 딤후 2:12).

우리가 참된 그리스도인이라면 세상이 그리스도와 그분의 사역의 유일성에 관해 우리에게 무엇을 요구하든 절대 받아들여서는 안 된다. 그 요구를 받아들인다면 이 악한 세대에서 사람들에게 더 많이 인

---

58) C. S. 루이스는 이렇게 말했다. "제가 이런 말을 하는 것은 '나는 예수를 위대한 도덕적 스승으로는 기꺼이 받아들이지만, 자신이 하나님이라는 주장만큼은 받아들일 수 없다'는 어리석기 짝이 없는 말을 그 누구도 못하게 하기 위해서입니다. 우리는 이런 말을 할 수 없습니다. 인간에 불과한 사람이 예수와 같은 주장을 했다면, 그는 결코 위대한 도덕적 스승이 될 수 없습니다. 그는 정신병자-자신을 삶은 계란이라고 말하는 사람과 수준이 똑같은 정신병자-거나, 아니면 지옥의 악마일 것입니다. 이제 여러분은 선택을 해야 합니다. 이 사람은 하나님의 아들이었고, 지금도 하나님의 아들입니다. 그게 아니라면 미치광이거나 그보다 못한 인간입니다. 당신은 그를 바보로 여겨 입을 틀어막을 수도 있고, 악마로 여겨 침을 뱉고 죽일 수도 있습니다. 아니면 그의 발 앞에 엎드려 하나님이요 주님으로 부를 수도 있습니다. 그러나 위대한 인류의 스승이니 어쩌니 하는 선심성 헛소리에는 편승하지 맙시다. 그는 우리에게 그럴 여지를 주지 않았습니다. 그에게는 그럴 여지를 줄 생각이 처음부터 없었습니다." C. S. Lewis, *Mere Christianity*(Westwood, N.J.: Barbour and Company, 1943), 45. 『순전한 기독교』, 홍성사, 94, 95쪽.

정받기를 원하거나 우리의 안위를 보존하려는 이유 말고 다른 이유는 없다(갈 1:4). 우리가 알고 섬기는 그리스도께서는 세상과 흥정하시거나 사람들이 구원자와 주로 일컫는 다른 존재들과 어깨를 나란히 하려고 애쓰실 필요가 없다. 그분은 온 세상의 구원자이자 만민의 주님이다 (요 4:42, 행 10:36, 롬 10:12). 성경은 하나님이 십자가에 못 박히신 예수님을 주님과 그리스도로 세우셨다고 증언한다(행 2:36). 그리고 자기의 오른편에 앉히시고, 모든 통치와 권세와 능력과 주권과 이 세상뿐 아니라 오는 세상에 일컫는 모든 이름 위에 뛰어나게 하셨다고 한다(엡 1:20-22). 또한 모든 무릎을 그분에게 꿇게 하시고, 모든 입으로 그분을 주님으로 시인하게 하셨다고 증언한다(빌 2:10, 11). 온 세상이 이 진리를 거부해도 하나님의 작정은 절대 변하지 않는다. 하나님은 말씀과 능력으로 그리스도를 자신의 아들로 선언하셨다(시 2:7, 마 3:17, 17:5, 롬 1:4). 하나님은 그리스도를 시온의 구원자와 왕으로 세우셨고, 나라들과 온 세상을 그분의 소유이자 유업으로 허락하셨다(시 2:6, 8).

복음주의 공동체는 여전히 그리스도를 구원의 좁은 문으로 선포하는 것을 큰 즐거움으로 생각한다. 복음주의자들 가운데 대부분이 기독교 신앙의 가장 위대하고 핵심적인 진리 가운데 하나인 "오직 그리스도!"(*solus Christus*)를 굳게 붙잡는다. 복음주의자들은 많은 점에서 서로 의견을 달리하지만(그중에는 사소한 문제도 있고 몹시 중요한 문제도 있다), 대부분 그리스도의 인격과 직임의 독특성이라는 이 한 가지 중요한 진리는 기꺼이 믿고 동의한다(사 43:11).

그러나 우리는 항상 경계해야 한다. 복음주의자들 사이에서조차 이 진리를 타협하려는 징후가 포착되기 때문이다. 다른 진리를 모두 배제하는 진리 주장만큼 포스트모던 시대의 정신을 거스르는 것은 없다. 문화, 교육, 정치, 경제는 물론 종교의 영역에서조차 평화롭게 공존할 수 있으려면 모든 사람이 동의하거나 아무도 틀린 사람이 없는 분위기가 조성되어야만 한다. 따라서 개인이든 공동체든 절대적인 진리의 기준을 주장하고, 다른 사람들에게 그것을 받아들이라고 요구하는 것은 비웃음과 비난을 받아 마땅한 차별이자 편견으로 간주된다. 우리는 이 새로운 시대정신을 과소평가해서는 안 된다. 이런 시대정신이 더욱 확산되면 오직 그리스도만을 전하는 사람들을 폄하하거나 하찮게 여기는 풍토가 조성될 것이다. 또한 강압과 비방을 통해 그들을 침묵하게 만드는 사태가 빚어질 수도 있다.

그리스도인인 우리는 천국이 생각, 마음, 양심의 차원과 관련된다는 점을 기억해야 한다. 복음의 진리, 기도의 능력, 의로운 삶의 영향력 말고는 그 어떤 수단으로도 우리를 둘러싸고 있는 적대적인 문화에 대항해서는 안 된다. 아울러 우리는 갈수록 거세지는 반대와 자기보존을 위한 유혹에 굴복해서도 안 된다. 핵심 내용을 포기하지 않으면서 복음을 덜 거리끼게 만들 수 있다는 거짓이 복음주의자들 사이에 확산되고 있다. 그런 거짓에 속아서는 안 된다. 하나님을 경외하도록 가르치지 못하거나 "우리나 혹은 하늘로부터 온 천사라도 우리가 너희에게 전한 복음 외에 다른 복음을 전하면 저주를 받을지어다"(갈 1:8)라고 단호하게 권고하지 못하는 연약한 믿음의 소유자들이 그런 거짓을 퍼뜨리고 있다. 관용을 자랑하는 문화가 우리의 입장을 관용하지 않고, 우리에게 큰 시련을 안겨주고 우리를 다수의 비방거리로 만들더라도 시대의 조류에 담대히 맞서야 한다. 앞서 믿음의 길을 걸어간 충실한 그리스도인들처럼 우리도 경건하지 못한 문화의 요구에 순응해서는 안 된다. 우리는 성경 위에 굳게 서서 그리스도를 전해야 한다. 우리는 뒤로 물러설 수 없고, 그렇게 해서도 안 된다.[59] 그리스도의 탁월성과 독특성을 축소하는 것은 그분을 부인하는 것이다.

서둘러 들어가라

그리스도께서는 구원에 이르는 좁은 문이시다. 우리는 이 진리를 어떻게 받아들여야 할지 깊이 생각해야 한다. 그리스도께서는 자기를 통해 들어오라고 명령하신다. 이 명령은 어떤 것 안으로 "들어가다"를 뜻하는 헬라어 "에이세르코마이"(eiserchomai)를 번역한 것이다. 이 동사는 명령법으로 사용되었고, 듣는 자의 복종을 요구한다. 또한 이 동사의 시제는 부정과거인데, 이는 계속적인 행동이 아닌 단회적인 행동을 뜻한다. 명령을 듣는 자는 그리스도의 가르침에 반응하여 단번에 결정해야 한다. 그리스도께서는 헤아리고 판단해야 할 철학자가 아니다. 청종해야 할 주님, 곧 성육신하신 하나님이다. 구원으로 인도하는 문은 한정된 시간 동안만 인류를 향해 열려 있다. 이것이 급히 서둘러 그 안으로 들어가라는 명령이 주어진 이유다. 아마도 사람들이 노아의 말을 믿었더라면 앞다투어 방주 안에 들어가려고 애썼을 것이다. 그런 경우를 생각하면 얼마나 바삐 서둘러 좁은 문으로 들어가야 할지 조금은 짐작할 수 있다.

누가복음에 기록된 예수님의 비슷한 권고를 떠올리면 이 명령의 긴박성과 다급성이 훨씬 분명하게 부각된다. 예수님이 이곳저곳을 다니면서 가르침을 베푸실 때 어떤 사람이 "주여 구원을 받는 자가 적으니

---

59) 루터는 보름스 의회에서 이와 같은 유명한 말을 남겼다. "나는 교황이나 공회 앞에 내 신앙을 굽힐 수 없습니다. 성경은 대낮처럼 확실하지만, 그들은 종종 오류를 저질러왔고 서로 모순되기 때문입니다. 따라서 성경의 증언이라는 확신이 없으면 …… 나는 물러설 수도 없고, 또 그럴 의도도 없습니다. …… 내가 여기 서 있습니다. …… 나는 이렇게 밖에 할 수 없습니다. 하나님이여, 저를 도우소서. 아멘!"

이까"(눅 13:23)라고 물었다. 그러자 예수님은 이렇게 대답하셨다. 우회적인 대답이지만 그 의미는 매우 확실하다.

> 좁은 문으로 들어가기를 힘쓰라 내가 너희에게 이르노니 들어가기를 구하여도 못하는 자가 많으리라(눅 13:24).

예수님의 말씀은 권고이자 경고였다. 첫째, 그분은 "좁은 문으로 들어가기를 힘쓰라"고 권고하셨다. "힘쓰다"는 헬라어 동사 "아고니조마이"(agonizomai)를 번역한 것이다. 이 말에서 "필사적으로 애쓰다"를 뜻하는 영어 단어 "agonize"가 유래했다. 이 말은 "고투하다", "싸우다", "열심히 노력하다", "어떤 것을 위해 큰 열정을 기울이다"라는 의미를 지닌다. 본래는 체육 경기에서 경쟁하거나 이기려고 다투는 행동을 묘사하는 말인데, 적대자와 맞서 싸우거나 어려움과 위험을 극복하려고 애쓰는 행위를 가리키는 의미로 종종 사용되었다. 관계어인 "아고니아"(agonia)는 겟세마네 동산에서 고뇌하며 기도하시던 예수님을 묘사할 때 사용되었다(눅 22:44). 이런 사실은 좁은 문, 곧 예수님을 통해 천국에 들어가는 것이 결코 쉽지 않다는 것을 알 수 있다. 회심과 믿음을 통해 문 안으로 들어선 다음에도 열심히 노력하고 애쓰지 않으면 안 된다.

둘째, 예수님은 "들어가기를 구하여도 못하는 자가 많으리라"고 경고하셨다. 이 중요한 진리는 잘못 이해될 때가 많다. 예수님은 구원받기를 원하지만, 충분히 선하지 못한 사람이 많다고 말씀하지 않으셨다. 예수님의 말씀은 많은 사람이 천국의 약속과 축복을 원하지만 무관심, 강퍅한 마음, 자기보존의 욕구, 세상에 대한 사랑 때문에 구원의 부르심에 올바로 반응하지 못한다는 뜻을 담고 있다. 구원은 자기부정을 요구하고, 천국에 가려면 많은 시련과 박해와 어려움이 뒤따른다. 따라서 구원을 절실히 원하는 사람 말고는 좁은 문으로 들어갈 수 없다. 존 맥아더는 그리스도의 말씀에 담긴 의미를 이렇게 설명했다.

> 그리스도께서는 아무나 열심히 노력하기만 하면 천국에 들어갈 수 있는 공덕을 쌓을 수 있다고 말씀하지 않으셨다. 죄인들은 아무리 열심히 노력해도 자기 자신을 구원할 수 없다. 구원은 행위가 아닌 은혜로 주어진다. 그러나 좁은 문으로 들어가는 것은 참으로 어렵다. 세상과 마귀가 진리를 대적하고, 죄를 사랑하는 본성이 죄인에게 있고, 인간의 교만을 포기해야 하기 때문이다.[60]

성경은 구원받기가 쉽다고 가르치지 않는다. 교회 역사상 가장 훌륭한 신학자와 사역자들도 그렇게 가르치지 않았다. 윌리엄 헨드릭슨은 이렇게 말했다.

> 주님은 마치 "구원받는 것"이 세상에서 가장 쉬운 일 가운데 하나인 것처럼 말하는 부흥강사들의 방법을 따르지 않으셨다. 오히려 예수님은 천국에 들어가는 것이 진정 바람직한 일이지만 결단코 쉽지 않다고 가르치셨다. 입구는 좁기 때문에 애써 찾아야 하고, 그것과 연결된 길은 "협착하다." …… 휘트필드, 스펄전을 비롯해 그들의 뒤를 이은 오늘날의 훌륭한 복음전도자

---

[60] John MacArthur, *MacArthur Study Bible*, 1542.

들이 이와 같은 진리를 강조했고, 또 강조하고 있지 않은가?[61]

구원받는 것은 쉽지 않을 뿐 아니라, 하나님의 능력 없이는 절대 불가능하다. 오죽하면 사람이 회심하는 것보다 낙타가 바늘귀를 통과하는 것이 더 쉽다고 했겠는가?(마 19:24, 막 10:25, 눅 18:25) 회심의 경험은 제각기 독특하고 개인적인 상황에 따라 다르다. 그러나 성경은 회심을 구도자의 큰 결심과 결단을 요구하는 어려운 일이라고 가르친다. 이 성경구절은 이 진리를 특별히 잘 보여주고 있다.

> 세례 요한의 때부터 지금까지 천국은 침노를 당하나니 침노하는 자는 빼앗느니라(마 11:12).[62]
> 율법과 선지자는 요한의 때까지요 그 후부터는 하나님 나라의 복음이 전파되어 사람마다 그리로 침입하느니라(눅 16:16).

하나님의 나라가 세상에서 세대를 거듭하며 차츰 확장되어 나가면서 격렬히 대항하는 사람들도 있고, 그와 비슷하거나 더 큰 열정으로 그곳에 들어가기를 힘쓰는 사람들도 있다. 하나님의 나라는 단호한 의지와 믿음으로 열심히 그곳에 들어가기를 힘쓰는 자들의 것이다. 우리는 이 진리를 명심해야 한다. 물론 의지나 자기훈련과 굳센 결의만으로 천국에 들어가는 것은 아니다. 예수님은 천국이 강한 자의 소

---

61) William Hendriksen, *New Testament Commentary: Exposition of the Gospel According to Matthew*(Grand Rapids: Baker, 1973), 367.
62) 예수님이 정확히 무슨 의도로 이 말씀과 누가복음 16장 16절 말씀을 하셨는지는 아직도 논쟁이 계속되고 있다. 지금까지 다양한 해석이 제시되었지만, 이 책은 그 가운데 가장 유력한 해석을 따른다. 진정으로 천국에 들어가는 사람은 구원을 간절히 원하기 때문에 열정과 열의와 결의가 뛰어나다.

유라고 가르치지 않으셨다. 그분의 가르침은 오히려 그와 정반대다.

사람들이 열정과 열의를 가지고 서둘러 천국에 들어가려고 하는 것은 성령의 이중적인 사역에서 비롯하는 결과다. 첫째, 성령께서는 죄인이 자신을 구할 능력이 전혀 없다는 사실을 일깨워주신다. 그리고 그를 구원하실 수 있는 유일한 존재를 의지하려는 간절한 소원을 불러일으키신다. 정상적인 상황이라면 체격이 왜소하고 연약한 사람은 체격이 우람하고 훈련이 잘된 세 사람의 운동선수에게 아무런 위협이 되지 못한다. 그러나 그 사람이 바다에 빠져 허우적거릴 때는 말이 달라진다. 연약한 사람은 곧 물에 빠져 죽을 것을 알고 자신의 팔이 닿는 곳에 있는 사람이면 아무나 붙잡으려고 필사적으로 발버둥 친다. 그는 공포에 질려 가장 힘센 사람조차도 어찌해 볼 수 없을 만큼 단단히 붙잡고 놓아주지 않는다. 그가 발휘한 악착같은 힘은 육체적 힘이나 기질적 특성이 아니라 필요에서 비롯한 결과다. 그가 아무리 강하게 밀쳐내도 도저히 떼어놓을 수 없는 힘을 발휘하는 이유는 곧 물에 빠져죽게 될 절박한 상황에서 유일한 구원의 희망을 발견했기 때문이다.[63] 마찬가지로 좁은 문으로 들어가는 사람이 그 길을 방해하는 모든 것에 맞서 싸우는 이유는 자신을 구원할 수 없는 연약함과 무능력 때문이다.

둘째, 하나님의 성령께서는 사람의 마음과 생각을 거듭나게 하신다. 그리하여 온 세상을 다 합친 것보다 그리스도를 더 보배롭게 여겨 그분을 간절히 사모하도록 인도하신다. 새롭고 거룩한 성향에 이끌린 사람은 그리스도의 항거할 수 없는 매력에 온통 매료된다. 그는 그리

---

[63] 찰스 레이터 목사와 나눈 대화에 근거한다.

스도를 소유하고, 오직 그분만을 앙모한다. 그는 완전한 상태에서 끝없는 생명과 피조물의 온갖 아름다운 것을 영원히 누릴 수 있는 축복이 주어지더라도 그리스도께서 계시지 않으면 영원한 지옥의 비참한 운명에 처한 것으로 간주한다. 그는 성령의 거듭나게 하시는 재창조 사역을 통해 그리스도의 탁월하심을 알게 되었다. 따라서 가장 높은 하늘에 있는 것조차 그를 만족시킬 수 없다. 그리스도와 비교하면 다른 것은 모두 어둡고 우울할 뿐이다. 존 플라벨은 이렇게 말했다.

> 오, 아름다운 태양과 달, 아름다운 별들과 꽃들, 아름다운 장미와 백합, 아름다운 피조물들이여! 그러나 그보다 수만 배나 더 아름다우신 그리스도시여! 그분을 이렇게 비교하다니 참으로 죄스럽구나. 오, 어두운 태양과 달이여! 밝게 빛나는 주 예수님이시여! 오, 아름답지 못한 꽃과 백합과 장미여! 지극히 아름다우신 주 예수님이시여! 오, 세상의 모든 아름다운 것들도 지극히 아름다우신 주 예수님에 비하면 조금도 아름답지 않고, 흉측하고, 음침하기만 하구나! 오, 하늘은 어둡지만 그리스도께서는 아름다우셔라. 오, 빼어나게 아름다우신 그리스도께 비하면 천사들의 아름다움조차 무색해지는구나![64]

성령의 사역을 통해 두 가지 동기가 주어져 앞뒤를 가리지 않는 큰 열정이 생겨난다. 이 두 가지 동기는 서로 극명하게 대립한다. 하나는 지옥에 대한 두려운 공포이고, 다른 하나는 그리스도의 항거할 수 없는 아름다움이다. 그러나 천국에서는 그리스도의 얼굴을 볼 수 없고

---

64) John Flavel, "The Life of John Flavel," in *The Works of John Flavel*(London: Banner of Truth, 1968), 1: ixx, xx.

지옥에서 그분의 얼굴을 볼 수 있다면 기꺼이 지옥의 공포를 선택할 것이다.

하나님이 역사하시기 전만 해도 우리는 모두 경건한 믿음에 무관심했다. 삶의 상황이나 설교, 또는 그 두 가지를 통해 우리는 우리 자신의 죄와 삶의 허무함을 깨닫게 되었다. 우리는 율법의 요구를 이행하거나 확실한 심판을 피할 능력이 없었다. 그런 상황에서 하나님의 성령께서 그리스도를 우리에게 보여주셨다. 우리는 값진 진주 같은 그분을 발견하고 그분을 소유하기 위해 모든 것을 희생했다. 우리는 그 값을 깎기 위해 흥정할 생각을 하지 않고 그분을 소유하기 위해 모든 것을 기꺼이 포기하거나 잃는 것을 감수했다(마 13:45, 46). 이제 우리는 그분의 것이 되었고, 그분은 우리의 것이 되셨다.

우리는 주님의 선하심을 맛보아 알았기 때문에 그분을 절대로 놓을 수 없다(시 34:8). 우리 자신을 구원할 수 없는 무능력함을 의식하고 오직 그리스도에게만 영생이 있다는 사실을 깨닫는 순간, 우리는 확고한 결심으로 그분을 단단히 붙잡는다(요 6:68). 우리는 힘에 겨워 밧줄을 놓고 돌들이 날카롭게 솟아 있는 틈으로 떨어져 죽을 수는 있을지 몰라도 그리스도는 절대 놓지 않으려고 하게 된다. 또한 북대서양 한복판에서 아무 도움 없이 무작정 표류할 수 있을지 몰라도 그분 없이는 단 한순간도 살아갈 수 없는 상태가 된다. 우리는 가장 날카로운 돌과 가장 격렬한 바다도 그리스도 없는 사람들에게 쏟아질 하나님의 진노에 비하면 아무것도 아니라고 생각한다. 주님의 선하심을 맛보았고 그 아름다우심을 발견한 우리는 주님의 지극히 탁월하시고 뛰어나심 때문에 그분을 굳게 붙잡는다(시 27:4). 마음이 거듭났고 거룩한 성향이 생겨났기 때문에 주님을 사모하지 않을 수 없다. 그리스도 없는 삶은 가장 큰 불행이기에 우리는 그분 없이는 살아갈 수 없다. 이처럼 우리의 열정은 절실함에서 비롯한다. 그리고 그 절실함은 그리스도를 필요로 하고 간절히 원하는 마음에서 생겨난다.

열심을 내야 하는 이유

지금까지 구원을 진정으로 원하는 사람들의 마음속에 거룩한 열정과 열심과 간절함을 일으키는 요인을 생각했다. 이번에는 그런 열정이 필요한 이유를 생각해 보자. 각성한 죄인과 그가 통과해야 할 좁은 문 사이에는 무섭고 두려운 원수와 장애물이 가로놓여 있다.

『천로역정』은 이 진리를 강력하고 아름답게 묘사하고 있다. 주인공인 크리스첸은 멸망의 도시에 임하게 될 재앙을 의식하고 절망하며 "전도자"의 인도로 "해석자의 집"을 찾아갔다. 그는 그곳에서 놀라운 장면을 많이 보았는데, 그 가운데 하나가 우리가 지금 다루는 진리를 잘 설명하고 있다.

> 해석자는 크리스첸을 데리고 궁전 대문 앞까지 갔다. 문 앞에는 많은 사람들이 몰려들어 웅성거리고 있었다. 모두 궁전에 들어가기를 바라는 사람들이었지만 무슨 일인지 모두들 감히 들어가지 못하고 서 있었다. 궁전 문에서 조금 떨어진 곳에는 어떤 사람이 책상 앞에 앉아 있었는데, 책상 위에는 잉크가 담긴 뿔로 된 그릇과 책이 놓여 있었다. 그 사람은 궁전에 들어가려는 사람들의 이름을 책에 적고 있었다. 문 앞에는 갑옷 입은 장정들이 문을 지키고 서 있었는데, 그들은 궁전 안으로 들어가려는 사람이 있으면 달려들어 상처를 입히든지 속임수를 쓰든지 해서 어떻게든 막으려 하고 있었다. 크리스첸은 뜻밖의 광경에 매우 놀랐다.

결국 모든 사람들은 무장을 한 사람의 위협으로 겁을 먹어 뒤로 물러나기 시작했다. 그때 크리스천은 매우 용감해 보이는 어떤 남자가 책상에 앉아 이름을 적고 있는 사람에게 다가가는 것을 보았다. 그 사람은 "내 이름을 적어 주십시오"라고 말했다. 이름이 적히자 그 사람은 칼을 뽑아 들고 머리에 투구를 눌러 쓰고는 문 앞에서 무장을 하고 지키고 섰는 장정들을 향해 용감하게 나아갔다. 무장한 사람들은 죽을힘을 다해 그를 막았다. 그러나 그 사람은 조금도 용기를 잃지 않고 칼을 마구 휘두르며 치열하게 싸움을 벌이면서 필사적으로 나아갔다. 그 사람은 안으로 들어가지 못하게 하려는 무사들과 맞서 많은 상처를 입기도 하고 또 입히기도 한 끝에 갑옷 입은 사람들을 모두 밀치고 마침내 궁전 안으로 들어갈 수 있었다. 그러자 궁전 안에 있는 사람들이 즐거워하는 목소리가 들렸다. 더욱이 그 궁전 위에서 금빛옷을 걸치고 거닐고 있던 사람들의 환화하는 소리가 들려왔다. "들어오라, 들어오라. 영원한 영광을 누리게 되리라."[65]

번연은 크리스천이 해석자의 집에서 본 장면을 통해 천국에 들어가려면 단호한 의지가 필요함을 생생하게 묘사했다. 각성한 죄인은 구원을 절실히 필요로 하는 마음과 그리스도를 향한 주체할 수 없는 열정을 바탕으로 장애 요인들을 극복하고, 믿음으로 그리스도를 붙잡아야 한다. 이것이 좁은 문으로 들어가기를 힘쓰고 천국을 침노하라는 주님의 권고에 담겨 있는 의미다(마 11:12, 눅 13:24, 16:16).

종교개혁자들과 청교도와 초기 복음전도자들도 천국을 침노하라고 강조했다. 그러나 오늘날의 기독교는 그런 개념을 낯설게 느끼는

---

65) Bunyan, *New Pilgrim's Progress*, 43, 44. 『쉽게 읽는 천로역정』, 생명의말씀사, 65, 66쪽.

것 같다. 요즘에는 육적인 생각에 가장 잘 맞는 표현을 사용하여 구원과 회심을 설명하는 경향이 있다. 사람들은 구원이 마치 낮은 가지에 매달린 사과를 따거나, 성탄절에 선물 꾸러미를 푸는 것만큼 쉽다는 듯이 말한다. 우리는 구원이 모두에게 값없이 제시되는 선물이라는 진리를 굳게 고수한 채 담대히 선포해야 한다. 그러나 그것에 그친다면 구원을 온전히 설명했다고 말할 수 없다. 동전은 양면이 있어야 가치를 지닌다. 마찬가지로 복음을 값없이 제시함과 동시에 좁은 문을 지나 구원받았다는 사실을 확실히 알 수 있을 때까지 믿음으로 천국을 침노하라고 권고해야 한다. 찰스 스펄전은 이것을 이와 같이 설명했다.

> 주님은 사람들이 자기에게 가까이 다가오기 위해 서로를 밀치며 다투는 모습을 보시고 이렇게 말씀하셨다. "바로 이 광경이 구원받을 사람이 영적으로 행해야 할 일을 구체적으로 보여준다. 너희는 내 목소리를 들으려고 팔과 팔꿈치로 서로를 밀치면서 떼를 지어 몰려들고 있다. 구원받으려면 이래야 한다. 천국은 침노를 당하나니 침노하는 자는 빼앗느니라." …… 그리스도께서는 많은 영혼이 구원자에게 가까이 나아가기를 원하는 모습을 상상하셨다. 그분은 사람들이 구원자에게 다가가고 싶은 간절한 마음 때문에 서로를 밟고 밀치면서 떼를 지어 밀려드는 모습을 보시고, 영혼 안에 그런 진지한 열심이 없으면 구원자를 영접할 수 없다고 경고하셨다. …… 누군가가 "사람이 구원받으려면 맹렬하고 격렬한 열정으로 구원을 얻기 위해 노력해야 한다는 말인가요?"라고 묻는다면 나는 그렇다고 분명하게 대답할 것이다. 그것이 본문이 가르치는 교훈이기 때문이다. 혹시 "나는 구원이 모두 하나님의 사역이라고 생각합니다"라고 말하는 사람이 있을지도 모른다. 물론이다. 구

원은 처음부터 끝까지 하나님의 사역이다. 그러나 하나님이 영혼 안에서 일단 사역을 시작하시면, 그 효과가 지속되어 우리를 분발시킨다. 하나님의 성령께서 우리와 함께 애쓰시면 우리도 애쓰기 시작한다. 이것으로 하나님의 성령을 받은 사람과 받지 못한 사람을 구별할 수 있다. 진리 안에서 성령을 받은 사람은 열심을 낸다. 그런 사람은 구원받기를 간절히 바라는 마음으로 좁은 문으로 들어가려고 힘써 노력한다.[66]

구원받을 사람들은 번연과 스펄전이 묘사한 열정과 열의를 드러낸다. 구원은 값없이 주어지지만 쉽지 않기 때문이다. 온갖 장애요인과 원수들이 그리스도께 나아가지 못하게 하려고 안팎에서 우리를 공격한다. 우리는 거룩한 열정으로 그런 원수들과 장애 요인을 극복해야 한다. 장애 요인 중 가장 흔한 요인 몇 가지를 살펴보자.

첫째, 그리스도께 나아오는 사람은 "자기 의"라는 구원의 큰 장애 요인을 극복하려고 애써야 한다. 구원은 자신에게 구원받을 공로나 하나님 앞에서 의롭다 하심을 받을 능력이 전혀 없다는 사실을 인정하는 사람들에게만 주어진다. 행위와 은혜, 자기 의와 겸손한 구원 신앙은 서로 정면으로 충돌한다. 자신의 공로를 보완하기 위해 그리스도께 절반만 나온 채 도움을 구하는 사람들은 도움이 전혀 필요 없다고 한 바리새인들과 마찬가지로 구원과는 거리가 멀다. 이 문제에서는 타협이 있을 수 없다. 옛 그리스도인들은 많은 죄와 결점에도 천국에 들어갈 수 있지만 자기 의를 조금이라도 등에 짊어진 사람은 결단코 천국에 들어갈 수 없다고 말했다. 천국에 들어가려면 자신의 무덤

---

66) C. H. Spurgeon, *The New Park Street Pulpit*(Pasadena, Tex.: Pilgrim Publications, 1981), 1:217-18.

에 회칠을 해서는 안 된다. 자신의 거짓된 마음과 육신과 마귀는 물론, 인간이 옛 청교도 설교자들이 말한 것만큼 그렇게 악하지 않다고 말하는 요즘의 복음주의자들까지도 힘써 극복해야 한다.

둘째, 그리스도께 나아오는 사람은 "자율을 원하는 욕구"를 극복하려고 애써야 한다. 성경은 예수님을 주님으로 시인해야만 구원받는다고 가르친다(롬 10:9). 또한 하나님의 뜻에 대한 점진적인 복종이 뒤따르지 않는 고백을 참된 고백으로 인정하지 않는다(마 7:21). 그리스도께 나아오는 사람은 절대적인 주권을 주장하며 철저한 제자도를 요구하는 그분께 기꺼이 복종하려고 노력해야 한다. 구원받을 사람은 여러 가지 잘못된 선택을 극복하려고 애써야 한다. 예수님은 많은 무리와 함께 가시면서 이렇게 말씀하셨다.

> 무릇 내게 오는 자가 자기 부모와 처자와 형제와 자매와 더욱이 자기 목숨까지 미워하지 아니하면 능히 내 제자가 되지 못하고 누구든지 자기 십자가를 지고 나를 따르지 않는 자도 능히 내 제자가 되지 못하리라(눅 14:26, 27).

예수님은 복음을 전하실 때 제자가 되려고 하는 사람들에게 종종 그런 조건을 제시하셨다(마 10:39, 16:24-26, 막 8:34-38, 눅 9:23-26). 그분은 군중 가운데서 자신을 간절히 원하는 사람들을 골라내셨다. 현대의 복음전도는 그런 조건을 제시하지 않기 때문에 청중은 이 엄청난 선택을 조금도 어렵게 생각하지 않는 경향이 있다. 주님의 절대적인 주권에 복종하려는 마음도 없고, 제자도에 뒤따르는 희생을 고려하지도 않은 채 그리스도를 고백하고 구원받았다고 믿는 사람이 수두룩하다. 현대의 복음전도는 값없는 복음이 아닌 값싼 복음을 남발하고 있다.

셋째, 그리스도께 나아오는 사람은 "자신이 좋아하는 죄"를 포기하지 않으려는 마음을 극복하려고 애써야 한다. 마태는 경건하고 도덕적으로 흠이 없던 젊은 부자 관원에 관한 일화를 기록했다. 그는 정직한 태도로 영생을 원했지만, 주님은 그가 영혼 구원보다 귀중하게 여기는 것(재물)이 있다는 사실을 정확하게 간파하셨다. 그가 인정하거나 포기하기를 원하지 않은 한 가지 죄가 천국에 가는 길을 가로막고 그의 영혼을 지옥으로 이끌었다. 독수리가 들어올리기 어려운 큰 물고기를 입에 물고 아까워 놓지 못한 채 깊은 호수 밑으로 가라앉는 것처럼, 죄인도 죄를 버리지 못한 탓에 지옥의 나락으로 깊이 떨어져 내린다. 그리스도께서는 젊은 관원에게 완전함을 요구하지 않으셨다. 그분은 죄인이 모든 죄를 근절해야만 구원받을 수 있다고 가르치지 않으셨다. 단지 죄를 인정하고, 미워하고, 극복하려 애쓰고, 죄와의 관계를 단호히 끊고 그리스도께 도망치라고 가르치셨을 뿐이다. 아브라함은 이삭을 희생 제물로 바쳐야 했고, 젊은 부자 관원은 재물을 포기해야 했다. 좁은 문으로 들어가기를 원하는 사람은 자신이 가장 좋아하는 죄를 포기하여 그 진지한 열정을 보여주어야 한다.

넷째, 그리스도께 나아오는 사람은 "이 세상의 유혹"을 극복하려고 애써야 한다. 물리적 법칙에 따르면 물체의 질량이 클수록 중력의 영향을 받는 힘이 커진다. 우리는 이 법칙을 영적 영역에 적용할 수 있다. 부패한 본성에서 비롯하는 생각과 태도와 행위가 많을수록 구도자에게 악한 영향력이 더 크게 발휘된다. 그리스도께 나아가려면 자신을 대적하는 세상의 모든 것과 관계를 단절해야 한다. 반대편에서 내려오는 물결에 밀려 본래의 자리로 휩쓸려가지 않으려면 물살을 헤치고 힘써 거슬러 올라가야 한다. 번연은 『천로역정』에서 이 진리를 생생하게 묘사했다. 크리스천이 멸망의 도시에서 도망치기로 결심하는 순간, 가족과 친구와 이웃들이 그럴 듯한 논리를 길게 늘어놓으며 그를 만류했다. 그는 좁은 문을 향해 가는 동안 십자가에 이르는 길에서 돌이켜 세상으로 돌아가게 만들려는 사람들과 마주쳤다. 하나님의 섭리와 "전도자"의 도움이 없었더라면 그는 크게 낙심하고 말았을 것이다. 전도자는 사람들의 말에 귀 기울이지 말라고 경고했고, 그가 귀 기울일 때면 엄히 꾸짖었다.

그와 마찬가지로 그리스도를 믿는 믿음으로 구원받기를 원하는 사람도 이 시대의 거짓된 유혹과 압력을 극복해야 한다. 그리스도를 붙잡으려면 세상과의 관계를 끊어야 한다. 그 둘은 상호배타적이고, 서로를 크게 대적하기 때문이다. 성경은 세상과 어울리는 것은 하나님을 대적하는 것이라고 가르친다. 세상과 벗된 사람은 자신을 하나님의 원수로 만든다(약 4:4). 따라서 구원을 원하는 사람들은 마가복음 8장 36절 말씀에 자주 귀를 기울여야 한다.

> 사람이 만일 온 천하를 얻고도 자기 목숨을 잃으면 무엇이 유익하리요.

다섯째, 그리스도께 나아오는 사람은 "원수 마귀의 거짓"을 극복하려고 애써야 한다. 성경에 따르면, 모든 사람은 마귀의 올무에 걸린 채로 태어나 그의 포로가 되어 그의 뜻을 행한다(딤후 2:26). 사람이 하나님의 은혜로 죄를 깨달아 도망치려고 시도할 때 마귀는 삼킬 자를 찾아 헤매는 사자처럼 그를 추적한다(딤후 2:25, 26, 벧전 5:8). 마귀의 추적이 거짓 위협에 지나지 않는다고 생각하는 사람은 이 사실을 깨달아야 한다. 그의 거짓에 귀 기울였다가 영원히 멸망의 길로 접어든 수많은 구도자의 마른 뼈와 메마른 시체들이 그의 소굴에 가득 쌓여 있다는 사실을 말이다. 마귀는 거짓말쟁이요, 거짓의 아비이자 처음부터 살인한 자요, 하나님과 화목한 자들을 참소하는 자다(창 3:1, 4, 5, 요 8:44, 계 12:10). 그는 그리스도를 찾기를 원하는 사람들을 모두 해치기에 충분한 독물을 무한정 준비해 놓고 있다. 그의 화살은 독물을 떨어뜨리고 있고, 지옥의 불길로 활활 타오르고 있다(엡 6:16). 그런 영혼의 원수가 숨어서 기회를 엿보고 있는데 어떻게 구원이 쉽다고 생각할 수 있겠는가? 예수님 당시의 부패한 종교지도자들처럼 마귀도 사람들 앞에서 천국의 문을 닫고 그 안으로 들어가려는 사람들을 방해한다(마 23:13). 그런 사나운 방해를 극복하려면 하나님의 은혜와 그분의 말씀과 그런 난관을 뚫고 나가려는 거룩한 열정이 필요하다(딤후 2:25, 26, 요일 2:14).

마지막으로, 그리스도께 나아오는 사람은 "복음의 어려움" 때문에 구원을 얻으려는 노력을 포기하고 싶은 유혹을 느낄 수 있다. 따라서 그런 유혹을 극복하려고 애써야 한다. 이것은 요즘에는 거의 듣기 어려운 진리이기 때문에 조심스럽게 설명해야 한다. 죄인의 구원과 관련된 하나님의 섭리는 하나님이 그 비밀을 온전히 드러내실 때까지 계속 신비로 남아 있을 수밖에 없다. 어떤 사람들은 복음을 듣고 즉시 그 의미를 이해한다. 그들은 복음을 들은 첫날부터 온전한 확신으로 받아들인다. 그러나 어떤 사람들은 그보다 훨씬 큰 어려움을 느낀다. 그들은 복음을 듣고 진지하게 관심을 기울이지만, 그 의미를 깨우치려고 노력하는 동안 복음의 요구에 그만 용기를 잃고 만다. 참된 회개와 믿음을 원하지만, 과연 그렇게 할 수 있을지 의심한다. 그들은 성경을 읽고 하나님을 향해 부르짖고 자신이 믿음 안에 있는지 시험한다. 그러는 동안 더 이상의 발전 없이 모든 힘을 다 소진한 상태에 이르고 만다. 그들은 번연이 그린 순례자처럼 의심과 절망에 압도되어 종종 "낙담의 늪"에 빠져든다. 그럴 때는 인내심을 가지고 신중하게 그들을 권고하는 것이 필요하다. 복음전도자는 하나님의 말씀으로 권면해야 할 때와 그들 홀로 하나님 앞에서 생각하도록 놔두어야 할 때를 잘 알아야 한다. 죄인의 기도를 드리게 한 다음 구원을 받았노라고 선언하는 것같이 그들이 해야 할 일을 지시하여 고민을 덜어주려고 나서는 것은 바람직하지 않다.[67] 그 대신 그리스도께서 그들의 생각을 깨우쳐 성경을 이해할 수 있게 해주시고(눅 24:45), 성부께서 그들의 마음속에 한량없는 사랑을 부어 그들을 자녀로 받아주시며(롬 5:5, 8:15, 갈 4:6), 성령께서 그들의 영과 더불어 그들이 하나님의 자녀라고 증언하실 때까지(롬 8:16, 요일 5:10) 성경의 약속을 곰곰이 생각하면서 기도로 하나님을 구하라고 격려해야 한다. 히브리서 기자가 말한 대로 믿음으로 좁은 문으로 들어가기를 힘쓰고, 그리스도 안에서 안식을 얻으라고 권고해야 한다.

> 그러므로 우리는 두려워할지니 그의 안식에 들어갈 약속이 남아 있을지라도 너희 중에는 혹 이르지 못할 자가 있을까 함이라 그들과 같이 우리도 복음 전함을 받은 자이나 들은 바 그 말씀이 그들에게 유익하지 못한 것은 듣는 자가 믿음과 결부시키지 아니함이라 이미 믿는 우리들은 저 안식에 들어가는도다 그가 말씀하신 바와 같으니 내가 노하여 맹세한 바와 같이 그들이 내 안식에 들어오지 못하리라 하셨다 하였으나 세상을 창조할 때부터 그 일이 이루어졌느니라(히 4:1-3, 3:18, 19, 4:10, 11 참조).

---

67) 구도자들에게 죄인의 기도를 요구하고 나서 구원받았다고 선언하는 것은 요한복음 1장 12절, 로마서 10장 8, 9절, 요한계시록 3장 20절과 같은 성경 본문을 그릇 해석한 것에 근거한다.

복음전도자는 섬세하게 균형을 유지해야 한다. 어떤 사람들은 구원을 피상적으로 생각하여 결국에는 영원한 멸망에 이르게 할 거짓 확신을 품고 평생 살아간다. 그들은 회심을 경험했다고 하지만, 참된 회심의 증거를 보여주지 못한다. 그들의 믿음은 형식적이고 그릇되다. 그들은 은혜 안에서 성장하고 있다는 가시적인 증거를 보여주지 못하고, 성화의 과정을 통해 거룩해져가고 있는 징후도 드러내지 못한다. 또한 형식적인 신앙생활을 유지해 나갈 뿐 영원한 삶과 경건한 믿음에 진정으로 관심을 기울이지 않는다. 게다가 자신들이 믿음에 있는지 시험할 필요도 느끼지 않는다(고후 13:5).

한편 이와는 다른 극단에 치우쳐 위험한 불균형을 초래하는 사람들이 있다. 그들은 천국의 문을 걸어 잠그고 자신을 지나치게 엄격하게 구속한다. 구원을 굉장히 어렵게 생각하여 그 문제를 지나치게 진지하게 받아들인다. 그들은 자신을 시험하고 부르심과 택하심을 굳게 하라는 성경의 명령에 기꺼이 복종하지만(고후 13:5, 벧후 1:10), 성경이 정한 기준보다 높은 기준을 설정한다. 그리고 가장 성숙한 그리스도인의 표징을 모두 갖추기 전에는 구원을 확신할 수 없다고 생각한다. 그들은 성경이 가르치는 가장 성숙한 형태의 회심과 믿음에 자신의 회심과 믿음의 경험을 비교하면서 부족함을 느낀다. 그리고 가장 성숙한 그리스도인조차도 도달할 수 없는 성화의 단계에 자신들의 성화를 비교하면서 미성숙함을 자책한다. 그들은 구원을 분명하게 확신할 수 있을 만큼의 도덕적 수준에 도달하기 위해 애써 노력한다. 그러나 그 과정에서 기독교를 행위의 종교로 변질시킨다. 그들은 더 이상 그리스도를 바라보지 않고 자아와 행위에 관심을 집중한다. 참으로 위험천만한 일이 아닐 수 없다.

이런 문제를 해결하려면 다른 방법을 적용해야 한다. 첫 번째 극단에 치우친 사람의 경우에는 형식적인 믿음을 일깨워주어야 하지만, 두 번째 극단에 치우친 사람의 경우에는 지나치게 엄격한 기준을 설정한 잘못을 일깨워주어야 한다. 오늘날에는 첫 번째 극단에 치우친 사람이 더 많다. 그러나 두 번째 극단에 치우친 사람들도 겉으로는 더 경건해 보일지라도 위험하기는 마찬가지다. 복음전도자들은 자신의 전적 무능력을 인정하고, 오직 그리스도를 바라볼 때 구원을 얻을 수 있다는 진리를 충실하게 선포해야 한다. 스스로 현재 생활을 살펴보면 구원의 확신이 더 강해질 수도 있고 더 약해질 수도 있다. 그러나 무엇보다 먼저 "그리스도 예수로 자랑하고, 육신을 신뢰하지 않는가?"(빌 3:3) 자아를 의지하려는 마음을 모두 버렸는가? 오직 그리스도만을 바라보는가? 그리스도께서 우리에게 보배로운 존재가 되셨는가?"라고 묻는 것이 필요하다고 분명하게 가르쳐야 한다.

비성경적인 엄격함의 잣대로 자신을 시험하는 사람에게는 구원의 본질을 좀 더 정확하게 설명해 주어야 한다. 흔히들 "회심은 '변화된 삶'으로 귀결된다"라고 말한다. 그러나 "회심은 '변화되어가는 삶'으로 귀결된다"라고 말하는 것이 좀 더 정확할 것이다. 하나님 앞에서의 신분은 회심을 통해 즉시 변한다. 그러나 우리의 변화된 본성, 영적 생명이 주어졌다는 증거가 가시적인 현실로 드러나기까지는 시간이 필요하다. 더욱이 그런 증거들은 많은 노력을 통해서만 비로소 나타날 수 있다(롬 5:1, 고후 5:17, 엡 2:4, 5). 새신자가 진정한 회심과 믿음을 통해 구원을 얻었다고 하더라도, 그의 회심과 믿음의 깊이가 40년 동안 진실하게 신앙생활을 해온 그리스도인과 같을 것이라고 기대해서는 곤란하다. 회심과 믿음도 기독교의 다른 은사들과 마찬가지로 성화의 과정에 포함된다. 심지어 새신자가 처음부터 획기적인 변화의 증거를 보여준다 하더라도 성숙한 그리스도인에게서 발견되는 것과 같은 성화의 단계를 기대해서는 안 된다. 자신을 다른 그리스도인들과 비교하지 말고 오직 그리스도의 공로를 의지해야 한다. 그리고 삶에서 이루어지는 하나님의 섭리와 거룩하게 하시는 사역을 인정함으로 구원을 확신해야 한다(빌 2:12, 13, 히 12:5-11). 우리는 모두 하나님이 만드신 바 된 존재들이다.

현대의 복음전도는 구원의 확신을 고민하는 사람들에게 나름대로 해결책을 제시한다. 즉 구원을 의심하는 자들은 죄인의 기도를 드리고, 성경의 약속을 굳게 붙잡아야 한다. 그랬는데도 의심이 지속된다면 마귀의 거짓된 정죄로 알고 단호히 떨쳐내야 한다는 것이다. 그러나 이런 해결책은 지속적인 효과를 나타내지 못하는 거짓 향유에 지나지 않는다. 이 향유를 사용하는 사역자들은 하나님의 백성이 입은 상처를 심상히 치료하는 거짓 선지자들의 범주에 속한다. 그런 진부한 방식으로 죄인의 회심을 다루어서는 안 된다. 이것은 운명이 달린 문제다. 사역자는 구도자가 진지하게 노력을 기울일 때 그에 못지않은 진지함으로 필요한 조언을 아끼지 말아야 한다.

복음전도자들을 위한 조언

복음전도자는 복음을 전한 후에 그리스도께 나아오라고 초청해야 한다. 그러나 그런 초청은 성경의 가르침에 따라 이루어져야 한다. 그리스도께서 천국에 들어가기를 원하는 사람들에게 요구하신 것을 타협하거나 축소시켜서는 안 된다. 또한 성경의 가르침에 어긋나고 교회사의 전례가 없는 구원 방법이나 확신을 제시해서도 안 된다. 그런 일을 행하는 것은 복음을 변질시켜 "안일한 믿음주의"나 독일의 순교자 디트리히 본회퍼의 말대로 "값싼 은혜"를 양산하는 결과를 낳는다.

    값싼 은혜는 행상인의 싸구려 물건처럼 시장에서 팔리는 은혜를 의미한다. 성례, 죄 사함, 믿음의 위로가 할인특가로 판매된다. 은혜가 교회의 무한한 보고(寶庫)인 양 제시되고, 교회는 질문을 던지거나 한계를 설정하지 않고 관대한 손으로 축복을 소낙비처럼 쏟아붓는다. 값없는 은혜, 아무 희생 없는 은혜를 말이다. 우리는 은혜의 본질에 대해 이미 계산이 끝났고 대가가 지불되었기 때문에 모든 것을 공짜로 가질 수 있다고 생각한다. 무한한 희생의 대가가 지불되었기 때문에 그것을 사용하고 소비할 수 있는 가능성도 무한하다는 것, 곧 값이 싸지 않으면 어떻게 은혜일 수 있겠느냐는 것이 사람들의 생각이다. …… 그런 교회 안에서 세상은 자신의 죄를 가려줄 값싼 가리개를 발견한다. 죄에서 구원받기를 원하는 마음은 고사하고 회심조차 요구되지 않는다. …… 값싼 은혜는 죄인을 의롭게 하지 않고 죄를 의롭게 한다. 사람들은 은혜가 모든 것을 해결해 주기 때문에 전과 다름없이 살아도 상관없다는 식으로 말한다. …… 값싼 은혜는 회개를 요구하지 않는 죄 사함, 교회의 권징 없는 세례, 신앙고백 없는 교제, 개인적인 고백 없는 사면을 선언한다. 값싼 은혜는 제자도가 없는 은혜, 십자가가 없는 은혜, 성육신하신 예수 그리스도가 없는 은혜에 지나지 않는다.[68]

우리는 그리스도께서 하신 경고와 권고의 말씀을 기억하고 이렇게

---

68) Dietrich Bonhoeffer, *The Cost of Discipleship* (New York: Collier Books, 1963), 45–47.

물어야 한다.

"오늘날의 복음주의가 본회퍼가 설명한 값싼 은혜와 왜 그토록 똑같은가? 천국에 들어가기 위해 열심히 노력하고 애써야 한다는 생각이 왜 우리에게 그토록 낯선가? 천국에 쉽게 들어가는 것처럼 보이는 사람이 왜 그토록 많은가?"

대답은 두 가지다. 첫째, 복음을 전할 때 참된 그리스도인이 되는 데 뒤따르는 희생을 거의 언급하지 않기 때문이다. 구도자는 진지하게 고민할 필요가 없다. 성경적인 기독교를 강조하지 않기에 청중은 그리스도의 부르심을 듣고서도 아무런 내적 갈등을 겪지 않는다. 제자도를 위한 급진적인 요구가 "하나님은 당신을 사랑하십니다. 당신의 삶을 위한 멋진 계획을 세우고 계십니다"라는 말로 대체되었다. 기독교가 아무런 노력을 기울이지 않고서도 모든 것을 얻을 수 있는 넓은 길로 재설계되었다. 개인의 자율성이 보호되고, 성경의 요구는 문화적 상황과 양심에 따라 얼마든지 변경할 수 있는 지침으로 전락했다. 세상과 벗하는 것이 허용되고 독려된다. 그리스도인은 이중국적을 지닌 자가 되었고, 경건한 자는 더 이상 박해를 받지 않는다.

참된 복음을 전하면 대대로 이어져온 싸움에 직면하기 마련이다. 즉, 자율성을 주장할 것인가 자신의 뜻을 포기할 것인가, 자기 보존을 추구할 것인가 다수를 적으로 돌리는 위험을 감수할 것인가, 다른 사람들에게 인정받고 좋은 평판을 유지할 것인가 잘하면 변두리로 내몰리거나 못하면 순교를 각오해야 할 삶을 선택해야 할 것인가라는 싸움에 직면하게 된다. 또한 눈에 보이는 세상을 바라볼 것인가 "하나님이 계획하시고 지으실 터가 있는 성"을 찾아 나설 것인가(히 11:9, 10), 덧없는 죄의 쾌락을 즐길 것인가 그리스도를 위해 받는 수모를 이 세상의 보화보다 큰 재물로 여길 것인가(히 11:25, 26)라는 싸움이 전개된다.

　복음을 전할 때 복음의 요구를 아울러 전한다면 복음은 다시금 사람들이 거리끼는 것이 될 것이다. 그리고 그리스도를 믿겠다는 개인적인 결신에 큰 노력과 갈등이 뒤따를 것이다. 그렇게 되면 회심한 사람들은 존 번연이 묘사한 대로 단호한 태도로 투구를 붙잡아 매고, 칼을 빼어들고, 좁은 문을 향해 달려가 자기를 방해하는 육신과 마귀와 세상의 모든 것을 맹렬하게 헤치고 나가는 사람처럼 될 것이다. 그리고 망대를 건축하기 전에 먼저 그 일을 끝까지 잘 마무리할 수 있을지를 생각하는 사람처럼 될 것이다(눅 14:25-30). 또한 적국의 왕과 싸우기 전에 먼저 자신이 거느린 10,000명의 군사가 20,000명의 군사를 거느리고 오는 왕을 대적하기에 충분히 강한지를 생각하는 왕처럼 될 것이다(눅 14:31-33). 그런 회심자는 씨 뿌리는 자의 비유가 묘사하는 형식적인 회심자와는 전혀 다르다. 형식적인 회심자는 말씀을 듣고 즉시 기쁨으로 받아들이지만, 말씀이 그의 안에 튼튼하게 뿌리내리지 못한다. 그의 고백은 일시적이다. 말씀 때문에 환난이나 박해가 닥치면 그는 서슴없이 믿음을 포기한다(마 13:20, 21). 형식적인 회심자는 "말씀을 들으나 세상의 염려와 재물의 유혹에 말씀이 막혀 결실하지 못하는 자"(마 13:22)이기도 하다.

　둘째, 성령에 의한 회심과 믿음의 사역을 공허한 신조주의와 편리한 의식으로 대체했기 때문이다. 구도자는 더 이상 복음의 위대한 진리를 고민할 필요가 없다. 그런 진리가 자신의 삶에 현실이 되어 나타나는지를 점검해야 할 필요도 없다. 죄인의 기도를 드리는 의식이 제공되고, 그런 기도를 드렸다는 이유로 구원의 확신이 주어진다. 그 사람은 일평생 그 기도 의식을 영생의 소망을 위한 근거로 삼는다. 이것이 오늘날 과거의 행위만 믿고, 하나님 앞에서 의롭다 하심을 받은 줄 착각하며 살아가는 세속적인 사람들이 길거리와 예배당을 가득 메우고 있는 이유다.

이처럼 성경과 교회사에서 발견되는 복음전도와 현대의 복음전도는 크게 다르다. 성경적인 복음전도가 이루어지면 복음이 전파되고, 회개와 믿음을 요구하는 일이 뒤따르기 마련이다. 어떤 사람이 복음에 관심을 나타낸다면 성경을 통해 참 회심과 믿음의 본질을 더욱 분명하게 이해할 수 있도록 이끌어야 한다. 또한 성경에 자신을 비춰보고, 쌍둥이 같은 이 두 가지 복음의 은사가 그들 마음속에서 현실로 드러나고 있는지 살펴보라고 권고해야 한다. 만일 그들이 성경을 읽고서도 확신을 갖지 못하면 계속 조언하고 그들을 위해 기도해야 한다. 절대로 복음전도를 위한 의식을 앞세워 성급히 "문제를 매듭짓고" 구원을 선언해 확신을 심어주려고 시도해서는 안 된다. 그리고 그들이 원하는 확신을 하나님이 허락하실 때까지 성경을 좀 더 읽으면서 기도로 그분을 구하라고 권고해야 한다.

구도자들은 이 시점에서 종종 가장 큰 갈등을 경험한다. 따라서 이때야말로 거룩한 열정이 가장 필요할 때다. 현대의 복음전도자들은 『천로역정』에 등장하는 "전도자"처럼 순례자를 좁은 문으로 인도할 수 있지만, 그를 그 안으로 끌고 들어갈 수는 없다. 순례자는 홀로 싸워야 한다. 포기를 강요하는 모든 방해 요인을 스스로 극복해야 한다. 복음을 이해할 때까지 열심히 성경과 씨름하고, 참된 회심과 믿음을 소유했다는 증거가 나타날 때까지 그 의미를 이해하려고 노력해야 한다. 심지어는 하나님이 확신을 주실 때까지 그분과 씨름해야 한다. 구도자는 주님을 발견하여 그분의 은혜를 받을 때까지 혼자 힘써 극복해 나가야 한다.

복음전도자가 구도자에게 개입하여 확신을 얻을 수 있는 방법을 일러주고 싶은 유혹을 가장 크게 느끼는 때가 바로 이때다. 그러나 그런 식의 확신은 하나님의 참된 사역을 방해할 뿐이다. 구도자 혼자서 하나님과 씨름하도록 놔둬야 한다. 구도자 홀로 그리스도를 붙잡고 고민해야 한다. 구도자는 구원에 이르는 회심을 진지하게 생각하며, 자신의 삶에 그런 일이 현실이 되어 나타나고 있는지 살펴야 한다. 그리고 성령께서 자신의 영혼에 성경적인 확신을 심어주시고, 하나님의 사랑이 자신의 마음속에 부어지고, 나아가 양자의 영을 통해 "아빠 아버지"라고 부르짖게 될 때까지 하나님의 약속을 묵상하고 굳게 붙잡으려고 애써야 한다(롬 5:5, 8:15, 16, 갈 4:6).

복음전도자는 사람들이 믿음을 고백하면 크게 기뻐하며 그들을 격려해야 하고, 동시에 경고의 말을 전해야 한다. 만일 그들의 확신이 참되다면 많은 시련에도 불구하고 주님과 계속 동행하면서 갈수록 더욱 거룩해지며, 그리스도의 형상을 닮게 될 것이다. 그러나 그들이 세상으로 돌아가거나 하나님의 징계 없이 육적인 삶을 지속할 때는 그 고백의 진정성을 의심해야 한다(히 12:5-8). 그들은 하나님의 부르심과 택하심을 굳게 하기 위해 노력해야 한다(벧후 1:10). 아울러 자신이 믿음 안에 있는지 살펴보기 위해 성경의 빛에 자신을 비춰봐야 한다(고후 13:5).

개인의 영혼 안에서 이루어지는 성령의 역사는 큰 신비이기 때문에 하나님의 섭리만을 전적으로 신뢰하지 않을 수 없다. 복음을 듣자마자 회개하고 믿어 성령의 역사에 의한 확신에 도달하는 사람들이 있는 반면, 그런 확신에 도달하기까지 몇 날이나 몇 주, 심지어는 몇 달

동안 갈등을 겪는 사람들도 있다. 우리는 복음을 위탁받은 사람으로서 극도의 인내심과 분별력을 발휘해야 한다. 그리고 개인의 상황을 정확하고 신중하게 다루려고 노력해야 한다. 누군가에게 복음전도의 방법을 제시하고 그 사람이 그 방법을 진지하게 받아들였다는 이유만으로 구원을 선언하는 것, 그리고 그에게 구원의 약속을 제시하고 그가 진정으로 좁은 문으로 들어가 하나님이 그에게 확신의 은혜를 허락하실 때까지 기다리는 것에는 참으로 큰 차이가 있다.

17

좁은 길

> 좁은 문으로 들어가라 멸망으로 인도하는 문은 크고 그 길이 넓어 그리로 들어가는 자가 많고 생명으로 인도하는 문은 좁고 길이 협착하여 찾는 자가 적음이라 (마 7:13, 14).

마태복음 7장 13, 14절은 문과 함께 길도 언급한다. 둘 다 몹시 좁다. 이런 사실은 회심이 단지 통과해 들어가는 문이 아니라, 계속 걸어가야 할 길이라는 진리를 일깨워준다. 현대의 복음전도를 살펴보면 절반의 진리만 전하는 것으로 그칠 때가 많다는 것을 알 수 있다.

다행히 하나님의 은혜 덕분에 복음주의는 여전히 예수님이 하나님과 사람 사이에 유일하신 중보자이자 구원자시라는 진리를 굳게 믿고 있다(요 14:6, 행 4:12, 딤전 2:5). 참으로 감사하게도 아직도 대부분이 "오직 은혜로!"(*sola gratia*)와 "오직 믿음으로!"(*sola fide*)라는 교리를 신봉하고 있다(엡 2:8, 9). 그러나 천국에 들어가는 방법을 가르치는 설교는 많아도 천국에 들어갔다는 증거를 강조하는 설교는 찾아보기 어렵다. 우리는 좁은 문을 통해 천국에 들어가지만, 그 문을 통과했다는 증거는 현재 좁은 길을 걷고 있는 사실에 의해서만 확인될 수 있다.[69] 좁은 문과 좁은 길은 떼려야 뗄 수 없는 관계를 맺는다.70) 문을 통해 들어간 사람의 삶은 그것과 결부된 길에 의해 규정된다.

좁은 길의 의미

"길"은 자연적인 길이나 차도를 뜻하는 헬라어 "호도스"(bodos)를 번역한 것이다. 이 말은 종종 삶의 방식, 행동 방침, 사고방식을 뜻하는 비유로 사용된다. 또한 사도행전에서는 기독교를 가리키는 의미로 여섯 차례 사용되었다(도[道]: 행 9:2, 19:9, 23, 22:4, 24:14, 22). 이런 사실만으로도 기독교 신앙이 과거에 그리스도를 영접하기로 결심한 것 이상의 의미를 지닌다는 것을 알 수 있다. 기독교 신앙은 삶의 방식을 지속적으로 변화시켜나가는 기능을 한다.

"좁다"라고 번역된 헬라어 "들리보"(thlibo)는 "압착하다", "압박하다"를 의미한다. 이 말은 포도원 일꾼이 포도를 으깨는 것이나 군중이 서로 밀며 압박할 때와 같은 상황을 암시한다. 또한 이 말은 수동태로 쓰일 경우 "괴로움을 겪다", "어려움을 겪다"를 의미한다.71) 이 말이 "호도스"와 결합하면 "협착하고 비좁은 길"을 가리킨다. 여러 저술가와 설교자는 사람들이 일렬로만 통과할 수 있는 좁은 골짜기를 예로 들어 이 비유의 의미를 설명했다. 골짜기 좌우에는 깎아지른 듯한 높은 절벽이 형성되어 있다. 비좁은 길은 신앙생활의 본질에 관한 두 가

---

69) 윌리엄 헨드릭슨은 이렇게 설명했다. "문이 먼저고 길이 나중인 것은 그 안에 의도된 의미를 생각할 때 매우 자연스럽고 합리적이다. 이 말에는 처음에 올바른 선택(회심)이 이루어진 경우에는 성화가 뒤따르고, 처음에 그릇된 선택이 이루어진 경우에는 차츰 강퍅해지는 현상이 나타난다는 의미가 담겨 있다." Matthew, 368, 369.

70) 헨드릭슨은 이렇게 설명했다. "이런 표현은 문과 길이 하나로 결합되어 있다는 것을 분명하게 보여준다. 좁은 문과 협착한 길, 넓은 문과 크고 넓은 길이 서로 쌍을 이룬다." Matthew, 367.

71) 이 말의 명사형인 "들립시스"(thlipsis)는 로마서 2장 9절과 8장 35절에서 "환난"으로 번역되었다.

지 중요한 진리를 가르친다. 즉 신앙생활은 하나님의 뜻에 의해 정해진 삶이자, 박해와 어려움과 큰 싸움이 뒤따르는 삶이다.

하나님의 뜻에 의해 정해진 길

좁은 문을 통과한 사람들은 좁은 길을 걸어가야 한다. 그들은 목적 없이 걷지도 않고, 이 세상의 "킬링필드"(Killing Fields)나 "허영의 시장"에서 방황하지도 않는다. 그들의 길은 하나님의 뜻에 의해 정해진 길이고, 그들은 하나님의 엄격한 섭리에 의해 인도된다. 하나님이 그들을 가르치시고, 인도하시고, 따라오도록 힘주시고, 곁길로 치우칠 때는 징계를 베푸신다. 예수님이 말씀하신 대로 그분의 양들은 그분의 음성을 듣고 따라간다(요 10:27).

하나님이 자기 백성이 행해야 할 길을 정하셨다는 개념은 구약성경 전체에 걸쳐 나타나는 주제다. 이 길은 여호와의 길, 의인의 길, 의의 길로 표현된다(창 18:19, 삿 2:22, 시 1:6, 23:3, 잠 8:20, 12:28, 16:31, 사 26:7). 하나님의 계명에 의해 정해진 이 길은 참 믿음을 판단하는 중요한 기준이 된다. 시편을 읽어보면 여호와의 길과 의인의 길이 계명, 율례, 법도, 증거의 길과 동일한 의미를 지니는 것을 알 수 있다(시 119:14, 27, 32, 33). 또한 이 길은 안쪽은 움푹하고, 양쪽 가장자리는 불쑥 올라올 정도로 닳고 닳았다. 이 길이 깊이 파인 이유는 인류를 위한 하나님의 구원 사역이 시작된 이후로 수많은 성도가 그 길을 걸어갔기 때문이다. 다윗은 시편 23편에서 하나님이 자기를 의의 길로 인도하신다는 진리를 기쁘게 생각했다. 여기에서 "길"은 땅 위에 좁고 길게 파여 생긴 곳을 뜻하는 히브리어 "마갈"(ma'gal)을 번역한 것이다.

좁은 길이 가르치는 또 하나의 중요한 진리는 성도가 그 위를 걸어

갈수록 그 모양이 더 선명하게 드러난다는 것이다. 잠언은 이렇게 말한다.

> 의인의 길은 돋는 햇살 같아서 크게 빛나 한낮의 광명에 이르거니와(잠 4:18).

새신자가 첫 발을 딛는 순간에는 그 길을 식별하기 어려울 때가 많다. 그러나 계속 걸으면 길을 식별하기가 차츰 쉬워진다. 그는 마음을 새롭게 함으로 하나님의 "선하시고 기뻐하시고 온전하신 뜻"을 분별하기 시작한다(롬 12:2). 히브리서 기자는 처음에 새신자는 젖만 먹을 뿐 의의 말씀에 익숙하지 못하다고 말했다. 그 이유는 그가 아직 갓난아이에 지나지 않기 때문이다. 그러나 좀 더 단단한 음식을 먹으면서 차츰 성장하면 그의 지각이 훈련을 받아 선악을 분별할 수 있게 된다(히 5:13, 14).

좁은 길은 하나님의 계명과 율례와 법도와 지혜를 통해 규정된다. 그러나 우리는 이 모든 것을 예수 그리스도 안에서 이해해야만 한다. 예수님은 제자들에게 자기가 길이요, 진리요, 생명이기 때문에 자기를 통하지 않고서는 아무도 하나님께 나아갈 수 없다고 가르치셨다(요 14:6). 따라서 우리는 좁은 길을 걷는 동안 삶의 지침서나 행위의 법칙이 아닌 인격을 좇는다는 사실을 늘 상기해야 한다. "명제적 진리"는 기독교의 필수요소이고, 우리에게는 복종해야 할 율법과 원리와 지혜의 말씀이 주어졌다.[72] 그러나 그것이 기독교 신앙의 요체는 아니다.

---

72) "명제적 진리"란, 진술이나 주장의 형태로 계시되거나 전달된 진리를 가리킨다. "우리 하나님 여호와는 오직 유일한 여호와이시니"(신 6:4), "누구든지 예수를 주시라 할 수 없느니라"(고전 12:3), "너는 네 하나님 여호와의 이름을 망령되게 부르지 말라"(출 20:7)와 같은 진리다.

그리스도와 상관없이 그런 진리를 받아들이면 오히려 자기 의를 추구하는 율법주의의 위험에 빠지기 쉽다. 그리스도인인 우리는 그리스도를 좇고 닮으려고 노력한다(마 4:19, 8:22, 9:9, 10:38, 16:24, 19:21, 고전 11:1, 엡 5:1, 살전 1:6). 성경의 명제적 진리는 우리에게 그리스도의 신분에 관해 증언하고, 그분을 따르는 법을 가르친다는 점에서 큰 가치를 지닌다. 그러나 그 자체가 목적은 아니다. 오히려 명제적 진리가 그리스도와 분리되면 기독교와 그리스도인들에게 가장 큰 해악을 끼치는 결과를 낳는다. 이런 사실이 이스라엘의 신앙을 공허한 행위 법칙으로 축소시킨 종교지도자들을 질타하신 예수님의 말씀 안에 잘 요약되어 나타난다.

> 너희가 성경에서 영생을 얻는 줄 생각하고 성경을 연구하거니와 이 성경이 곧 내게 대하여 증언하는 것이니라 그러나 너희가 영생을 얻기 위하여 내게 오기를 원하지 아니하는도다(요 5:39, 40).

그리스도께서는 성경의 계명과 교훈과 분리되실 수 없다. 또한 계명과 교훈도 그리스도의 인격과 분리될 수 없기는 마찬가지다.

어려움이 뒤따르는 길

지금까지 하나님의 뜻이 좁은 길을 규정한다는 진리를 살펴보았다. 이번에는 마찬가지로 중요한 두 번째 진리에 관심을 돌려보자. 좁은 길은 어려움과 큰 싸움이 뒤따르는 길을 가리킨다. 이 길은 결코 쉽지 않다.

이미 살펴본 대로 "좁다"는 "시련", "어려움", "고통"을 뜻하는 헬라어 수동태 동사를 번역한 것이다. 신약성경을 대충만 읽어보더라도 신앙생활이 결코 쉽지 않다는 것을 알 수 있다. 기독교 신앙을 처음 받아들일 때 거룩한 열정과 노력이 필요하다면, 신앙을 계속 유지하는 것도 분명히 그만큼 큰 열정과 노력이 필요할 것이다. 이와 다르게 말하는 설교자는 무엇인가를 속여 팔려고 애쓰는 장사꾼에 지나지 않는다.

초대교회의 가장 큰 특징 가운데 하나는 고난과 시련을 기꺼이 감당한 것이다. 그리스도와 신약성경의 기자들은 종종 구도자와 그리스도인들에게 참된 제자도에는 큰 고난이 뒤따른다고 경고했다. 예수님은 제자들에게 세상이 그들을 미워하고 그로 인해 큰 고난을 당할 것이라고 말씀하셨다(마 10:22, 요 15:18-20, 16:33). 그분은 그들이 박해와 모욕과 비방을 당하고(마 5:10-12), 쫓기며 살고, 단죄를 받아 통치자들과 왕들 앞에서 죽게 될 것이라고 예고하셨다(마 10:22-28, 눅 21:12). 바울 사도도 젊은 디모데에게 이렇게 말했다.

> 무릇 그리스도 예수 안에서 경건하게 살고자 하는 자는 박해를 받으리라 (딤후 3:12).

그는 빌립보서에서 하나님이 은혜를 주신 이유는 그리스도를 믿을 뿐 아니라, 그분을 위해 고난을 받게 하시기 위해서라고 말했다(빌 1:29). 그는 이렇게 루스드라와 이고니온과 안디옥의 그리스도인들을 격려하기도 했다.

> 우리가 하나님의 나라에 들어가려면 많은 환난을 겪어야 할 것이라(행 14:22).

베드로 사도는 소아시아에 흩어져 있는 그리스도인들에게 그들이 고난을 받는 것은 하나님의 뜻에 의한 것이기 때문에 불같은 시련이 닥치더라도 이상한 일 당하는 것처럼 놀라지 말라고 당부했다(벧전 3:17, 4:12, 19). 그는 그런 고난이 온 세상에 흩어져 있는 그리스도인과 교회가 흔히 당하는 일이라고 말했다(벧전 5:9). 이 세상의 불같은 시련을 통해 우리의 믿음은 참되다는 사실이 입증되고, 보배로운 금처럼 될 때까지 더욱 순결하게 정화된다(벧전 1:6, 7). 좁은 길에서 부딪치는 다양한 시련과 환난은 그리스도인의 덕성을 더욱 크게 함양시킨다. 바울 사도는 이렇게 말했다.

> 다만 이뿐 아니라 우리가 환난 중에도 즐거워하나니 이는 환난은 인내를, 인내는 연단을, 연단은 소망을 이루는 줄 앎이로다(롬 5:3, 4).

야고보는 고난당하는 그리스도인들에게 여러 가지 시련을 만나거든 믿음의 시련이 인내를 만들어 성장과 성화를 독려한다는 것을 알고 온전히 기뻐하라고 당부했다(약 1:2-4).
그리스도인들은 고난을 당할 때 이 말씀을 기억해야 한다.

> 우리가 알거니와 하나님을 사랑하는 자 곧 그의 뜻대로 부르심을 입은 자들에게는 모든 것이 합력하여 선을 이루느니라(롬 8:28).

그리스도인들이 여러 가지 시험에 부딪쳐 잠깐 근심했다가도 오히려 크게 기뻐하는 이유가 여기에 있다(롬 5:3, 벧전 1:6, 4:12, 13). 그리스도인들은 현재의 고난이 장차 나타날 영광과 족히 비교할 수 없다는 사실을 알고 있는 것이다(롬 8:17, 18).

우리는 하나님의 만드신 바이고, 우리 안에서 착한 일을 시작하신 하나님이 그 일을 온전히 이루실 것이라는 진리는 위로와 함께 두려움도 느끼게 한다. 우리가 현재 상태에 영원히 머물러 있지 않을 것이라는 사실을 아는 것은 위로가 된다. 그러나 좁은 길을 걸어가면서 여러 시련을 만나고, 하나님이 우리에게 허락하지 않으신 것을 하나씩 제거해 가는 과정을 생각하면 두려움이 느껴지기도 한다. 메시아는 자기 백성에게 기쁨을 주고, "연단하는 자의 불과 표백하는 자의 잿물"이 되시기 위해 오셨다. 그분은 은을 녹이고, 정제하는 자같이 레위 자손을 깨끗하게 만들고, 그들을 금과 은처럼 연단하여 공의로운 제물을 하나님께 바치게 하신다(말 3:1-3). 메시아가 자기 백성 가운데서 행하시는 정화의 사역은 매우 강렬하기 때문에 그분의 강림을 예언하는 선지자는 "그가 임하시는 날을 누가 능히 당하며 그가 나타나는 때에 누가 능히 서리요"(말 3:2)라고 부르짖었다.

구약성경의 가장 큰 약속 가운데 하나는 메시아가 모든 더러운 것과 우상 숭배에서 자기 백성을 정결하게 하실 것이라는 약속이다(겔 36:25). 그러나 그런 정화의 사역은 부드럽게 씻어주는 정도로 그치지 않고, 박박 문질러 벗기거나 엄한 징계를 동반할 때가 많다.

> 또 아들들에게 권하는 것같이 너희에게 권면하신 말씀도 잊었도다 일렀으되 내 아들아 주의 징계하심을 경히 여기지 말며 그에게 꾸지람을 받을 때에 낙심하지 말라 주께서 그 사랑하시는 자를 징계하시고 그가 받아들이시는 아들마다 채찍질하심이라 하였으니(히 12:5, 6).

하나님이 좁은 길을 걷는 자녀들을 얼마나 엄히 다스리시는지를 이해하려면 히브리서 12장 5, 6절에 사용된 "꾸지람", "징계", "채찍질"이라는 세 단어에 관심을 기울여야 한다. "꾸지람"은 범법 행위나 죄책을 밝히 드러내 엄히 질책한다는 뜻을 지닌 헬라어 "엘렝코"(elegcho)를 번역한 것이다. 이 말은 질책 받는 사람을 수치스럽게 만드는 것은 물론 혹독하게 책망하고, 꾸짖고, 벌하는 것을 의미한다. "징계"는 어린아이를 가르치고 훈련한다는 뜻을 지닌 헬라어 "파이데우오"(paideuo)를 번역한 것이다. 이 말은 이 문맥에서처럼 종종 책망과 권고와 회초리로 훈계한다는 의미를 담고 있다. 마지막으로 "채찍질"은 채찍으로 때리는 것을 뜻하는 헬라어 "마스티고오"(mastigoo)를 번역한 것이다. 이런 표현은 현대의 복음주의자들처럼 과민 반응을 보이는 사람들의 귀에는 지나치게 가혹하고, 심지어는 비윤리적으로 들릴 수 있다. 그러나 이것은 성경의 표현이고, 좁은 길을 충분히 오랫동안 걸어온 사람이라면 누구나 겪는 현실이다. 사실 좁은 길을 걷는 순례자가 터득한 중요한 진리는 하나님이 자신의 자녀를 거룩하게 하시기 위해 최선을 다하신다는 것이다. 그분은 자신의 자녀들을 사랑하시기 때문에 그들을 지옥에서 구원하기 위해 매를 아끼지 않으시고 부지런히 징계하신다(잠 13:24, 23:14).

그리스도인은 믿음으로 하나님의 징계에 복종하고, 심지어는 매를 맞겠다고 종아리를 선뜻 걷어 올린다.

무릇 징계가 당시에는 즐거워 보이지 않고 슬퍼 보이나 후에 그로 말미암아 연단 받은 자들은 의와 평강의 열매를 맺느니라(히 12:11).

히브리서 기자의 말대로 그리스도인은 징계를 당하는 순간은 슬프고 고통스럽지만, 나중에는 의와 평강의 열매를 맺는다는 것을 알고 있다. 더욱이 그리스도인은 채찍질이 하나님의 손길을 통해 직접 주어지든 세상이나 마귀를 통해 간접적으로 주어지든, 그분의 계획과 지혜롭고 전능하신 뜻에 따라 주어지는 징계라는 사실을 잘 알고 있다. 새뮤얼 채드윅은 이 진리를 대장장이의 일에 빗대어 아름답게 표현했다.

> 대장장이는 시뻘겋게 달궈진 금속을 집어 들어 한곳에만 너무 자주 망치질하지 않게 살펴본다. 또 정확한 때에 망치질을 하도록 이리저리 뒤집는다. 그는 원하는 모양을 얻을 때까지 금속을 뒤집고, 불리고, 단련하는 일을 계속한다. 마찬가지로 하나님은 영혼을 붙들어 단련하신다. 때로 하나님은 마귀를 망치질하는 도구로 사용하신다. 사탄은 영혼을 으깨기 위해 힘껏 내려치지만, 하나님이 그 세기를 조절하시고 그의 악한 의도가 오히려 그리스도인을 온전하게 만드는 데 이바지하게 하신다. 마귀는 성도를 그리스도의 형상으로 변화시키는 일을 하기 위해 땀을 뻘뻘 흘린다. 마지막 날이 오면 인생의 모든 시련이 은혜와 합력하여 그리스도인을 하나님의 아들과 똑같은 형상으로 만들었다는 사실을 알게 될 것이다. 장차 그 영광스러운 목적이 온전히 이루어지는 순간, 그리스도인은 "깰 때에 주의 형상으로 만족하리이다"(시 17:15)라는 말씀대로 그분의 형상을 닮게 될 것이다.[73]

하나님의 목적은 자기 백성을 유익하게 하는 것이다. 그러므로 우

---

73) Samuel Chadwick, *Humanity and God*(London: Hodder and Stoughton, 1904), 90.

리는 좁은 길을 열심히 걸어야 한다. 그분의 계명과 지혜를 통해 드러난 그분의 복되고 안전한 뜻 가운데 머물러야 한다. 또한 우리는 하나님이 우리 안에서 자기의 기쁘신 뜻을 위해 소원을 두고 행하게 하신다는 것을 알고 두려움과 떨림으로 구원을 이루려고 노력해야 한다(빌 2:12, 13). 따라서 이런 약속을 가진 우리는 경건해지기 위해 힘써 훈련해야 한다. 우리는 몸과 영혼의 온갖 더러운 것에서 우리 자신을 깨끗하게 하고, 거룩함을 추구하며, 하나님을 경외함으로 경건에 이르도록 우리 자신을 연단해야 한다(고후 7:1, 딤전 4:7, 히 12:14). 하나님은 우리를 그리스도의 형상으로 변화시키기 위해 아무것도 아끼지 않으시고 최선을 다하신다. 그렇다면 우리도 그와 같은 열정으로 같은 목적을 향해 매진해야 마땅하다. 우리는 좁은 길을 가는 동안 뒤에 있는 것은 잊어버리고 앞에 있는 것을 잡으려고 푯대를 향하여, 그리스도 예수 안에서 하나님이 위에서 부르신 부름의 상을 위하여 달려가야 한다(빌 3:13, 14).

넓은 길의 정의

형용사 "넓다"는 "널찍하다", "여유가 있다"를 뜻하는 헬라어 "유루코로스"(*euruchoros*)를 번역한 것이다. 본문에서 이 말은 반항적이고 부패한 사람들을 의미한다. 다시 말해, 하나님의 주권을 무시하고, 그분의 율법을 저버리고, 독자적으로 자율적인 삶을 추구하는 사람들의 길을 가리킨다. 이 넓은 길과 그 길의 종착지에 관해 생각해야 할 요점을 몇 가지 살펴보자.

첫째, 넓은 길은 한마디로 "인간의 길"이다. 타락한 인류의 모든 자손이 그 길 위에서 태어난다. 시편 기자는 악인은 모태에서부터 잘못

되었고, 태어날 때부터 곁길로 나아가 거짓말한다고 선언했다(시 58:3). 이사야 선지자는 "우리는 다 양 같아서 그릇 행하여 각기 제 길로 갔거늘"(사 53:6)이라고 말했다.

넓은 문을 발견하거나 그 길에 들어가는 데에는 요구되는 것도 없고, 해야 할 일도 없다. 그 길은 아담이 자신의 집을 건축한 넓은 대로다. 그것은 그의 자녀들이 대대로 물려받는 기업이다(롬 5:12). 우리는 태어나는 순간 타락한 본능에 의해 그 길을 즉각 발견하고, 일단 발견한 후에는 그것이 우리의 본성과 잘 어울린다는 사실을 깨닫는다. 그곳에 들어가거나 계속 머물기 위해 특별히 노력할 필요가 없다. 그러나 그 길에서 돌이키려면 모든 것을 희생해야 한다. 이것이 그리스도께서 큰 열정으로 멸망에 이르는 넓은 길에서 돌이켜 생명에 이르는 좁은 문으로 들어가기를 힘쓰라고 말씀하신 이유다.

둘째, 넓은 길은 "자율의 길"이다. 그 길을 걷는 세상 사람들은 주님과 그리스도를 대적하며 "우리가 그들의 맨 것을 끊고 그의 결박을 벗어버리자"(시 2:3)고 말한다.

그 길에 있는 사람들은 각기 자기 소견에 옳은 대로 행한다(삿 17:6, 21:25). 넓은 길을 선택한 사람들은 하늘의 압제자로부터 자신을 해방시켰다고 자랑하지만, 그 대신 독재자 같은 그들 자신의 부패한 마음에 자기 자신을 예속시켰다. 진리에 대한 그들의 견해는 아침 안개처럼 흐릿하다. 하늘의 별만큼이나 많은 사람, 곧 전 세계 60억의 인구가 하늘의 왕이신 주님의 주권을 빼앗았다. 그들은 하나님의 율법을 버리고 자신의 정욕에 따라 살아가며, 거리낌 없이 멸망을 향해 줄달음치고 있다. 율법의 계시나 묵시가 없으면 사람들은 제멋대로 살기 마련이고, 그들이 옳게 생각하는 길은 항상 사망으로 귀결된다(잠 14:12,

16:25, 29:18). 사람들은 하나님을 삶에서 배제했고, 더 이상 절대적인 진리를 인정하지 않는다. 악인의 길은 넓을 수밖에 없다. 도덕적인 나침반이 없으면 사람들은 목적을 잃고 방황할 수밖에 없다. 유다가 하나님의 주권을 거부하고 자율을 선택한 사람들을 묘사하는 말은 참으로 두렵기 그지없다. 그런 사람들은 바람에 불려가는 물 없는 구름이요, 수치의 거품을 뿜는 바다의 거친 물결이요, 영원히 예비된 캄캄한 흑암으로 돌아갈 유리하는 별들이다(유 1:12-15).

어둡고 불길한 이 표현은 무신론자와 비그리스도인은 물론 교인들에게도 똑같이 적용된다. 많은 사람이 그리스도인을 자처하며 교회에 앉아 있다. 그러나 그들은 넓은 길에서 살아간다. 그들은 하나님의 뜻을 알려고 하지도 않고, 그분의 계명을 원하지도 않으며, 섭리의 징후를 찾으려고도 하지 않는다. 그들은 신중하게 걷지 않는다. 더욱 어처구니없는 사실은 그런 그들이 수많은 복음주의 교회 안에서 평화롭게 안식하고 있고, 복음 설교를 듣고서도 아무런 관심을 기울이지 않는다는 것이다. 그들은 자신이 하나님 나라에 속했다고 주장한다. 그러나 넓은 길에 계속 머물러 살아가는 삶을 통해 그 주장이 거짓임을 분명하게 보여준다.

셋째, 넓은 길은 "자기만족의 길"이다. 하나님보다 자아를 앞세우고, 다음 세상보다 이 세상을 더 귀하게 여기는 사람들이 이 길을 걷는다. 그리고 영원한 것보다 즉각적인 것을 더 추구하고, 영적인 것보다 육적인 것에 만족하는 사람들이 이 길을 걷는다. 이 길은 모든 속된 욕망과 부패한 육신의 욕구를 채워준다. 성경은 사람들이 자아를 사랑하고, 돈을 사랑하고, 이 세상을 사랑하고, 하나님보다 쾌락을 더 사랑하는 본성을 지니고 있다고 가르친다(딤후 3:2, 4, 요일 2:15-17).

이 모든 것이 넓은 길에서 발견된다. 넓은 길을 걷는 사람들은 "육신의 정욕과 안목의 정욕과 이생의 자랑"에 지배된다(요일 2:16). 이런 점에서 넓은 길은 번연의 『천로역정』에 묘사된 "허영의 시장"과 매우 유사하다.

> 나는 꿈속에서 두 사람(크리스천과 믿음)이 거친 광야를 지나 바로 눈앞에 나타난 도시를 바라보고 있는 것을 보았다. 그 도시의 이름은 허영이었으며 그곳에서는 허영의 시장이라는 장이 서고 있었다. 그 장은 일년내내 열렸다. 허영의 시장이라는 이름의 장이 서게 된 까닭은 장이 열리는 도시의 사람들이 새털보다 가벼웠기 때문이고 또한 거기에서 사고파는 물건들 모두가 지혜로운 사람의 "장래 일은 다 헛되도다"라는 말처럼 무가치한 것들이었기 때문이다.
> 이 시장은 새로 선 장이 아니라 옛날부터 있었던 것이다. 맨 처음 장이 섰을 때는 이러했다. 약 오천 년 전쯤, 이곳에는 지금 이 두 순례자처럼 하늘 도성으로 가던 순례자들이 있었다. 바알세불과 아볼루온과 레기온과 그들을 따르는 무리들은 하늘 도성으로 가기 위해 순례자들이 허영의 도시에 나 있는 길을 지난다는 것을 알았다. 그들은 이곳에 온갖 헛된 것들을 팔며 일년 내내 연중무휴로 열리는 장을 세우려고 계획했다. 이 장에서 파는 물건들은 이러한 것들이었다. 집, 토지, 명당자리, 건물, 명예, 높은 호칭들, 관직, 나라, 왕국, 탐욕, 즐거움, 온갖 쾌락들 곧 매춘부나 아내나 남편, 아이들, 주인, 종, 목숨, 피, 몸, 영혼, 은, 금, 진주를 비롯한 각종 보석들이었다.
> 게다가 이 시장에는 어리석은 사람들, 바보 같은 사람들, 나쁜 짓을 하는 깡패, 불량배와 같은 자들이 온갖 악행 곧, 사기도박, 협잡 노름에 빠져 살고 있었다. 또한 마술사들, 도박꾼들, 사기꾼들, 바보들, 깡패들, 불량꾼들이 파

리 떼처럼 득실거리고 있어서 온갖 도둑질, 살인, 간음, 거짓맹세, 무자비한 패싸움과 같이 피흘리는 일들이나 무서움과 공포의 사건들을 이 도시에서는 쉽게 구경할 수 있었다.[74]

넓은 길에는 진정으로 중요한 것에 관심을 기울이지 못하게 방해하는 것들이 가득하다. 그곳에는 사람들의 마음속에 탐심을 불러일으키거나 증폭시킬 뿐 참된 만족을 주지 못하는 유혹이 많다. 또한 추잡하기 짝이 없는 부도덕함으로 사람들을 옭아맨다. 설혹 좋은 것이라고 해도 그것을 하나님보다 앞세워 치명적인 우상으로 섬기도록 유도하는 것이 즐비하다. 넓은 길에 오래 머물수록 하나님에게서 멀어지고, 허영에 깊이 사로잡힐수록 삶은 더욱 황폐해진다.

올바른 관점으로 삶을 바라봐야만 『웨스트민스터 소교리문답』 1항이 가르치는 대로 "하나님을 영화롭게 하고, 영원히 즐거워하는 것이 인간의 주된 목적"이라는 사실을 이해할 수 있다. 이 목적을 마음에 두지 않으면 하나님이 허락하신 인간의 존엄성을 상실할 수밖에 없다. 인간은 하나님을 알고 무한히 경이로운 그분과 그분의 사역을 이해하도록 지으심 받았다. 그러나 돼지와 함께 뒹굴고 하찮은 것을 즐기며 사는 삶을 좋아한다. 인간은 자신을 나락으로 인도하는 넓은 길을 선택했다. 바울은 로마서 1장에서 이 사실을 이렇게 묘사했다.

하나님을 알되 하나님을 영화롭게도 아니하며 감사하지도 아니하고 오히려 그 생각이 허망하여지며 미련한 마음이 어두워졌나니 스스로 지혜 있다

---

74) Bunyan, New Pilgrim's Progress, 108. 『쉽게 읽는 천로역정』, 생명의말씀사, 186, 187쪽.

하나 어리석게 되어 썩어지지 아니하는 하나님의 영광을 썩어질 사람과 새와 짐승과 기어다니는 동물 모양의 우상으로 바꾸었느니라(롬 1:21-23).

우리는 헛되고 육적인 것을 탐하는 사람들의 문화 속에서 살고 있다. 성경은 그런 사람들에 대해 "그들의 신은 배요 그 영광은 그들의 부끄러움에 있고 땅의 일을 생각하는 자라"(빌 3:19)고 말한다.

그들은 영원한 것, 천국, 하나님을 버리고 일시적인 것, 세상, 자아를 선택했다. 그들은 넓은 길을 걸어가면서 양식이 아닌 것을 위해 돈을 쓰고, 만족을 주지 못하는 것을 위해 수고한다(사 55:2).

그리스도를 믿는다고 자처하는 사람들을 비롯하여 수많은 사람이 멸망으로 향하는 넓은 길을 걷고 있다. 악인들에게 임박한 심판을 경고하거나 경각심을 일깨우는 교회가 많지 않아서 문제가 더욱 심각해지고 있다. 자기만족의 넓은 길을 질책하기는커녕 더 부추기고 조장한다. 심지어는 육적인 사람들을 주일예배에 참석시키기 위해 그런 수단을 적극 활용하기까지 한다.

많은 교회가 "허영의 시장"과 다를 바 없게 되었고, 설교자도 한갓 싸구려 물건들을 판매하는 행상인으로 전락했다. 설교자는 듣기 좋은 설교를 삽과 곡괭이로 삼아 넓은 길을 더욱 넓힌다. 그리하여 교회에 나오는 육적인 사람들이 좁은 길을 선택한 경건한 그리스도인들과 마찬가지로 천국에 들어갈 수 있는 것처럼 선전한다. 그들은 십자가와 고난과 자기부정이 없는 쉬운 구원을 전하며, 자기실현과 자아 확대의 종교를 전한다. 그리고 십일조만 제대로 바친다면 하나님의 사업 동업자로서 부, 사치, 향락, 편안한 삶을 영위할 수 있다고 가르친다. 구원받은 줄로 착각하는 사람들이 세상과 나란히 팔짱을 끼고, 넓고 여유로운 길을 걸어가고 있다. 그들은 하나님의 은혜를 방탕한 것으로 바꾸고, 예수 그리스도의 주재권을 부인한다(유 1:4). 이런 일은 절대 있어서는 안 된다! 하나님이 다시금 진리의 법이 있는 입과 불의함이 없는 입술로 참된 가르침을 베푸는 사역자, 화평과 정직으로 하나님과 동행하는 사역자, 사람들을 죄악에서 돌이키도록 이끌 수 있는 사역자를 많이 허락해 주시기를 간절히 기도한다(말 2:6). 우리는 문 앞에 서서 이렇게 외쳐야 한다.

> 이 세상도 그 정욕도 지나가되 오직 하나님의 뜻을 행하는 자는 영원히 거하느니라(요일 2:17).

넷째, 넓은 길은 "거칠 것이 없는 길"이다. 이 길은 물이 흐르듯 잘 흘러간다. 넓은 길에는 육신의 저항이 없다. 그 안으로 들어가기 위해 애쓸 필요가 없다. 앞서 말한 대로, 그 길은 가만히 있어도 저절로 들어갈 수 있다. 우리는 죄 가운데서 태어났고, 모태에서부터 잘못되었으며, 태어날 때부터 곁길로 나아간다(시 51:5, 58:3). 우리의 타락한 육신은 그 길에서 마주치는 다른 죄인들과 쉽게 친해지고, 모든 악한 태도와 행위를 기꺼이 인정한다(롬 1:32). 부패한 육신은 하나님을 대적할 뿐 그분을 기쁘시게 할 수 없다(롬 8:7, 8). 육신은 세상을 사랑하고 그 목소리를 청종하며, 정욕을 마음껏 발산하도록 독려하고, 마음에 이끌리는 대로 넓은 길을 걸어간다. 따라서 그 길을 가기 원하는 사람의 육신 안에는 그를 대적하는 원수가 존재하지 않는다. 육신은 그들을 속이는 동료일 뿐이다.

그와 마찬가지로 넓은 길에는 세상의 저항이 없다. 윌리엄 헨드릭슨은 이렇게 말했다.

> 넓은 길의 표지판에는 이렇게 적혀 있다. "너희와 너희의 친구들을 모두 환영한다. 많을수록 좋다. 마음껏 원하는 대로 빨리 걸어가라. 아무런 제약도 없다."[75]

넓은 길을 걷는 사람은 세상이라는 대로 위를 걷고 있는 셈이다. 그 길은 인간의 길이요, 형제애와 포괄주의와 관용을 표방하는 길이다. 그것은 서로를 치켜세우고, 진리를 창문 밖으로 내던지며, 임금이 벌거벗었다고 지적하는 것을 허락하지 않는, 끝없는 축제의 행렬이다. 그 행렬은 모두 멸망을 향해 나아간다.

성경은 세상이 자신에게 속한 자들을 사랑하고, 그들의 말에 귀를 기울인다고 가르친다(요 15:19, 요일 4:5). 하나님의 아들이 자신이 만드신 세상과 자신이 선택하신 백성에게 오셨지만, 그들은 그분을 영접하지 않았다(요 1:11). 궁극적인 선택의 시간이 다가왔을 때 세상은 자기에게 속한 자를 선택했다. 세상은 거룩하고 의로우신 생명의 주님을 십자가에 못 박고, 악명 높은 살인자이자 강도를 석방하라고 요구했다(마 27:16, 21, 26, 막 15:7, 11, 15, 눅 23:18, 요 18:40, 행 3:14, 15). 세상은 하나님과 친구가 되기를 원하지 않는 모든 사람의 친구다. 세상은 자기와 평화의 관계를 단절하고, 그 길에서 돌이켜 하나님과 연합하는 자들만 대적한다(요 15:19).

이 밖에도 넓은 길에는 마귀의 저항이 없다. 사실 넓은 길은 마귀가

---

75) Hendricken, *Matthew*, 369.

만들었고, 그의 뜻에 의해 유지된다. 바울 사도에 따르면, 넓은 길을 걷는 것은 이 세상의 풍조와 불순종의 아들들 가운데서 역사하는 공중의 권세 잡은 자를 따르는 것이다(엡 2:2). 헨드릭슨은 "넓은 길은 마귀가 건설했고, 그의 추종자들이 그 길을 걸어간다"라고 말했다.[76]

좁은 길을 걷는 하나님의 성도는 끊임없이 유혹과 시련과 방해에 직면한다. 마귀는 시시때때로 그리스도인을 공격하여 그가 믿음으로 나아가려고 시도하지 못하도록 방해한다. 그리스도의 보호가 없다면 마귀는 그리스도인을 밀 까부르듯 하며, 하나님을 저주할 때까지 숨통을 조일 것이다(욥 2:9, 10, 눅 22:31). 그러나 넓은 길을 가는 사람들에게 마귀는 최소한 한동안은 친구처럼 행동한다. 그의 입에서는 달콤한 꿀이 떨어지고 그의 말은 기름보다 더 부드럽지만, 나중에는 쑥같이 쓰고 두 날 가진 칼처럼 날카롭게 변한다(잠 5:3, 4). 그는 여러 가지 고운 말로 유혹하고, 아첨하는 말로 꼬드긴다(잠 7:21). 그의 발은 사지로 내려가며, 그의 걸음은 지옥으로 나아간다(잠 5:5). 마귀를 따라 넓은 길을 가는 사람은 소가 도수장으로 끌려가고, 미련한 자가 쇠사슬에 매여 벌을 받으러 가고, 새가 올무에 걸리는 것과 같다. 그는 자신의 선택으로 생명을 잃게 될 것을 알지 못한다. 마귀의 집은 죽음을 향해 가라앉고, 그의 길은 사망에 이른다(잠 7:22, 23). 마귀에게 가는 사람은 다시 돌이키거나 생명의 길로 나아갈 수 없다(잠 2:18, 19).

다섯째, 넓은 길은 "갈수록 어두워지는 길"이다. 잠언은 의인의 길은 돋는 햇살 같아서 크게 빛나 한낮의 광명에 이른다고 말한다(잠 4:18). 그러나 악인의 길은 어둠 같아서 그가 걸려 넘어져도 그것이 무

---

[76] Hendricksen, *Matthew*, 369.

엇인지 깨닫지 못한다고 말한다(잠 4:19). 악인들은 총명이 어두워지고 하나님의 생명에서 떠나 있다(엡 4:17-19). 그들은 양심에 화인을 맞았고, 도덕적인 방향 감각을 상실했으며, 마음의 정욕을 따라 부패한 욕심대로 부도덕한 일을 서슴없이 행한다(롬 1:24, 26, 딤전 4:2). 우리가 의식할 수 있거나 인정하고 싶은 것보다 더 자주 끔찍한 심판이 나라들과 사람들에게 임한다. 우리는 하나님의 은혜가 가장 악한 죄인이라도 능히 구원하실 수 있다는 믿음을 가져야 한다. 그리고 넓은 길을 걸어가는 사람들에게 한발자국 내밀 때마다 멸망을 향해 나아가고 있고, 결국에는 돌이킬 수 없는 운명을 맞이하게 될 것이라고 경고해야 한다. 그 길은 구원받기를 원해도 구원받을 수 있는 길이 아니다. 문제는 그 길을 가는 사람이 구원에 관심을 기울이지 않는다는 데 있다. 그의 마음은 메마른 껍데기처럼 변했고, 그의 영혼은 천박하기 그지없다. 그래서 넓은 길에서 발견되는 온갖 유혹으로 그 공허함을 채우기에 급급할 뿐이다.

참된 그리스도인과 거짓 회심자

좁고 넓은 길이라는 비유가 가르치는 가장 큰 진리 가운데 하나는 우리의 행위가 회심의 증거라는 것이다. 우리는 오직 믿음으로 말미암아 은혜로 구원받는다고 거듭 강조해야 한다. 하나님 앞에서 의롭다 하심을 받는 것은 인간의 공로나 가치가 아닌 하나님의 선물이다(엡 2:8, 9). 그러나 우리는 믿음으로 말미암아 은혜로 구원받은 사람들이 하나님이 만드신 존재라는 사실을 잊어서는 안 된다. 우리는 그리스도 예수 안에서 선한 일을 위해 지으심을 받았다. 이 일은 하나님이 그 가운데서 행하게 하시기 위해 창세전에 미리 예비하셨다(엡 2:10). 구원은 그리스도인을 새롭고 거룩한 성향을 지닌 피조물로 거듭나게 만드는 하나님의 초자연적인 사역이다(고후 5:17). 이 새로운 성향이 강압이 아닌 기꺼운 마음으로 좁은 길로 행하도록 그리스도인을 인도한다(요일 5:3). 성령의 거듭나게 하시는 사역과 내주하심을 통해 그리스도인은 새 생명 가운데서 행한다(롬 6:4). 그는 이방인들처럼 마음의 허망한 것과 강퍅함으로 행하지 않고, 주님께 합당한 태도로 살아가려고 노력하며, 범사에 그분을 기쁘시게 하고, 모든 선한 일에 열매를 맺고, 하나님을 아는 지식 안에서 성장한다(엡 4:1, 17-19, 골 1:10, 살전 2:12). 그리스도인은 전에는 어둠이었지만, 이제는 주님 안에서 빛이기 때문에 빛의 자녀처럼 살고, 그리스도의 계명에 따라 그분처럼 행하려는 열망을 지닌다(엡 5:8, 요일 1:7, 2:6, 요이 1:6).

이것이 현대 복음주의 안에서 거의 잊히다시피 한 거듭남의 교리다. 교회가 다시금 복음을 전하려면 이 교리를 재발견하는 것이 필요하다. 우리는 이 시대의 공허한 신조주의를 거부하고, 구원 신앙을 지닌 사람들은 새 생명 가운데서 행하기를 원하는 피조물로 거듭났다고 설명해야 한다(요일 5:1). 우리는 계속적인 성화의 사역, 곧 좁은 문으로 들어가 그 길을 계속 걸어가면서 하나님의 계명에 복종해야 한다. 그리고 육신과 세상과 마귀를 대적하는 것이 칭의의 증거라는 진리를 강조해야 한다. 아울러 의롭다 하심을 받은 사람은 또한 거룩하게 된다는 중생의 교리와 섭리의 교리도 똑같이 중요하다는 것을 잊어서는 안 된다.

그리스도를 믿으며 좁은 길을 걸어가는 사람들에게는 그들이 많은 실패와 연약함을 드러내더라도 항상 격려와 위로를 아끼지 말아야 한다. 그러나 똑같이 믿음을 고백하면서도 안일하게 넓은 길을 걸으면서 그곳에 있는 것을 탐하는 사람들에게는 영원한 멸망과 심판을 경고해야 한다. 이것이 목회자와 복음전도자의 임무다. 하나님의 백성을 섬기는 사역자는 은혜의 복음을 전해야 할 뿐 아니라, 은혜에 이르지 못하는 자가 없도록 애써야 한다(히 12:15).

참된 그리스도인과 거짓 회심자의 경우를 간단히 살펴보면, 지금까지 논의해 온 진리를 구체적으로 이해하여 적용할 수 있을 것이다. 한 그리스도인이 넓은 길을 따라 걸어가고 있다. 그는 하나님의 존재를 믿는 믿음을 포기했거나 다른 종교에 도취된 탓에 자기 영혼의 안위를 돌보지 않는다. 그러던 어느 날 설교자를 통해 예수 그리스도에 관한 복음을 듣게 되었다. 전에도 수없이 들어본 메시지였지만 이번에는 여느 때와 달리 마음속에 깊이 와 닿았다. 그는 하나님, 자신의 비참한 상태, 그리스도의 구원 사역에 관해 알게 되었다. 하나님의 거룩하심을 새롭게 깨닫게 되자 그의 죄가 확연하게 드러났다. 그는 지금까지의 삶과 행위를 깊이 뉘우치기 시작했다. 그러나 그의 회개는 절망으로 기울지 않았다. 하나님의 거룩하심과 자신의 죄를 더욱 분명하게 의식하자 그는 난생처음 그리스도 안에 있는 하나님의 놀라운 은혜를 깨달았다. 결국 그는 믿음으로 그리스도를 바라보고 구원받았다.

나중에 그의 회심이 분명한 현실로 드러나자 그는 모든 것을 이전과 다르게 보기 시작했다. 또한 그가 과거에 지닌 성향의 대부분이 하나님을 기쁘시게 하며 그분의 명령에 복종하며 살고자 하는 새로운 성향으로 대체되었다. 그와 동시에 그는 하나님과 의를 추구하려는 마음을 거스르는 세력이 여전히 자기 안에 도사리고 있음을 의식하고 고통스러워한다. 그의 인격 안에는 성경이 "육신"으로 일컫는 현실이 존재한다. 육신은 성령을 거스른다. 성령과 육신은 서로 대적하기 때문에 새신자는 곧 신앙생활이 싸움이라는 사실을 깨닫게 된다(갈 5:17).

그가 좁은 길을 걷는 여정을 시작하는 순간, 그의 안팎에서 격렬한 싸움이 전개된다. 때로는 은혜에 힘입어 빠르게 앞으로 나아가는 것처럼 보이고, 때로는 전진과 후퇴를 거듭하며 힘겹게 나아간다. 그는 때때로 좁은 길을 포기하고 싶은 유혹을 느끼기도 하지만, 그 길은 지금까지 하나님의 섭리를 통해 깊게 파헤쳐진 상태라서 기어올라 빠져 나갈 수가 없다.77) 그리스도인은 육신과 마귀와 세상을 대적하는 것이 어렵지만, 하나님과 맞서는 것은 도무지 불가능하다는 사실을 깨닫는다. 그리스도를 믿는 믿음으로 하나님이 만드신 바 그분의 소유가 되었기 때문이다. 그는 인생을 살아가는 동안 되돌아가기도 하고 내리막길도 가게 된다. 그러나 하나님의 섭리는 그 여정을 온전히 마치도록 인도한다. 그는 죄와 싸우며 때로는 심각한 죄를 저지를 수도 있지만 거기에 안주하지 않는다. 하나님이 우리 안에 거하게 하신 성령께서 우리를 시기하기까지 사모하신다(약 4:5). 위대한 목자이신 주님이 그를 놓치지 않으실 것이다. 그분은 성부께서 주신 자들을 하나도 잃어버리지 않으신다(요 6:39). 성부께서는 그를 자녀로 대하시고, 책망과 징계를 아끼지 않으시며, 심지어는 일평생 흉터가 남을 만큼 심한 채찍질을 가하기도 하신다(히 12:5-11). 하나님은 그리스도인이 영화롭게 될 때까지 자신이 시작하신 사역을 온전하게 이루실 것이다.

> 하나님이 미리 아신 자들을 또한 그 아들의 형상을 본받게 하기 위하여 미리 정하셨으니 이는 그로 많은 형제 중에서 맏아들이 되게 하려 하심이니라

---

77) 시편 23편 3절의 "길"은 땅 위에 좁고 길게 파여 생겨난 길을 뜻하는 히브리어 "마갈"(ma'gal)을 번역한 것이다. 이 길은 안쪽은 움푹하고, 양쪽 가장자리는 불쑥 올라올 정도로 닳고 닳았다.

또 미리 정하신 그들을 또한 부르시고 부르신 그들을 또한 의롭다 하시고 의롭다 하신 그들을 또한 영화롭게 하셨느니라(롬 8:29, 30).

하나님의 계명을 지키는 좁은 길을 계속 걸어가는 것이 참된 그리스도인의 삶에서 나타나는 회심의 증거다. 참된 그리스도인은 하나님의 거룩하심과 자신의 죄를 더욱 깊이 깨닫게 될 때마다 더 큰 슬픔을 느낀다. 그러나 그는 자신의 연약함을 더욱 깊이 느끼면서도 절망에 빠지지 않는다. 그리스도 안에 있는 하나님의 은혜가 갈수록 더욱 풍성하게 나타나기 때문이다. 그리스도인은 생애 마지막까지 좁은 길을 걸으면서 죄를 더욱 애통해하며, 더욱 거룩해진다. 또한 갈수록 그리스도를 더욱 깊이 알아가고, 처음에 시작했을 때보다 자아를 신뢰하는 마음이 갈수록 줄어든다.

거짓 회심자도 자기 영혼의 안위를 걱정하지 않고 같은 길을 걸어간다. 어느 날 그는 한 설교자가 예수 그리스도의 복음을 전하는 소리를 듣는다. 이상하게도 그 메시지가 그의 흥미를 자극한다. 그는 얼마 지나지 않아 그리스도를 믿겠다고 고백한다. 이 경우에는 두 가지 가능성이 존재한다. 먼저 그는 계속 넓은 길을 걸어가면서도 자신의 회심 경험을 확신하고 영생의 소망을 가진다. 그의 상태가 변하지 않은 것과 하나님의 일에 무관심한 것은 제자 훈련을 아직 제대로 받지 못한 탓으로 돌린다. 그는 자신처럼 스스로 현혹된 다른 교인들과 마찬가지로 자신을 그들과 비교하면서 영원한 멸망에 이르는 넓은 길을 계속 걸어간다. 그러는 동안 그의 영혼을 책임져야 할 목회자는 그에게 아무런 경고도 하지 않는다.

그러나 성경적인 복음을 전하고 참된 회심의 증거를 잘 알고 있는 건전한 교회에서 그의 신앙고백이 이루어졌다면 상황은 크게 달라졌을 것이다. 건전한 교회에서는 그에게 좁은 길의 특징을 가르치고, 그 길로 행하라고 권고할 것이 분명하다. 그러면 거짓 회심자는 즉시 제자도의 요구를 거부하고, 자신이 회심하지 않았다는 것을 드러낼 것이다. 그러나 종종 그렇듯이 겉으로 볼 때 그의 삶에 변화가 일어난 것처럼 보일 수도 있다. 거짓 회심자도 새로 발견한 기쁨을 드러내며, 심지어는 참된 제자도의 표징을 보여줄 수도 있다. 다시 말해, 육신과 맞서 싸우면서 좁은 길을 걸어가는 참된 순례자의 특징을 드러내기도 한다. 그러나 시간이 지나면서 그의 실체가 나타나기 시작한다. 그는 좁은 길에서 멀어져 방황하다가 결국에는 그곳에서 온전히 돌이키고 만다. 그는 교리적인 오류에 치우쳐 기독교 신앙의 근본 원리를 부정하고, 죄에 맞서 싸우는 것을 중단한다. 그리고 개가 토한 것을 도로 먹고 돼지가 씻었다가 다시 더러운 곳에 뒹구는 것처럼 다시 죄를 짓기 시작한다(벧후 2:22). 그는 데마처럼 이 세상을 다시 사랑하기 시작하고, 믿음을 저버린 채 세상으로 돌아간다(딤후 4:10). 그는 결국 다시 깨어날 수 없는 깊은 무관심과 무기력한 상태에 빠져들거나 육적인 사람들이 안락하게 거할 수 있는 다른 복음주의 교회를 찾아 떠난다.

　참된 그리스도인도 어느 정도는 잘못된 징후를 드러낼 수 있다. 그러나 거짓 회심자는 하나님의 섭리가 주어지지 않는다는 것, 곧 성경이 가르치는 징계가 뒤따르지 않는다는 뚜렷한 차이가 있다. 하나님은 그가 스스로 원하는 것을 하도록 허용하신다. 그가 좁은 길에서 벗어나 우리 밖으로 달려 나가더라도 하나님은 그를 제지하지 않으신다. 그의 배교 행위는 그가 하나님의 참 자녀가 아니라는 사실을 드러낸다. 히브리서 기자는 이런 두려운 진리를 이렇게 분명히 진술했다.

> 어찌 아버지가 징계하지 않는 아들이 있으리요 징계는 다 받는 것이거늘 너희에게 없으면 사생자요 친아들이 아니니라(히 12:7, 8).

예수님은 씨 뿌리는 자의 비유에서 회심하지 않은 사람의 특징을 매우 상세하게 묘사하셨다. 첫째, 그의 마음은 복음의 씨앗이 뿌려진 돌밭과 같다. 그는 말씀을 듣고 즉시 기쁨으로 받아들이지만, 그 안에 뿌리가 없다. 이 말은 그가 거듭나지 못했다는 뜻이다. 그가 말씀을 받아들인 것은 일시적이다. 세상으로 인해 환난이나 박해를 만나면 즉각 믿음을 저버린다(마 13:20, 21). 둘째, 그의 마음은 복음의 씨앗이 떨어진 가시떨기와 같다. 그는 말씀을 듣지만, 세상의 염려와 재물의 유혹 때문에 말씀의 열매를 맺지 못한다(마 13:22). 두 경우 모두 믿음이 결실하지 못한다는 점에서 참 회심자와 분명한 차이를 드러낸다(마 13:23, 요 15:16). 거짓 회심자는 종종 내리는 비를 흡수하지만 결국에는 불사르게 될 가시와 엉겅퀴로 성장하는 식물을 꼭 닮았다(히 6:7, 8). 그는 좋은 열매를 맺지 못한 탓에 잘려 불 속에 던져지는 나무와 같다(마 7:19). 씨 뿌리는 자의 비유에서 발견되는 가장 놀랍고 두려운 진리는 네 종류의 사람 가운데 복음을 노골적으로 거부한 사람은 하나뿐이라는 사실이다. 나머지 셋은 모두 믿음을 고백한다. 그러나 그 가운데 진정으로 회심한 사람은 단 하나뿐이다.

넓은 길을 찾는 자는 많고, 좁은 길을 찾는 자는 적다

좁은 문과 넓은 문에 관한 가르침의 마지막 부분에서 우리는 가장 충격적일 수 있는 진리를 발견한다. 멸망에 이르는 길을 가는 사람이 많고, 생명에 이르는 길을 가는 사람은 적다는 진리다(마 7:13, 14). 이 진리는 그리스도의 말씀을 전체 문맥에서 살펴보는 순간 훨씬 엄격하게 느껴진다.

언뜻 생각하면 그리스도의 말씀은 그분에 대한 믿음을 공개적으로 고백하는 사람들과 그렇게 하지 않는 사람들을 구분하는 것처럼 보인다. 만일 그렇다면 무신론자, 불가지론자, 사이비종교 그리스도인들은 멸망에 이르는 넓은 길을 가고 있고, 그리스도를 고백하는 사람은 생명에 이르는 좁은 길을 가고 있는 셈이 된다. 물론 그렇게 이해해도 인류의 대부분이 멸망에 이르는 길을 가고 있는 것으로 나타난다. 그러나 그리스도께서 구분하신 범위는 이보다 더 제한적이다. 그리스도께서는 본문의 문맥에서 믿는 자와 믿지 않는 자, 스스로 기독교 밖에 있다고 고백하는 자와 기독교를 믿는 그리스도인라고 고백하는 자를 구분하지 않으신다. 그분은 자신을 따르는 자들이라고 주장하는 사람들을 구분하고 계신다. 그분은 제자를 자처하면서 자신을 공개적으로 주님으로 고백하는 자들 가운데 단지 소수만 구원받을 것이라고 경고하신다.

이 곤혹스러운 진리는 예수님이 제자를 자처하는 자들을 향해 엄중히 경고하신 말씀 안에 분명하게 나타난다(마 7:15-27). 첫째, 그리스도인처럼 보이는 선지자들 모두가 다 그리스도인은 아니다. 그의 고백과 사역의 진실성은 그의 열매와 삶의 행위로 입증된다(마 7:15-20). 둘째, 예수님을 주님으로 부르거나 그분의 이름으로 사역을 행한 사람들 모두가 다 천국에 들어가는 것은 아니다(마 7:21-23). 참된 신앙과 회심의 증거는 성부 하나님의 뜻에 복종하는 것이다. 마지막으로, 그리스도의 가르침을 듣는 사람들 모두가 다 세상에 임하는 심판에서 구원받는 것은 아니다. 오직 그분의 말씀을 듣고 행하는 자만 구원받는다(마 7:24-27).

이런 경고의 말씀들은 그리스도께서 자신을 무시하거나 비난하는 대부분의 사람을 염두에 두고 말씀하신 것이 아니라는 사실을 보여준다. 오히려 예수님은 자기를 안다고 주장하고, 자신과의 관계를 공개적으로 인정하는 사람들에게 관심을 기울이셨다. 그런 사람들 가운데서 오직 소수만 구원받고, 나머지 사람들은 혼인 잔치를 준비하지 않은 사람처럼 내침을 당한다(마 22:11-14). 그는 초청에 우연히 응했을 뿐 혼인 잔치에 참석하면서도 예복을 갖춰 입는 것을 온당하게 여기지 않았다. 따라서 왕은 그의 손과 발을 결박해 바깥 어두운 곳으로 그를 내쫓았다. 마찬가지로 예수님도 복음 초청은 받아들였지만 삶을 통해 회심의 증거를 보여주지 못하는 사람이 많을 것이라고 경고하셨다. 그들은 예수님을 주님으로 부르고 심지어 그분의 이름으로 사역을 행했지만, 바깥 어두운 데에 내던져져 거기서 슬피 울며 이를 갈게 될 것이다. 이것이 예수님이 "청함을 받은 자는 많되 택함을 입은 자는 적으니라"고 경고하신 이유다(마 22:13, 14).

우리는 이 경고의 말씀에 주의해야 한다. 현실을 외면해서는 안 된다. 오늘날 복음주의가 당면한 문제를 지나쳐서는 안 된다. 그리스도를 주님으로 고백하고 복음 사역에 참여하면서도 넓은 길을 가는 사람의 특징을 따르는 사람이 매우 많다. 이들은 소명의식도, 노력도, 희생도 없고, 죄를 버리지도, 세상을 멀리하지도, 의를 추구하지도 않는다. 우리는 기괴하고도 공허하기 짝이 없는 형태의 삶을 발전시켰다. 지금은 그런 현상이 몹시 만연한 탓에 이를 의식하는 사람이 거의 없을 정도가 되고 말았다. 복음주의는 세상이라는 "허영의 시장"에 대해 더 이상 경고하지 않는다. 세상은 가장 매혹적인 유혹의 원천이 되었다. 그런 현상의 원인이 "설교자들의 가르침에도 불구하고"가 아니라 바로 "설교자들의 가르침 때문에"라는 사실이야말로 가장 두려운 죄가 아닌가 싶다. 현대의 설교자들은 그런 현상을 제어하지 않고 오히려 종종 부추긴다. 사람들에게 세상에서 행복하게 살 수 있는 원리를 가르치는 인생의 조언자들이 설교를 전하고 있다. 교회 성장 전문가들이 육적인 방법을 사용하여 육적인 사람들을 끌어 모으고, 그들의 육신을 더욱 만족시켜 교회에 머물게 만드는 법을 교회에 가르치고 있다. 복음전도와 선교 전문가들은 복음이 문화와 충돌하지 않게, 복음과 문화가 아무 차이가 없게 만들고 있다. 이런 이유로 수많은 사람이 주님 앞에서 이 말씀을 듣게 될 날을 향해 점점 가까이 가고 있다.

> 내가 너희를 도무지 알지 못하니 불법을 행하는 자들아 내게서 떠나가라
> (마 7:23).

오늘날의 복음주의는 참으로 요란하고 소란스럽다. 높은 예배 출석률을 자랑하지 말고, 이 진리들을 깊이 생각하는 것이 마땅하다. 신약학자 크레이그 블롬버그는 "'그리스도인'이 되는 것이 인기를 누리는 시대에서 측정한 참된 그리스도인의 비율, 그리고 신앙심이 깊지 않은 사람들이 공개적으로 고백을 꺼리는 박해의 시대에서 측정한 참된 그리스도인의 비율은 그다지 큰 차이가 없을 것이다"라고 말했다.[78]

---

78) Craig Blomberg, *The New American Commentary: Matthew* (Nashville, Tenn.: Broadman, 1992), 132.

생명과 사망

참된 기독교는 사소한 문제를 다루지 않는다. 기독교는 삶과 죽음, 천국과 지옥, 하나님 앞에서의 영원한 지복과 형용할 수 없이 두려운 영원한 형벌을 다룬다. 기독교는 돌이킬 수 없는 인간의 운명이 걸린 문제를 다루는 종교다. 따라서 이것은 가장 심각한 문제가 아닐 수 없다.

예수님은 마태복음 7장 13, 14절에서 "생명"과 "멸망"을 대조하셨다. "생명"은 헬라어 "조에"(zoe)를 번역한 것이다. 그리스도와 신약성경 기자들의 가르침을 전체적으로 살펴보면, 그리스도께서 단지 물리적이거나 끝없이 지속되는 삶을 가리키지 않으셨음을 알 수 있다. 주님은 영생, 곧 하나님과 인격적으로 친밀한 관계를 맺는 데서 비롯하는 질적인 생명을 가리키셨다(요 17:3). 이는 죄로 인한 단절과 사망에 의해 방해받지 않는, 온전하고 자유로운 관계다(롬 5:1, 8:1). 그리스도인은 양자가 되는 축복과 특권을 통해 하나님과 부자 관계를 맺는다(요 1:12, 13, 롬 8:15, 갈 4:6). 간단히 말해, 이것은 하나님의 은혜로운 임재 앞에서 영원히 사는 것을 의미한다. 이 생명은 예수 그리스도와 그분의 사역을 통해 주어진다(요 14:6, 행 4:12, 딤전 2:5, 6, 계 21:3-5, 22-27).

"생명"과 대조되는 말은 "사망"이다. 이 말은 "파괴", "멸망"을 뜻하는 헬라어 "아폴레이아"(apoleia)를 번역한 것이다. 그리스도와 신약성경의 가르침을 전체적으로 살펴보면, 이 말이 개인적인 실존의 종말이 아닌 지옥에서의 영원한 형벌을 가리킨다는 것을 알 수 있다. 영원한 형벌의 교리를 부인하고 신약성경을 오류가 있는 문서로 무시해 버리는 사람들도 있을 것이다. 그러나 이것이 신약성경의 명백한 가르침이라는 사실을 부인할 수는 없을 것이다. 영원한 생명과 영원한 멸망은 서로 밀접하게 관련된다. 이 진리는 마지막 심판에 관한 그리스도의 가르침 안에 분명하게 드러나 있다. 그분은 "그들(악인들)은 영벌에, 의인들은 영생에 들어가리라"(마 25:46)고 선언하셨다.

악인들의 "영원한 형벌"이 끝없이 지속되지 않는다면, 구원받은 자들이 천국에서 누리는 지복도 영원하지 않다고 결론지을 수밖에 없다(단 12:2, 마 18:8, 25:41, 계 20:10).

지옥은 악인들에 대한 하나님의 의로운 분노가 마지막으로 온전하게 쏟아지는 곳이다. 넓은 길은 계속 아래로 내려가다가 결국에는 지옥에 이른다. 지옥에서는 죄인에게 더 이상 긍휼이 베풀어지지 않는다. 그곳에서는 죄인이 마땅히 당해야 할 온전한 정의가 그에게 실현된다. 죄인은 마음의 정욕에 온전히 방치되어 그 부패한 욕망에 끝없이 지배를 받고 돌이킬 수 없는 운명에 처한다(롬 1:24, 26). 그는 하나님의 백성이 누리는 축복에서 영원히 배제되고, 하나님도 없고 희망도 없는 상태로 존재한다(엡 2:12). 단테는 이런 성경의 진리를 묵상하면서 『신곡』을 집필했다. 그는 지옥의 문 위에 "여기 들어오는 자, 모든 희망을 버리라"는 글귀가 적혀 있다고 말했다. 저명한 청교도 목회자 리처드 백스터는 "나는 이번이 아니면 두 번 다시 설교할 기회가 없을 거라고 생각하고, 죽어가는 사람으로서 죽어가는 사람들에게 말씀을 전했다"라고 말했다.[79]

구원받으려면 우리가 통과해야 할 문이 있다는 사실을 기억해야 한다. 그 문은 바로 그리스도시다. 오직 믿음만이 그 문을 열 수 있다. 그러나 성경은 한결같이 단호한 어조로 우리가 좁은 길을 걸어가는

---

79) Richard Baxter, *Poetical Fragments: Heart Imployment with God and It Self*(London: J. Dunton, 1689), 30.

순례자가 되어 그 문을 통과한 증거를 확실하게 보여주어야 함을 강조한다.

우리는 태어나는 순간부터 죽음을 향해 나아가기 시작한다. 우리는 이 세상에 발을 들여놓는 순간부터 이곳을 떠나는 여행을 시작한다. 이런 이유로 그리스도께서는 영원한 생명에 이르는 좁은 길과 영원한 멸망에 이르는 넓은 길에 관해 가르치셨다.[80] 이것은 우리의 양심을 무겁게 짓누르는 두려운 진리가 아닐 수 없다. 예레미야 선지자는 하나님이 우리 앞에 "생명의 길과 사망의 길"을 두셨다고 말했다(렘 21:8).

> 너희는 길에 서서 보며 옛적 길 곧 선한 길이 어디인지 알아보고 그리로 가라 너희 심령이 평강을 얻으리라(렘 6:16).

예루살렘의 강퍅한 거주민들처럼 "우리는 그리로 가지 않겠노라"(렘 6:16)고 대답하지 말자. 이사야 선지자는 이렇게 호소했다.

> 악인은 그의 길을, 불의한 자는 그의 생각을 버리고 여호와께로 돌아오라 그리하면 그가 긍휼히 여기시리라 우리 하나님께로 돌아오라 그가 너그럽게 용서하시리라(사 55:7).

---

[80] 마태복음 7장 13, 14절의 "인도하는"은 헬라어 "아파고"(apago)를 번역한 것이다. 이 말은 "이끌어 가다", 곧 사람을 형벌이나 징벌로 유도하는 것을 의미한다.

18
내적 실체를 보여주는 외적 증거

거짓 선지자들을 삼가라 양의 옷을 입고 너희에게 나아오나 속에는 노략질 하는 이리라 그들의 열매로 그들을 알지니 가시나무에서 포도를, 또는 엉겅퀴에서 무화과를 따겠느냐 이와 같이 좋은 나무마다 아름다운 열매를 맺고 못된 나무가 나쁜 열매를 맺나니 좋은 나무가 나쁜 열매를 맺을 수 없고 못된 나무가 아름다운 열매를 맺을 수 없느니라 아름다운 열매를 맺지 아니하는 나무마다 찍혀 불에 던져지느니라 이러므로 그들의 열매로 그들을 알리라(마 7:15-20).

본문에서 주님은 자기 백성에게 거짓 선지자들이 나타날 것을 경고하시고, 그들을 식별하는 방법을 가르쳐주셨다. 바울 사도도 에베소 교회를 향해 비슷한 말로 이렇게 경고했다.

> 내가 떠난 후에 사나운 이리가 여러분에게 들어와서 그 양떼를 아끼지 아니하며 또한 여러분 중에서도 제자들을 끌어 자기를 따르게 하려고 어그러진 말을 하는 사람들이 일어날 줄을 내가 아노라(행 20:29, 30).

그리스도의 말씀에 따르면, 이 영적 늑대들은 겉보기에는 양처럼 보이고, 마치 양떼에 속한 것처럼 우리 안을 활보한다. 그러나 그들은 겉보기와는 사뭇 다르다. 사실 그들의 정체는 그와 정반대다. 그들은 겉으로는 양처럼 보이지만, 속은 노략질하는 이리다. 겉은 깨끗하지만, 안은 더러운 것이 가득한 잔과 같다(마 23:25, 26, 눅 11:39, 40). 겉은 아름답게 칠을 했지만, 안에는 죽은 사람의 뼈와 온갖 더러운 것이 가득한 무덤과 같다(마 23:27). 유다서 1장 23절은 이들을 물속에 숨은 암초요, 생명을 주는 빗물을 머금지 않은 구름이요, 겉은 건강해 보이지만 속은 썩어 열매를 맺지 못하는 나무로 묘사한다. 바울 사도의 말에 따르면, 이들은 더욱 악하여져서 속이기도 하고 속기도 하는 악인들이자 협잡꾼이다(딤후 3:13).

이 모든 말씀의 요점은 이들의 내적 실체가 겉으로 하는 고백과 모순된다는 것이다. 이들의 겉모습이나 입술의 고백은 실제와 다르다. 이들은 겉만 기독교로 위장하여 그리스도의 주재권을 거짓으로 고백한다. 그렇게 자기 자신과 다른 사람들을 속인다(눅 6:46). 이들은 입술로는 주님을 공경하지만 마음은 그분에게서 멀다. 주님을 안다고 고백하지만 행위로는 그분을 부인한다(사 29:13, 마 15:8, 막 7:6, 딛 1:16).

그리스도께서는 거짓 선지자들의 감추어진 실체와 그들에 의해 미혹될 위험성을 경고하셨다. 그러나 그분의 말씀을 그런 문제에만 국한시켜서는 안 된다. 이 말씀은 그리스도를 고백하고 그분과 연합했다고 주장하는 우리 모두에게 적용된다. 그리스도의 말씀은 기독교의 핵심을 다룰 뿐 아니라, "내가 진정으로 회심했다는 것을 어떻게 알 수 있느냐?"라는 중요한 질문을 제시한다. 우리의 내적 실체는 외적 증거에 의해 드러난다. 우리의 참된 정체성은 가시적인 행위를 통해 드러나고, 회심의 진정성은 삶의 열매를 통해 나타난다.

변하지 않는 진리

그리스도께서는 마태복음 7장 16절에서 "그들의 열매로 그들을 알지니"라는 예외를 허용하지 않는 진리를 가르치셨다. 이는 고백의 진정성을 행위로 알 수 있다는 가르침이다.

"알지니"는 헬라어 "에피기노스코"(*epiginosko*)를 번역한 것이다. 이 동사는 단순히 아는 지식이 아니라, 어떤 주제를 정확히 구체적으로 파악하는 지식을 가리킨다. 이 동사에는 정확하고, 온전하고, 철저하게 이해한다는 의미가 담겨 있다.[81] "열매"는 포도나무나 과실수의 열매를 뜻하는 헬라어 "카르포스"(*karpos*)를 번역한 것이다. 이 말은 어떤 것의 산물이나 결과물을 뜻하는 비유적인 의미로 사용되기도 한다. 바인스는 열매를 "속에서 보이지 않게 역사하는 능력의 가시적인 표현, 즉 열매를 만들어내는 능력의 속성을 입증하는 열매의 속성"으로 정의했다.[82] 본문에서 "카르포스"는 사람의 인격과 그 참된 속성을 드러내는 행위나 태도를 뜻하는 의미로 사용되었다. 예수님이 "열매들"이라는 복수형을 사용하신 것을 간과해서는 안 된다. 여기에는 삶의 한 가지 측면이 아닌 삶 전체를 가리키는 의미, 곧 사람의 내적 속성이 모든 상황에서 그가 취하는 행동과 태도를 통해 입증된다는 진리가 함축되어 있다. 악한 성품이나 선한 성품은 쉽게 감출 수 없다. 둘 다 시간이 지나면 자연스레 드러나기 마련이다.[83]

이 진리의 확실성은 본문의 반복어법을 통해 분명하게 드러난다.

---

81) William F. Arndt and F. Wilbur Gingrich, *A Greek-English Lexicon of the New Testament and Other Early Christian Literature*(Chicago: University of Chicago Press, 2000), 369.

82) W. E. Vines, *An Expository Dictionary of New Testament Words: With Their Precise Meanings for English Readers*(Nashville, Tenn.: Thomas Nelson, 1985), 133.

83) 칼빈은 마태복음 7장 16절을 주석하면서 "미덕을 가장하는 것보다 더 어려운 것은 없다"고 말했다.

그리스도께서 열매에 관한 가르침을 경고의 말씀으로 시작하여 경고의 말씀으로 마무리하셨다는 사실은 매우 의미심장하다. 그분은 "그들의 열매로 그들을 알지니"(마 7:16)라고 말씀하시고 나서 또 "그들의 열매로 그들을 알리라"(마 7:20)고 덧붙이셨다(마 12:33 참조). 의인들도 죄와 싸우면서 때로 패배를 경험하고, 악인들도 때로 선을 행하면서 의로운 모습을 보여준다. 그러나 의인과 악인 모두 차츰 시간이 지나면서 행위를 통해 그 정체를 분명하게 드러낸다.

이 진리는 오늘날의 복음주의가 흔히 가르치는 것과 정면으로 모순된다. 요즘의 복음 설교나 신앙 상담은 이 진리를 가르치지 않고, 공공연히 부정하기까지 한다. 첫째, 복음주의 공동체 가운데 내적 성품과 외적 행위의 관계를 부정하는 현대 문화의 그릇된 견해를 채택한 사람이 많다. 요즘의 문화는 개인의 인격을 입증하거나 부정하는 사실들보다는 단지 말의 고백이나 감정을 더 중요시하는 경향이 있다. 더욱이 개인이 자기 자신에 대해 주장하는 것이 사실과 아무리 다르더라도 그것을 의문시하는 것은 인간의 존엄성을 해치는 비윤리적인 행위라는 거짓에 많은 사람이 속고 있다. 사람들은 겉만 보고 사람을 판단할 수 없다는 견해를 절대적인 진리로 받아들인다. 이것은 열매로 그 사람을 알 수 있다는 그리스도의 가르침을 정면으로 부정하는 것이다.

사실 사람을 겉만 보고 판단할 수 없다는 말은 판단을 중지하라는 뜻이 아니다. 단지 겉으로 드러난 것에만 근거하여 판단해서는 안 된다는 뜻을 담고 있다. 예를 들어, 어떤 사람이 아이비리그에 속하는 대학을 졸업하지 못했다는 이유만으로 그의 지성이나 능력을 판단해서는 안 된다. 그러나 이 말을 "악하고 육적인 사람이 그리스도를 고백하는 것을 단지 그의 마음속을 알 수 없다는 이유만으로 의심하거나 문제 삼아서는 안 된다"는 식으로 이해해서는 곤란하다. 그리스도의 가르침에 따르면, 마음은 거기에서 비롯하는 외적 행위를 통해 그 실체를 알 수 있다.

> 마음에서 나오는 것은 악한 생각과 살인과 간음과 음란과 도둑질과 거짓 증언과 비방이니 이런 것들이 사람을 더럽게 하는 것이요 씻지 않은 손으로 먹는 것은 사람을 더럽게 하지 못하느니라(마 15:19, 20).

우리는 이런 성경의 가르침을 놀랍게 여겨서는 안 된다. 자신의 신앙고백을 실천에 옮기지 않는 사람들의 가장 공통된 특징 가운데 하나는 신앙은 마음의 문제이기 때문에 겉으로 드러난 것으로 판단해서는 안 된다고 주장하는 것이다. 사람들은 이런 편리한 거짓 주장을 근거로 행위로는 가장 악하게 하나님의 계명을 어기면서도 마음으로는 그분을 지극히 공경한다고 말하기 쉽다. 이것이 성경 곳곳에서 알맹이 없는 고백을 강하게 경고하는 이유다. 예수님도 마태복음 7장에서는 물론 사역을 행하시는 내내 그렇게 경고하셨고, 바울도 하나님을 안다고 고백하면서도 행위로 부인하는 사람들에 대해 경고했다. 그는 그런 사람들을 "가증한 자요 복종하지 아니하는 자"라고 일컬었다(딛 1:16). 야고보는 행위가 뒤따르지 않는 믿음은 죽은 믿음으로 구원의 가치를 발휘하지 못한다고 말했다(약 2:14-23). 우리는 이 책 전반부에서 요한 사도가 요한일서에서 그리스도를 고백하는 사람은 자신의 행위와 삶을 참된 그리스도인의 특징과 비교하여 그 고백의 진정성을 입증해야 한다고 가르친 사실을 살펴본 바 있다(요일 5:13).

간단히 말해, 참된 그리스도인은 지속적인 열매를 맺는다. 참된 그리스도인은 선한 일을 위해 선택받았고, 그것으로 자신이 그리스도의 참 제자라는 사실을 입증하기 때문이다(요 15:8). 때로 참된 그리스도인은 얽매이기 쉬운 죄와 하나님의 가지치기 사역 때문에 뚜렷한 열매를 맺지 못하는 경우도 있다. 그러나 결국에는 그분의 징계를 통해 더 많은 열매를 맺기에 이른다(요 15:2, 히 12:11). 예수님은 씨 뿌리는 자의 비유에서 자신의 참 제자들 가운데 "어떤 것은 백 배, 어떤 것은 육십 배, 어떤 것은 삼십 배"의 열매를 맺게 될 것이라고 선언하셨다(마 13:23. 요 15:5 참조). 이 말씀은 모든 참된 그리스도인의 삶에서 풍성한 결과가 나타날 것을 암시한다. 천국에서 가장 작은 자도 삼십 배의 열매를 맺을 수 있다는 것은 참으로 경이롭기 그지없다. 이런 사실은 하나님의 구원 사역이 놀라운 능력을 지녔다는 것을 여실히 보여준다(마 11:11, 눅 7:28).[84] 이사야 선지자는 하나님의 구원이 열매를 맺고, 그로 인해 공의가 움틀 것이라고 말했다(사 45:8).

불합리한 추론

"불합리한 추론"(argumentum ad absurdum), 즉 "귀류법"(reductio ad absurdum)은 상대방의 주장이 양립할 수 없는 모순이나 불합리한 결론에 이를 수밖에 없음을 입증하는 논리학의 한 방법이다. 예수님은 마태복음 7장 16절에서 이와 비슷한 논법으로 사람의 내적 실체가 외적 행위에 의해 드러난다는 사실을 부인하는 사람들을 논박하셨다. 그분은 "가시나무에서 포도를, 또는 엉겅퀴에서 무화과를 따겠느냐"(마 7:16)

---

84) 찰스 레이터 목사와 나눈 대화에 근거한다.

고 물으셨다.

예수님은 참으로 뛰어나신 교사셨다. 산상설교는 이 사실을 보여주는 확실한 증거다. 그분은 지혜의 화신이고, 수사학의 대가시며, 적수가 없는 토론자셨다. 복음서 기자는 예수님과의 논쟁에서 한마디도 능히 대답하는 자가 없었다고 증언했다(마 22:46). 예수님의 적대자들은 감히 더 물을 수가 없었기 때문에 더 이상 아무 말도 하지 못하고 놀라며 물러갔다(눅 20:40).

예수님은 당시의 농경문화를 조금이라도 알고 있는 사람이라면 누구나 이해할 수 있는 사실을 언급하셨다. 그분은 군중에게 "가시나무에서 포도를 따겠느냐?"라고 물으셨다. 자신들이 쉽게 대답할 수 있는 물음을 듣고 사람들이 어떻게 반응했을지는 보지 않아도 충분히 상상할 수 있다. 그들은 분명히 얼른 동의하며 "절대 그럴 수 없지요. 그런 일은 말하는 것조차 불합리합니다. 자연의 법칙에 어긋나니까요"라고 대답했을 것이다.

예수님은 "엉겅퀴에서 무화과를 따겠느냐?"라고 비슷한 질문을 하나 더 던지셨다. 군중은 좀 더 자신 있는 투로 당연히 알고 있다는 듯 "터무니없습니다. 그것은 가능한 범주를 벗어난 일입니다. 나무는 본성에 어긋나는 열매를 맺을 수 없습니다. 가시나무에서 포도를, 엉겅퀴에서 무화과를 얻을 수 있다고 주장하는 사람은 정신병자거나 사기꾼이거나 둘 중 하나입니다"라고 대답했을 것이다.

군중은 우쭐했을 것이다. 아마도 그들은 위대한 질문자이신 주님께 옳게 대답했다 싶어 마치 자신들이 교사이신 그분을 가르치는 듯한 심정을 느꼈을 것이다. 그러나 그들의 우쭐한 마음은 그리 오래 가지 못했다. 그리스도의 질문은 수사학적인 성격을 띤 것이었다. 그 질문은 주님 자신이 아니라, 그들을 깨우치기 위한 것이었다. 그분은 그것이 언어의 함정이라는 것을 보여주시고, 그 질문의 참된 의도를 드러내셨다. 그분은 누구도 부인할 수 없는 결론을 제시하셨다.

> 가시나무가 포도를 맺고 엉겅퀴가 무화과를 맺는다고 믿는 것이 불합리하다면, 나의 참 제자라고 주장하면서 제자의 열매를 맺지 못하는 것도 불합리하기는 마찬가지다. 누구든지 가시나무에서 포도를, 엉겅퀴에서 무화과를 얻을 수 있다고 주장한다면 정신병자거나 거짓말쟁이거나 둘 중 하나다. 마찬가지로 누구든지 제자의 열매를 맺지 못하면서 나의 제자라고 주장한다면 정신병자거나 부도덕한 악인이거나 둘 중 하나일 것이다.

어떤 사람이 중요한 약속에 한 시간 늦게 나타났다고 가정해 보자. 그는 어쩌면 몇 달 전에 계획된 큰 집회의 설교자였을 수도 있다. 마침내 그가 도착하자 사람들은 너무 늦었다며 불평을 토로했다. 그러자 그는 이렇게 변명했다.

"여러분, 정확한 시간에 호텔에서 출발했지만 오는 도중에 타이어가 펑크 났습니다. 타이어를 교환하는 도중에 너트가 손에서 떨어져 혼잡한 고속도로 한복판으로 굴러갔지 뭐예요. 아무 생각 없이 고속도로로 걸어가서 너트를 주웠죠. 그런데 허리를 펴고 일어서는 순간, 목재를 실은 30톤 화물차가 시속 100킬로미터로 나를 향해 질주해 와서는 정면으로 나를 들이받았습니다. 그래서 이렇게 늦었습니다. 불편을 끼쳐드려 죄송합니다."

그 설명을 듣고 있던 사람들은 설교자의 단정한 옷차림과 잘 빗겨진 머리를 보았다. 더욱이 그에게는 아무런 상처도 보이지 않았다. 그들은 그가 정신이상자거나 거짓말쟁이라고밖에 달리 생각할 수 없었다. 그렇게 결론지을 수밖에 없었던 이유는 그런 사고를 당한 가시적인 증거를 도무지 찾을 수 없었기 때문이다.

이런 비유는 복음주의 그리스도인들에게 한 가지 질문을 제기한다. "무엇이 더 위대한가? 목재를 실은 화물차인가, 하나님인가? 하물며 경차와 충돌해도 큰 상처를 입는 법인데 살아 계신 하나님과 마주쳤는데도 인격에 조금도 변화가 없다는 것이 과연 가능한 일일까? 하나님을 경험했다고 주장하면서 그런 주장을 뒷받침할 증거를 한 가지도 보여주지 못하는 사람이 이토록 많은 것은 대체 무슨 이유일까?"

여기에는 두 가지 이유가 있다. 하나는 신학적인 이유고, 다른 하나는 실천적인 이유다. 먼저 신학적인 이유는 중생이라는 위대한 교리가 한갓 인간의 결정으로 축소되었기 때문이다. 새로운 탄생은 인간의 본성을 변화시켜 새로운 피조물로 만드는 하나님의 초자연적인 사역이다. 이 교리를 옳게 이해하는 사람이 많지 않다.

실천적인 이유는 성경적인 복음이 아닌 것을 받아들여 단지 죄인의 기도를 드리는 것만으로 하나님께로 돌이킬 수 있다고 생각하기 때문이다. 사람들은 회개의 참된 본질에 무지할 뿐 아니라, 제자도의 요구나 신앙생활의 제한적인 속성을 의식하지 않는다. 그들은 좁은 문에 들어서지 않고, 넓은 길을 즐겁게 걸어가고 있다. 이들이 형식적인 신앙으로 양심을 묵살하고 그릇된 확신을 갖는 이유는 오늘날의 종교적인 권위자들이 참된 복음의 경고를 일깨워주지 않기 때문이다.[85]

---

[85] "오늘날의 종교적인 권위자들"이란, 복음과 회심에 관한 비성경적인 견해를 앞세워 청중에게 그릇된 구원 확신을 심어줄 뿐 그 참된 의미를 깨우쳐주지 못하는 복음주의 목회자, 청소년 사역자, 복음전도자를 가리킨다.

대인 논증

특정 형태의 윤리나 종교를 고백하는 사람들은 대체로 그리스도께서 강조하신 진리를 무시하거나 부인하는 경향이 있다. 사람의 내적 실체는 행위의 열매를 통해 드러날 뿐 고백의 빈도나 강도와는 무관하다는 진리 말이다. 바울 사도는 로마서에서 이 문제를 다루었다. 그는 율법을 자랑하고 이방인의 부도덕함을 비난하면서 자신도 그와 비슷한 악행을 일삼던 유대인들에 관해 길게 논했다. 그들은 "쉐마"를 암기하고 하나님과 그분의 율법에 충실하겠다고 고백했다. 그러나 그들의 행위는 그런 고백과 일치하지 않았다. 바울은 이렇게 말했다.

> 유대인이라 불리는 네가 율법을 의지하며 하나님을 자랑하며 율법의 교훈을 받아 하나님의 뜻을 알고 지극히 선한 것을 분간하며 맹인의 길을 인도하는 자요 어둠에 있는 자의 빛이요 율법에 있는 지식과 진리의 모본을 가진 자로서 어리석은 자의 교사요 어린아이의 선생이라고 스스로 믿으니 그러면 다른 사람을 가르치는 네가 네 자신은 가르치지 아니하느냐 도둑질하지 말라 선포하는 네가 도둑질하느냐 간음하지 말라 말하는 네가 간음하느냐 우상을 가증히 여기는 네가 신전 물건을 도둑질하느냐 율법을 자랑하는 네가 율법을 범함으로 하나님을 욕되게 하느냐(롬 2:17-23).

유대인들 사이에서 존재한 이 오류가 현대 복음주의 안에 만연해 있다. 거듭났고 영생을 소유했다고 주장하지만, 삶과 고백이 서로 일치하지 않는 복음주의자가 많다. 그들은 이 문제에 관한 그리스도의 가르침을 무시한다. 게다가 종종 노골적으로 거부하며, 그와 상충하는 가르침을 전하고 있다. 거짓 회심자는 자신의 마음속에는 참 신앙과 하나님에 대한 사랑이 간직되어 있기 때문에 누구라도 자신의 마음을 들여다볼 수 있다면 그 사실을 의심하지 않을 것이라고 주장한다. 설상가상으로, 그는 종종 그리스도의 가르침을 내세워 자신을 질책하는 자를 논박하기까지 한다. 그가 즐겨 사용하는 성경 구절은 "비판을 받지 아니하려거든 비판하지 말라"(마 7:1)이다. 그는 회심의 진정성을 옹호하기에 급급한 나머지 성경을 왜곡시켜 자신의 멸망을 재촉하고 있다는 사실을 의식하지 못한다.

거짓 회심자가 자신의 회심을 의심하는 사람을 대하는 태도는 철학자와 논리학자가 흔히 "대인논증"(對人論證, argumentum ad hominem)으로 일컫는 고전적 오류를 보여주는 완벽한 사례다. 이 오류는 상대방이 주장하는 것의 진실성이나 건전성을 논리적으로 따지기보다 그의 인격을 공격하는 데 초점을 맞추는 순간 발생한다. 바꾸어 말해, 이는 인격이나 동기에 결함이 있으면 상대방의 말을 무조건 잘못되었다고 추론하는 것이다. 이 추론의 목적은 상대방의 인격을 공격하고 심문하여 그의 주장이 틀렸다고 논박하는 데 있다.

거짓 회심자는 누군가가 자신의 회심을 의심할 때마다 이런 추론의 형식을 종종 사용한다. 예를 들어보겠다. 한 장로가 삶이 차츰 방탕해지는 교인을 발견하고는 조언해 줄 필요가 있음을 절감했다. 장로는 그를 사랑하는 마음으로 몇 가지 구체적인 증거를 열거하며 그의 회심을 의문시했다. 그러나 그 교인은 자기를 꾸짖는 말이 타당한지 깊이 숙고하거나 적절한 설명으로 오해라는 것을 밝히려는 태도를 취하지 않고, 곧바로 그 장로를 날카롭게 비판하기 시작했다. 그는 장로를 바리새인처럼 판단을 일삼는 사람으로 몰아세웠다. 그는 "판단받지 않으려면 판단하지 마시오"라고 경고했다. 그리고 형제의 눈에 있는 티를 빼내려고 하지 말고 자신의 눈에 있는 들보부터 빼내라고 주장했다(마 7:3-5). 그는 다른 사람의 마음속에 있는 것을 알 수 있다거나 누군가가 그리스도인이 아니라고 말할 수 있는 권한이 있다고 생각하지 말라며 장로를 나무랐다. 거짓 회심자는 문제의 초점을 자기에게서 상대방에게로 옮겨 자신을 향한 비판을 다른 사람에게로 돌렸다. 그는 장로를 사랑이 없는 교만한 사람으로 몰아세웠다.

결국 거짓 회심자는 회심과 그 증거에 관한 그리스도의 가장 중요한 가르침을 부인했다. 게다가 그것을 왜곡시켜 아무 사심 없이 사랑으로 도움을 베풀려고 한 사람들을 비난했다. 복음주의 설교자들의 설교가 거짓 회심자를 둘러싸고 있는 튼튼한 보호막을 만들어주거나 강화하는 경향이 있다는 것은 참으로 불행한 현실이 아닐 수 없다.

내적 실체를 보여주는 외적 증거

예수님의 말씀은 언뜻 생각하면 어린아이도 이해할 수 있는 비유를 사용한, 재미있는 말처럼 들리기도 한다. 그러나 사실은 회심의 사역, 인간의 본성과 의지의 관계에 관한 가장 심오한 진리 가운데 하나다.

> 이와 같이 좋은 나무마다 아름다운 열매를 맺고 못된 나무가 나쁜 열매를 맺나니 좋은 나무가 나쁜 열매를 맺을 수 없고 못된 나무가 아름다운 열매를 맺을 수 없느니라(마 7:17, 18).

이미 지적한 대로 복음주의 공동체 안팎에 있는 현대인들은 본성과 의지를 부자연스럽게 분리한다. 이것은 현대 복음주의의 근간에 놓여 있는 오류로 복음주의 전체를 뒤흔들 만한 약점을 만들어냈다. 또한 인간의 본성과 행위를 분리시켜 생각하게 만드는 결과를 가져왔다.

좋은 나무가 좋은 열매를 맺고, 나쁜 나무가 나쁜 열매를 맺는다는 예수님의 말씀은 나무의 본질과 그 열매가 긴밀한 관계를 맺고 있다는 사실을 보여준다. 물론 좋은 나무도 때로 흠이 있는 열매를 맺고, 나쁜 나무도 때로 좋은 열매를 맺을 수 있다. 그러나 전체적인 수확은 대부분 나무의 본질과 거의 일치한다. 좋은 나무에는 나쁜 나무와 구별되는 사실을 입증하기에 충분한 열매가 열리기 마련이다. 창조 사역이 처음 이루어졌을 당시 나무들은 제각기 그 종류대로 열매를 맺었다(창 1:12).

종교와 도덕을 다루는 지식 외에 다른 모든 지식의 분야에서는 열매와 본질, 특성과 종류, 행위와 본성이 서로 떼려야 뗄 수 없는 관계를 맺고 있음을 당연한 사실로 인정한다. 열매를 보고서 나무의 종류를 구별하지 못하거나 특성과 습관을 면밀히 관찰하고서도 동물의 종류를 식별하지 못하는 사람은 거의 없다. 우리는 들판에서 두 개의 작은 다리와 물갈퀴가 있는 발과 깃털을 가진 동물을 보면 그것이 말이 아니라는 사실을 곧 알 수 있다. 그 동물이 말과는 달리 뒤뚱거리면서 걷고, 헤엄을 잘 치고, 북쪽에서 남쪽으로 철따라 이동하는 특성이 있는 것을 보면 우리의 판단이 옳다는 것이 분명하게 확인된다. 그 동물은 말처럼 생기지도, 행동하지도 않기 때문에 우리는 그것이 말이 아니라고 확실하게 결론지을 수 있다.

그러나 웬일인지 신앙고백과 관련해서는 그런 판단력을 상실한 채 그리스도의 가르침을 대중적인 통념으로 대체하는 경우가 많다. 복음주의 공동체는 회심을 새로운 탄생이라는 기적을 일으키는 하나님의 초자연적인 사역으로 간주하지 않는 것처럼 보인다. 요즘에는 그리스도인을 단지 사고방식을 바꾼 사람으로 간주하는 경향이 있다. 중생의 열매와 성화는 그리스도인의 삶에서 일어날 수도 있고, 일어나지 않을 수도 있는 일로 취급된다. 사람들은 우리가 허용해야만 비로소 하나님이 우리 안에서 시작하신 착한 일을 끝까지 완수하실 수 있을 것이라고 생각한다(빌 1:6). 우리는 하나님이 만드신 바 곧 전에 예비하신 선한 일을 위해 지으심을 받은 자들이지만, 우리가 그 안에서 행하는 것을 선택하지 않으면 하나님의 계획은 모두 무용지물이 된다는 식이다(엡 2:10). 이런 이유로 어떤 사람들은 그리스도를 믿어 의롭다 하심은 받았더라도 그분과 협력해 성화를 이루는 일은 선택하지 않을 수도 있다고 생각한다.

이것은 대중적인 생각이지만 사실과는 거리가 멀다. 하나님을 자기 백성의 의지를 거칠게 다루는 강압적인 신으로 묘사하는 견해도 잘못이기는 마찬가지다. 물론 그리스도 안에서의 성장과 결실은 우리의 의지에 달려 있다. 그러나 우리는 우리의 의지가 성령의 거듭나게 하시는 사역을 통해 획기적으로 변화된 우리의 본성에 의존한다는 사실을 잊어서는 안 된다. 우리가 열매를 맺겠다고 결심할 수 있는 이유는 열매 맺기를 바라는 마음이 있기 때문이다. 그런 바람은 우리의 새로운 본성에서 비롯한다. 하나님은 강요나 통제가 아닌 재창조의 사역을 통해 자원하는 마음을 주신다. 우리가 선한 열매를 맺을 수 있는 이유는 그분이 우리를 그런 열매를 맺을 수 있는 나무로 변화시키셨기 때문이다.

기독교는 우리의 본성과 다른 것이 되라고 요구하지 않는다. 의를 행하는 것은 우리의 타락한 육신과는 여전히 상극을 이루지만, 우리의 새로운 본성이나 성향을 거스르지 않는다(갈 5:17).[86] 우리는 참된 의와 거룩함 안에서 하나님의 형상으로 재창조된 새로운 피조물이다(고후 5:17, 갈 6:15). 우리가 의를 행하는 이유는 의를 사랑하기 때문이다. 우리는 의를 행하지 못했을 때 그런 자신을 미워한다. 우리의 변화는 부활할 때 온전해지지만, 회심하는 날부터 이미 시작되었다. 우리는 새로운 탄생을 통해 새로운 피조물이 되었다. 이 진리를 실질적인 의미가 없는 비유나 낭만적인 표현으로 생각해서는 안 된다. 이것은 그리스도인의 진정한 현실이다.

> 그런즉 누구든지 그리스도 안에 있으면 새로운 피조물이라 이전 것은 지나갔으니 보라 새것이 되었도다(고후 5:17).

새로운 탄생의 현실은 좋은 나무는 나쁜 열매를 맺을 수 없고, 나쁜 나무는 좋은 열매를 맺을 수 없다는 예수님의 말씀을 뒷받침하는 교리적인 토대를 제공한다. 그분이 가르치신 진리는 심오하면서도 단순하다. 나무는 자신의 본성에 어긋나는 열매를 맺을 수 없다. 아담의 타락한 후손은 하나님을 기쁘시게 하는 삶을 살 수 없다. 하나님의 거듭난 자녀는 하나님을 계속 거역하며 살아갈 수 없다. 그리스도인의 삶에서 이루어지는 하나님의 가지치기 사역, 곧 성화는 의의 열매를 수확하여 예수 그리스도로 말미암아 하나님께 영광과 찬송을 돌리는 결과를 만들어낸다(빌 1:11). 참된 그리스도인은 빛의 자녀처럼 행하고, 모든 착함과 의로움과 진실함을 나타내는 의의 열매를 맺는다(엡 5:8, 9). 우리는 나무와 열매에 관한 그리스도의 놀라운 진리를 단지 한 가

---

86) 찰스 레이터 목사와 나눈 대화에 근거한다.

지 측면만 가르치는 경향이 있다. 우리는 비그리스도인들에게 행위로는 구원을 받을 수 없으니 육체를 신뢰하지 말라고 가르친다(롬 3:20, 갈 2:16, 엡 2:8, 9, 빌 3:3). 그리고 그들에게 육신의 생각은 하나님과 원수가 된다고 옳게 말한다(롬 8:7). 또한 행위로 구원받을 수 없다는 진리가 모두에게 예외 없이 적용된다고 강조한다. 나쁜 나무가 좋은 열매를 맺을 수 없듯 거듭나지 못한 마음은 율법의 의로운 요구를 충족시킬 수 없다.

이 놀라운 진리를 열심히 옹호하고 선포하는 것은 칭찬받을 만하다. 그러나 좋은 나무가 나쁜 열매를 맺을 수 없다는 진리는 왜 좀처럼 언급하지 않는지 궁금하다. 회심하지 않은 사람이 하나님을 기쁘시게 하는 삶을 사는 것은 불가능하다. 이처럼 그리스도인이 끊임없이 그분을 대적하며 열매 없는 삶을 사는 것도 불가능하다. 하나님은 자신의 포도원에 온갖 정성을 다 쏟으시기 때문에 가지 하나라도 열매를 맺지 않는 법이 없다. 하나님은 그렇게 되도록 절대 허용하지 않으신다. 하나님은 놀라운 섭리로 자기 백성의 연약함과 그들을 해롭게 하는 상황을 모두 다스리신다. 하나님의 백성은 속도나 정도는 제각기 다르지만, 모두 열매를 맺는다.

우리는 아무것도 할 수 없는 가지에 불과하지만, 하나님이 우리를 그리스도께 접붙이셨다(요 15:4, 5). 우리는 우리의 무게를 감당하지 못해 아래로 늘어지지만, 충실한 포도원 농부이신 하나님은 더 많은 열매를 맺게 하기 위해 가지를 적당히 쳐내신다(요 15:2). 우리가 두려움과 떨림으로 우리의 구원을 이룰 때 주권자이신 하나님이 우리 안에서 역사하셔서 그 기쁘신 뜻을 위해 소원을 두고 행하게 하신다(빌 2:12, 13). 우리는 게으름과 불순종을 일삼는 자녀이지만, 주님이신 하나님은 우리를 징계하셔서 그 거룩하심에 참여하게 하신다(히 12:9, 10). 우리는 늘 조금씩 성장한다. 우리는 하나님의 만드신 바이며, 우리 안에서 착한 일을 시작하신 그분이 그 일을 온전히 이루실 것이다(엡 2:10, 빌 1:6). 그러나 우리가 항상 열매를 맺지 못한다면 그리스도께 접붙여졌다고 확신하기 어렵다. 가지치기가 한 번도 이루어지지 않았다면 하나님은 우리를 재배하는 포도원 농부가 아니시다. 성화가 조금도 이루어지지 않는다면 우리는 그분이 만드신 바가 아니다. 방탕한 우리에게 징계가 주어지지 않는다면 하나님은 우리의 아버지가 아니시다(히 12:5-11).

> 어찌 아버지가 징계하지 않는 아들이 있으리요 징계는 다 받는 것이거늘 너희에게 없으면 사생자요 친아들이 아니니라(히 12:7, 8).

그리스도의 이름을 고백하고 영생을 얻었다고 주장하는 모든 사람에게 이 진리가 선포되어야 한다. 우리는 "사람을 외모로 판단하지 말라"는 관대한 주장을 제기할 때마다 좋은 나무가 나쁜 열매를 맺을 수 없다는 진리를 결코 잊어서는 안 된다. 그리스도인은 달릴 때도 있고, 걸을 때도 있으며, 길 때도 있고, 미끄러질 때도 있으며, 넘어질 때도 있다. 그러나 참된 그리스도인은 "어떤 것은 백 배, 어떤 것은 육십 배, 어떤 것은 삼십 배가 되느니라"(마 13:23)는 말씀대로 인생을 살아가는 동안 차츰 성장하며 좋은 열매를 맺는다.

19
거짓 고백의 위험

나더러 주여 주여 하는 자마다 다 천국에 들어갈 것이 아니요 다만 하늘에 계신 내 아버지의 뜻대로 행하는 자라야 들어가리라 그날에 많은 사람이 나더러 이르되 주여 주여 우리가 주의 이름으로 선지자 노릇 하며 주의 이름으로 귀신을 쫓아내며 주의 이름으로 많은 권능을 행하지 아니하였나이까 하리니 그때에 내가 그들에게 밝히 말하되 내가 너희를 도무지 알지 못하니 불법을 행하는 자들아 내게서 떠나가라 하리라 …… 그러므로 누구든지 나의 이 말을 듣고 행하는 자는 그 집을 반석 위에 지은 지혜로운 사람과 같으리니 비가 내리고 창수가 나고 바람이 불어 그 집에 부딪치되 무너지지 아니하나니 이는 주추를 반석 위에 놓은 까닭이요 나의 이 말을 듣고 행하지 아니하는 자는 그 집을 모래 위에 지은 어리석은 사람 같으리니 비가 내리고 창수가 나고 바람이 불어 그 집에 부딪치매 무너져 그 무너짐이 심하니라(마 7:21-23, 24-27).

이 말씀은 성경에서 가장 엄숙한 본문 가운데 하나다. 이 본문은 이 시리즈의 결론으로 매우 적합하다. 참된 복음 사역의 중요성을 일깨워주기 때문이다. 이 본문을 읽는 순간 우리는 그리스도께서 사소하고 일시적인 문제가 아닌 영원한 운명을 다루고 계신다는 사실을 즉시 알 수 있다. 마치 그분의 말씀을 통해 무서운 강풍이 불어와 우리의 시야를 가린 구름을 일시에 흩어버리는 듯한 느낌이 든다. 시야가 걷히면서 우리를 기다리고 있을 일이 분명하고도 섬뜩하게 눈앞에 떠오른다. 장차 모든 인류와 더불어 그리스도 앞에서 마지막 운명을 선고받게 될 위대한 심판의 날 말이다.

언젠가는 인류 가운데서 이삭을 줍듯 사람들을 가려낼 날이 도래할 것이다. 모든 나라와 족속과 백성과 방언에서 아무도 셀 수 없는 큰 무리가 나아와 보좌와 어린양 앞에 서게 될 것이다(계 7:9). 그들은 흰 옷을 입고 큰 소리로 "구원하심이 보좌에 앉으신 우리 하나님과 어린양에게 있도다"(계 7:10)라고 외칠 것이다.

이들은 하나님의 인정을 받아 주인의 기쁨에 참여할 사람들이다(마 25:21, 23). 이들은 살아 계시는 하나님의 도성에 들어가 온전하게 된 성도와 천사들과 더불어 하나님과 어린양 앞에서 영원히 살게 될 것이다(히 12:22-24, 계 21:23). 하나님이 그들의 눈에서 모든 눈물을 닦아주실 것이다. 다시는 죽음도, 슬픔도, 울부짖음도, 아픔도 없을 것이다. 이 타락한 세상의 두려운 것들이 모두 사라질 것이다(계 21:4). 그들은 다른 곳에서 천 날을 보내는 것보다 하나님의 성전에서 하루를 보내는 것이 더 나음을 알게 될 것이다(시 84:10). 그분의 임재 안에 기쁨이 충만하고, 그분의 오른손 안에 영원한 즐거움이 있음을 발견하게 될 것이다(시 16:11). 그들이 포기한 세상의 모든 기쁨과 만족은 그들이 지금 느끼는 가장 작은 기쁨과 족히 비교될 수 없을 것이다. 사는 동안 눈에 보이지 않는 주님을 믿고 사랑한 그들이 이제는 그분을 직접 보고 말로 다 표현할 수 없는 영광스러운 즐거움으로 기뻐한다(벧전 1:8).

이들의 맞은편에도 각 나라와 족속과 백성과 방언에서 아무도 셀 수 없는 큰 무리가 나아와 함께 모여 있다. 그 숫자는 맞은편에 있는 무리를 조금 남은 소수로 보이게 할 만큼 많다. 그들은 하늘의 보좌 앞에 억지로 끌려나와 그 위에 앉으신 분의 주권을 어쩔 수 없이 인정해야 할 처지가 되었다(빌 2:10, 11). 전에 대담하던 그들의 안색은 모두 사라지고, 지금은 모두 공포에 질려 있다. 그들은 하찮고 무가치한 질그릇처럼 산산이 깨어진다(시 2:9, 계 2:27). 그들은 용광로 앞에 있는 작은 밀랍 조각상처럼 하나님의 보좌 앞에서 녹아내린다.[87] 그들은 산과 바위를 향해 하나님과 어린양의 범접하기 힘든 빛에서 자신을 숨겨달라고 부르짖는다(딤전 6:16, 계 6:16). 그러던 중 그들의 외침이 갑자기 중단되고, 그리스도께서 마지막 판결을 선고하신다. "불법을 행하는 자들아 내게서 떠나가라"(마 7:23).

그런 다음 그들은 하나님의 손에 의해 지옥에 던져진다. 두려워하며 심판을 기다리는 그들의 운명이 영원히 결정된다(마 5:29, 30, 18:9, 막 9:45, 47, 눅 12:5, 히 10:27, 벧후 2:4). 그들은 새로 거하게 된 장소에서 살아 계신 하나님의 손에 빠져 들어가는 것이 무섭다는 사실을 절실히 실감한다(히 10:31). 그들은 바깥 어두운 곳에 영원히 머무르고 슬피 울며 이를 갈게 된다(마 8:12, 22:13, 25:30, 유 1:13). 그들은 하나님의 온전한 분노가 담겨 있는 진노의 포도주를 마신다. 그들이 당하는 고통의 연기가 영원히 피어오르고, 그들은 밤낮으로 조금도 편안할 때가 없다(계 14:9-11). 그들은 귀신들을 위해 예비된 장소에서 그들과 함께 거한다. 그곳은 구더기도 죽지 않고, 불도 꺼지지 않는 장소다(마 25:41, 막 9:44-48, 벧후 2:4, 유 1:6). 지옥에 온몸이 던져지는 것보다는 차라리 태어나지 않았거나, 장애인이나 절름발이나 맹인으로 영생에 들어가는 편이 훨씬 나았을 것이다(마 26:24, 막 9:43-47).

---

87) 찰스 레이터 목사와 나눈 대화에 근거한다.

아마도 우리는 이런 말씀이 단순한 과장, 곧 시인의 비유법에 불과하기를 간절히 바랄 것이다. 이 말씀이 단테나 괴테나 말로와 같은 사람들의 말이었다면 무시할 수도 있겠지만, 사실은 그렇지 않다.[88] 이 말씀은 일점일획도 무시할 수 없는 그리스도의 말씀이다(마 5:18). 마지막 심판, 천국과 지옥에 관한 그리스도의 가르침을 믿는다면 그런 일이 실제로 일어날 것이라고 확신할 수 있다. 세상의 종말이 다가오고 있다. 마지막 심판은 그것에 관해 듣는 모든 사람의 귀가 울릴 정도로 엄청날 것이다(삼상 3:11, 왕하 21:12, 렘 19:3).

이런 진리는 현대 복음주의 설교자들의 경박하고 오락적인 설교가 왜 심각한 문제인지 분명하게 보여준다. 영원한 운명이 걸려 있는데 왜 교회와 목자들은 일시적인 것에만 집착하는 것일까? "시온에서 나팔을 불며" 교회 안에서 경종을 울리라! 이 땅에 사는 모든 사람들을 떨게 하라. 여호와의 심판의 날이 오고 있다. 그날이 다가오고 있다!(욜 2:1) 우리 모두 하나님이 영원의 경계선에 서서 그 엄중한 현실을 직시할 수 있는 사람들, 곧 세상을 향해 "네 하나님을 만나기를 준비하라"(암 4:12)고 외칠 수 있는 일꾼들을 허락해 주시기를 기도하자.

신앙고백의 가치

마태복음 7장 21절은 "나더러 주여 주여 하는 자마다 다 천국에 들어갈 것이 아니요"라는 말씀으로 시작한다. 이는 그리스도께서 가르치신 가장 엄중한 말씀 가운데 하나다. 그리스도의 경고가 무신론자

---

88) 단테는 지옥의 공포를 묘사한 『신곡』이라는 작품을 쓴 이탈리아의 시인이고, 괴테와 말로는 독일의 전설 『파우스트』를 소재로 각각 작품을 저술한 작가다. 『파우스트』는 자기의 영혼을 내주고 지식과 쾌락을 얻기로 마귀와 거래한 한 학자에 관한 이야기다.

나 비그리스도인들에게 주어진 것이 아니라는 사실에 유념하라. 물론 그분은 다른 종교를 믿는 자들이나 자신의 이름을 노골적으로 거부하는 자들에게 말씀하지도 않으셨다. 그분의 경고는 그리스도인이라는 이름으로 그분의 제자를 자처하며, 성경에 일치하는 신조와 신앙고백을 소유하고 있는 사람들을 겨냥한다.

그리스도의 말씀은 우리를 위한 것이다. 그분의 말씀은 마치 창으로 우리의 심장을 찔러 우리를 위험한 잠에서 깨우려는 듯한 의도를 지닌다. 이 말씀은 우리의 생각을 점검하고, 우리 자신을 신중하게 시험할 것을 요구한다. "그리스도를 아는가? 또 그분이 우리를 아시는가? 우리의 영혼은 건강한가?" 우리의 영원한 운명이 달려 있는 상황에서 스스로 속을 가능성이 높다. 마지막 날에 수많은 사람이 "주여 주여" 하면서 그리스도를 맞이할 테지만, 그분은 그들의 찬사를 거부하고 "불법을 행하는 자들아 내게서 떠나가라"(마 7:23)고 선언하실 것이다. 좁은 길을 가는 자는 적고, 넓은 길을 가는 자는 많다는 그리스도의 경고가 과장이라고 생각했다면 더 이상 그래서는 안 된다.

이것은 지고한 권위를 지니신 분의 경고다. 그분의 경고에 주의를 기울여야 마땅하지 않겠는가? 우리는 예수님을 주님으로 부르는 수많은 사람들 가운데 속해 있다. 그러나 주님의 경고가 우리를 겨냥한 것일 가능성도 배제할 수 없지 않겠는가? 주님은 그리스도인의 무리에 속한 사람이 모두 다 참된 그리스도인은 아니라고 경고하셨다. 우리가 혹시 무리들 가운데 숨을 수 있다고 착각한 아간과 같지는 않을까?(수 7:18-20) 예복을 갖춰 입지 않았는데도 들키지 않고 혼인 잔치에 들어갈 수 있다고 생각하는가?(마 22:11-13) 회심하지 않았는데도 스스로 그렇다고 속았을 가능성이 얼마든지 있지 않은가? "나는 아니지

요"(마 26:25)라고 말한 가룟 유다처럼 마음을 강퍅하게 하고 있지는 않은가?

예수님은 본문에서 남몰래 신앙생활을 하는 제자들이나 믿음을 공개적으로 고백하기를 부끄러워하는 사람들에게 경고하지 않으셨다. 그분은 담대히 자신의 주재권을 인정하는 사람들에게 경고하셨다. 이 사실은 "주여 주여"라는 그들의 외침을 통해 분명하게 확인된다. 히브리어에서 반복어법은 강조의 목적으로 사용되었다. 이사야가 환상 중에 보좌에 앉으신 하나님을 보았을 때 스랍들이 "거룩하다 거룩하다 거룩하다"(사 6:3)라고 그분을 찬양했다. 이 반복어법은 하나님의 거룩하심을 강조하는 최상급 표현이다. 마찬가지로 본문의 반복어법도 예수님을 담대히 주님으로 일컫는 사람들 가운데 심판의 날에 버림받을 사람이 많을 것이라는 사실을 보여준다. 이런 사실은 예수 그리스도를 믿는 믿음을 고백했더라도 그 진정성을 입증하는 열매가 뒤따르지 않으면 아무 가치도 없다는 두려운 진리를 상기시켜준다.

회심의 증거

예수 그리스도의 주재권을 담대하게 자주 고백하는 것이 참 회심의 증거가 아니라면 그 증거는 대체 무엇일까? 우리는 이미 성경구절 두 곳을 중심으로 그 대답을 자세히 살펴보았다. 예수님은 마태복음 7장 16절과 20절에서 진정으로 회심한 사람들은 그들의 열매로 알 수 있다고 가르치셨다. 그분은 마태복음 7장 21절에서도 자신을 주님으로 일컫는 이들이 모두 천국에 들어가는 것은 아니고, "하늘에 계신 내 아버지의 뜻대로 행하는 자라야 들어가리라"고 거듭 말씀하셨다.

예수 그리스도의 주재권에 대한 고백과 우리의 회심의 진정성은 성부 하나님의 뜻에 대한 복종으로 입증된다. 그리스도를 닮은 인격과 의의 사역이 뒤따르지 않는다면 예수 그리스도를 믿는다는 고백과 천국에 갈 수 있다는 확신은 사상누각이 되고 말 것이다. 심지어는 기독교 사역에 활발하게 참여하여 많은 성공을 거둔다고 해도 그것이 회심의 증거가 될 수는 없다(마 7:22).

이 진리를 놀랍게 여겨서는 안 된다. 이것은 마태복음 7장을 관통하는 공통 주제다. 좁은 문을 통과했다는 증거는 그리스도의 계명이 규정하는 좁은 길을 계속해서 걸어가는 것이다(마 7:13, 14). 어떤 사람이 회심하여 좋은 나무가 되었다는 것은 좋은 열매를 맺고 있는 것으로 입증된다. 나무는 제각기 그 열매로 알게 되기 때문이다(마 7:16-20, 눅 6:44). 예수 그리스도를 주님으로 고백한 것이 참되다는 증거는 성부와 성자의 뜻을 행하는 것이다(마 7:21, 눅 6:44). 반석 위에 삶을 건설하여 미래의 심판에서 안전하다는 증거는 그리스도의 말씀을 듣고 행하는 것으로 입증된다(마 7:24-27).

이런 진리를 가르치는 성경말씀은 마태복음 7장 말고도 많다. 바울 사도는 우리가 믿음 안에 있는지 철저히 시험하라고 권고했다(고후 13:5). 또한 그는 하나님을 안다고 하면서 행위로 그분을 부인하는 사람들이 있다고 경고했다(딛 1:16). 베드로 사도는 부지런히 우리의 택하심과 부르심을 굳게 하라고 권고했다(벧후 1:10). 그는 그런 권고와 더불어 진정으로 회심하여 하나님의 백성이 되었을 때 뒤따르는 미덕들, 즉 믿음, 덕, 지식, 절제, 인내, 경건, 형제 우애, 사랑을 제시했다(벧후 1:5-7). 이런 미덕들이 우리 삶에 존재하고 더욱 성장해 나간다면, 우리가 진정으로 거듭나 하나님의 성품에 참여하는 자가 되었다고 확신할 수 있다(벧후 1:4, 8). 그러나 그런 미덕들이 보이지 않는다면 우리의 영적 상태를 심각하게 살펴봐야 한다. 베드로는 "이런 것이 없는 자는 맹인이라"(벧후 1:9)고 경고했다.

요한 사도는 행위가 구원 신앙과 회심의 증거라는 전제 아래 요한일서를 집필했다. 그의 서신은 하나님의 모든 자녀의 삶에서 정도가 다양하게 나타나는 도덕적 자질을 상세히 열거했다. 그런 자질이 가시적인 현실로 드러나 나날이 성장해 간다면 영생을 소유했다고 확신할 수 있다(요일 5:13). 그러나 그런 자질이 보이지 않는다면 우리가 진정한 그리스도인인지 심각하게 고민해 봐야 한다. 야고보는 행위가 구원 신앙의 증거이자 결과물이라고 강조했다(마 13:55, 행 12:17, 15:13, 21:18, 고전 15:7, 갈 1:19, 2:9). 야고보의 말을 오해하거나 그릇 해석하는 경우가 많지만, 그는 바울이 가르친 이신칭의의 교리를 결코 부인하지 않았다. 두 사람은 같은 동전의 서로 다른 양면을 언급했을 뿐이다. 바울은 칭의의 원인을 다루었고, 야고보는 그 결과를 다루었다. 우리는 오직 믿음으로 구원받는다. 그러나 믿는 자들은 성령으로 거듭나 하나님의 섭리를 통해 보호받는다. 따라서 참된 그리스도인은 누구나 행위를 통해 믿음을 입증하고, 열매를 맺을 것이라고 확실하게 장담할 수 있다. 야고보는 "행함이 없는 믿음은 죽은 것이니라"(약 2:26)고 경고했다. 그리고 그렇게 생각하지 않는 사람들을 향해서는 조롱하듯 이렇게 말했다.

> 행함이 없는 네 믿음을 내게 보이라 나는 행함으로 내 믿음을 네게 보이리라(약 2:18).

야고보에 따르면, 믿음을 고백하면서도 열매가 없는 사람은 귀신들보다 못하다. 귀신들은 최소한 두려워 떨기라도 한다(약 2:19).

지금까지 말한 대로 그리스도와 사도들의 가르침은 이신칭의라는 기독교의 핵심 교리를 부인하지 않는다. 그들의 가르침은 단지 사물의 내적 본질이 그 결과와 행위에 의해 드러난다는 보편적 진리를 단순히 확증할 뿐이다. 아울러 그리스도나 사도들은 완전에 가까운 열매를 맺는 성숙한 그리스도인만이 구원을 확신할 수 있다고 가르치지 않았다. 우리 가운데 가장 훌륭한 그리스도인도 수없이 실수를 저지르고, 많은 약점을 안고 있다. 우리는 자기 백성을 돌보시는 하나님의 긍휼과 은혜에 전적으로 의존한다. 그러나 참된 그리스도인의 성장은 그가 성령으로 거듭나 하나님의 자녀가 되었다는 가장 중요한 증거다.

이 진리에 비춰보면 오늘날의 복음 설교 중 대부분이 몹시 천박하고 피상적이라는 것을 통감하지 않을 수 없다. 현대의 복음 설교는 성경을 얄팍하게 다룬다. 그러면서 예수님을 주님으로 고백하고, 하나님이 그분을 죽은 자 가운데서 살리신 것을 마음으로 믿는다고 말하는 사람이면 누구에게나 구원을 약속한다(롬 10:9, 10). 진정한 회심과 참 믿음 없이 얼마든지 그렇게 고백할 수 있다고 경고하며 이 진리를 좀 더 분명하게 설명해야 하는데도 그렇게 하지 못하는 설교자가 넘쳐난다. 설교자들은 그리스도를 고백하는 사람들에게 그들의 고백이 참인지 거짓인지 확인할 수 있는 방법을 가르쳐주지 않는다. 오히려 설교자들은 사람들이 스스로 그분을 주님으로 고백했다고 생각한다면, 구원을 확신해도 좋다고 독려한다. 성경은 하나님 말씀에 자신을 철저히 비춰보며(고후 13:5), 부르심과 택하심을 굳게 하고(벧후 1:10), 열매의 질로 고백의 진정성을 판별하라고 가르치지만 그런 가르침을 무시하는 사람이 참으로 많다.

우리는 복음의 약속에는 반드시 복음의 경고가 뒤따른다는 사실을 기억해야 한다. 둘 중 어느 하나를 무시해도 참 복음이 아닌 "다른 복음"으로 변질된다(갈 1:6, 7). 교회사를 돌아보면 경건한 목회자들은 항상 회심자와 교인들에게 균형 있는 경고의 말을 일관되게 전한 것을 알 수 있다. 그러나 오늘날에는 그런 경고의 말이 매우 드문 데다가 아예 없는 경우도 많다. 임박한 심판의 칼날이 그리스도를 고백하는 많은 사람의 머리 위에 놓여 있는 이 절박한 순간에 나팔을 불어 경고하는 파수꾼이 너무 적다. 설교자들은 악인들에게 경각심을 일깨워주지 못한다. 결국 그들의 강단은 그들이 경고하지 못한 자들의 피로 붉게 물들고 말 것이다(겔 33:6).

안일하고, 천박하고, 인간중심적인 복음이 많은 교회 안에 만연한 오늘날의 상황에서는 정확하고 확실한 경고의 말씀이 그 어느 때보다 절실하다. 아무런 요구나 희생이 없는 복음, 육신을 만족시키는 복음이 홍수를 이루고 있다. 다른 사람들보다 더 많이 알고 있어야 마땅한 설교사들이 하나님을 밀어내고 인간을 높이는 메시지를 전한다. 단지 기도를 따라하는 것만으로 구원을 얻을 수 있다고 선전한다. 이른바 "회심자"는 몇 가지 사소한 변화를 거친 뒤 자기와 똑같이 안일한 신앙을 추구하는 수많은 군중과 손을 맞잡고 이전처럼 넓은 길을 활보하고 있다. 그들을 인도하는 종교적인 권위자들은 그런 믿음을 옹호하고 확증하고 있다. 게다가 그들의 양심을 마비시켜 진리가 그 속으로 뚫고 들어가지 못하게 만들고 있다.

복음주의 문화의 많은 부분이 관용, 관대함, 포용성, 너그러움 등을 가장 고귀한 미덕으로 치켜세우는 세속 문화의 지배를 받고 있다. 복음주의 교회 그리스도인과 설교자들은 성경에서 일탈된 교리와 윤리를 포용하는 것을 자랑스럽게 여긴다. 그들은 그런 변화가 거듭나지 못한 상태를 보여주는 증거라는 사실을 조금도 의식하지 못한다. 교리와 윤리의 모순을 발견하고서도 침묵하는 것이 과연 사랑일까, 아니면 성경에 대한 무지일까? 입으로는 그리스도를 고백하지만 행위로는 그분을 부인하는 사람들에 대한 경고를 자제하는 것이 과연 사랑일까, 아니면 자기보존과 사람들의 칭찬을 원하는 욕구일까? 그리스도를 말로 고백하는 것은 구원의 결정적인 증거가 될 수 없다. 그렇다면 구원의 증거는 무엇일까? 주님을 진정으로 알게 된 사람은 어떤 증거를 나타낼까? 예수님의 가르침은 매우 분명하다.

그들의 열매로 그들을 알지니 …… 그들의 열매로 그들을 알리라(마 7:16, 20).

나더러 주여 주여 하는 자마다 다 천국에 들어갈 것이 아니요 다만 하늘에 계신 내 아버지의 뜻대로 행하는 자라야 들어가리라(마 7:21).

그러므로 누구든지 나의 이 말을 듣고 행하는 자는 그 집을 반석 위에 지은 지혜로운 사람 같으리니(마 7:24).

거짓 회심자의 특징

마태복음 7장 21절은 그리스도께서 보좌에 앉아 계시고 그 앞에 많은 무리가 서 있는 광경을 묘사한다. 성경에서 가장 두려운 장면 가운데 하나다. 그들은 세상에서는 그리스도를 주님으로 불렀고, 더러는 그분의 이름으로 사역을 행하기까지 했다. 그러나 그들은 열매가 없고, 불순종을 일삼던 사람들이라는 것이 드러났다. 그리스도의 보좌 앞에서 감추어진 것이 모두 분명하게 드러났다(마 10:26, 막 4:22, 눅 12:2). 그들의 고백은 공허했고, 그들의 믿음은 귀신들의 믿음이었으며, 그들의 의로운 행위는 마음의 부패함에 찌든 더러운 옷과 같았다(눅 6:24, 딛 1:16, 약 2:19). 따뜻한 환영을 받으며 넉넉히 천국에 들어갈 것이라는 그들의 희망은 산산이 깨졌다(벧후 1:11). 그리스도께서는 그 의로우신 눈길로 그들을 가증스럽게 여기시며 "불법을 행하는 자들아 내게서 떠나가라"(마 7:23)고 소리치셨다.

이 두려운 말씀은 그리스도를 주님으로 고백했지만 심판의 날에 정죄 받아 내침을 당하게 될 사람들에 관한 중요한 사실 두 가지를 보여 준다. 첫 번째 사실은 그리스도께서 그들을 전혀 알지 못하신다는 것이다. "알다"는 14장에서 설명한 대로 헬라어 "기노스코"(ginosko)를 번역한 것이다. 여기에서 이 동사는 친밀한 연합과 교제의 의미를 담고 있다. 거짓 회심자들은 그리스도를 주님으로 고백했지만, 그분은 그들을 알지 못한다고 말씀하셨다. 이 말씀에는 여러 가지 의미가 함축되어 있다. 첫째, 이 말씀은 그리스도께서 선택받은 백성을 미리 알고 계신다는 것을 의미한다. 성경은 하나님의 모든 자녀의 이름이 창세로부터 어린양의 생명책에 기록되어 있다고 가르친다(계 13:8). 그러나 그리스도 앞에 선 사람들의 이름은 생명책에서 발견되지 않았다(계 20:15). 그들은 "하나님 아버지의 미리 아심을 따라 성령이 거룩하게 하심으로 순종함과 예수 그리스도의 피 뿌림을 얻기 위하여 택하심을 받은 자들"(벧전 1:2)이 아니었다. 둘째, 그들이 그리스도의 섭리적인 보호 밖에 있다는 것이다. 성경은 "무릇 의인들의 길은 여호와께서 인정하시나 악인들의 길은 망하리로다"(시 1:6)라고 말한다. 그리고 그리스도께서는 "내 양은 내 음성을 들으며 나는 그들을 알며 그들은 나를 따르느니라"(요 10:27)고 말씀하셨다. 그러나 그들은 그분의 양들이 아니었고, 그분은 그들의 목자가 아니셨다. 그분은 그들을 알지 못하셨고,

그들은 그분의 음성을 듣고 그분의 부르심을 따르지 못했다. 셋째, 그리스도와 그들 사이에 친밀한 교제가 이루어지지 않았다는 것이다. 그리스도의 말씀은 이런 의미를 담고 있다.

"너희는 내가 세상에 있는 동안 나를 구하지 않았다. 너희는 마음으로 나를 생각한 적이 거의 없다. 우리는 함께 어울리지도 않았고, 서로 교제를 나누며 즐거워하지도 않았다. 너희는 내게 가르침을 구하지 않았고, 내 말에 귀를 기울이지 않았으며, 나의 계명에 복종하지도 않았다. 나는 너희를 몰랐고, 너희도 나를 몰랐다."

복음주의자들은 흔히 그리스도를 아는 것이 인생에서 가장 중요하다고 말한다. 지당한 말이지만 어순을 조금 고쳐, 우리가 주님을 안다고 주장하는 것보다 주님이 우리를 아시는 것이 더 중요하다고 말하는 것이 좀 더 정확할 듯하다. 한 사람이 백악관에 가서 출입을 요청했다고 가정해 보자. 그는 즉시 붙잡혀 철저히 심문을 당할 것이다. 백악관에 거주하고 있는 대통령을 알고 있다고 고백하는 것만으로는 출입을 허락받지 못할 것이 분명하다. 그러나 대통령이 출입을 요구하는 그 사람을 안다고 말하면 그는 제지를 당하지 않고 즉시 안으로 들어갈 수 있을 것이다. 이미 살펴본 대로 그리스도를 믿는다는 고백은 열매, 곧 그것을 입증하는 행위가 없으면 아무런 가치가 없다. 그러나 우리를 아신다는 그리스도의 말씀은 무한한 가치를 지닌다. 아무도 능히 닫을 수 없는 문을 우리에게 열어주기 때문이다(계 3:8).

그리스도를 주님으로 고백했지만 정죄를 당한 사람들에 관한 두 번째 사실은 그들이 불법을 행한 것이다. 예수님은 마태복음 7장 23절에서 불법을 행하는 자들에게 떠나라고 말씀하셨다. "불법"은 법 없이 사는 상태를 뜻하는 헬라어 "아노미아"(*anomia*)를 번역한 것이다. 이 말은 무지나 나태, 또는 고의적인 반항심으로 하나님의 뜻을 거역하는 사람을 가리킨다. 이 말의 의미는 매우 중요하다. 거짓 고백의 본질을 드러내어 그리스도께서 그들을 가혹하게 다루신 이유를 밝혀주기 때문이다. 그리스도께서는 마치 거짓 회심자들을 경멸하시며 이렇게 말씀하시는 것처럼 들린다. "나의 제자라고 주장하며 나를 주님으로 고백하면서도 내가 너희에게 복종해야 할 명령을 주지 않은 것처럼 살아온 자들이여, 내게서 떠나가라."

"복음주의"라는 칭호를 사용하는 많은 사람에게 이보다 더 잘 적용할 수 있는 말씀은 없는 것 같다. 복음주의 공동체에 속한 자들 가운데 많은 사람이 문화에 순응하여 기독교를 계명이나 율법, 육신을 제어하는 장치가 없는 편리한 종교로 만들었다. 어떤 복음주의자들은 유다가 언급한 경건하지 못한 사람들처럼 "하나님의 은혜를 도리어 방탕한 것으로 바꾸고 홀로 하나이신 주재 곧 우리 주 예수 그리스도를 부인"(유 1:4)한다. 많은 복음주의자가 그리스도를 믿는다고 주장하지만 그분의 주권적인 뜻에 복종하지도 않고, 그분의 뜻대로 살지도 않고 있는 것은 부인할 수 없는 사실이다. 오늘날의 복음주의자들은 그리스도를 주님으로 고백하고 그분의 뜻에 실제로 복종하는 삶을 진지하게 생각하지 않는 경향이 있다. 왕이 다스리는 나라에 살면서 그의 명령을 무시하거나 거역하며 사는 사람을 과연 충실한 백성이라고 할 수 있을까? 그런데도 그렇게 생각하는 복음주의자가 몹시 많은 듯하다.

물론 우리는 율법에서 해방되어 그리스도를 따르며, 성령의 인도하심에 따라 살아간다(롬 7:1-6). 그러나 그리스도나 성령께서 율법을 반대하거나 거부하지 않으신다는 사실을 이해해야 한다. 사실 삶 속에서 그리스도께 진정으로 복종하고, 성령의 인도하심을 따른다는 사실을 확인할 수 있는 방법은 성경에 기록된 말씀을 통해서다. 우리가 그리스도를 사랑한다면 그분의 계명을 지킬 것이고(요 14:15), 성령의 인도하심을 따른다면 덕스러운 삶을 살 것이 분명하다. 그런 것을 금지할 법은 없다(갈 5:22, 23).

그리스도 안에 있는 하나님의 은혜는 아무런 지침 없이 살거나 세상의 풍조를 좇아 살도록 우리를 버려두지 않는다(엡 2:2). 우리는 더 이상 이방인들처럼 헛된 생각으로 무가치한 생활을 하지 않는다(엡 4:17, 18). 우리는 범사에 그리스도의 형상을 본받고(롬 8:29), 모든 생각을 사로잡아 그분께 복종시킨다(고후 10:5). 그런 삶은 성경에서 발견되는 지혜, 명령, 교훈을 부지런히 배우고 적절하게 적용하여 부분적으로 이루어진다(시 19:10, 11). 모세는 하나님의 계명이 교회와 그리스도인의 생명이라고 말했다(신 32:47). 다윗은 하나님의 말씀이 자기 발의 등이요 자기 길의 빛일 뿐 아니라, 청년이 자기의 행실을 깨끗하게 만드는 수단이라고 말했다(시 119:9, 105). 예수님은 이 말씀으로 하나님의 계명이 선택받은 백성의 삶을 이끄는 중심축이라는 사실을 확증하셨다.

> 사람이 떡으로만 살 것이 아니요 하나님의 입으로부터 나오는 모든 말씀으로 살 것이라(마 4:4).

바울 사도는 디모데에게 성경은 구원에 이르는 지혜를 제공하고, 교훈과 책망과 바르게 함과 의로 교육하기에 유익하다고 말했다(딤후 3:15-17). 요한 사도는 하나님의 계명을 지키는 것이 회심의 가장 큰 증거 가운데 하나라고 말했다(요일 3:4). 또한 그는 이렇게 덧붙였다.

> 하나님을 사랑하는 것은 이것이니 우리가 그의 계명들을 지키는 것이라 그의 계명들은 무거운 것이 아니로다(요일 5:3).

이렇듯 경건한 사람들은 한결같이 성경과 그 계명의 중요성을 인정했다. 이런 사실을 기억한다면 왜 그토록 많은 복음주의자가 계명을 언급하기만 해도 눈살을 찌푸리는지, 마치 그것이 삶의 기쁨을 제한하고 반대하는 것처럼 애써 거부하는지 그 이유를 묻지 않을 수 없다. 절대적인 기준을 제시하거나 옳고 그른 것을 구분하여 말하는 설교를 엄격한 율법주의요, 독선적이고, 사랑이 없는 행위라고 간주하는 이유가 무엇인가? 받아들이기는 어려울지 몰라도 그 대답은 무척 명확하다. 그 이유는 복음주의 공동체 안에 회심하지 않은 사람이 많기 때문이다.

그들은 겉모양은 그리스도인이지만 그들의 거듭나지 않은 마음은 하나님과 그분의 뜻을 대적한다(롬 1:30, 8:7). 그들이 하나님의 말씀을 부담스러워하는 이유는 그들이 미워하는 의를 요구하기 때문이다. 또한 그들이 그분의 말씀을 강제적으로 느끼는 이유는 그들이 좋아하는 악을 행하지 못하게 하기 때문이다.[89] 많은 복음주의자가 하나님의 말씀이 가르치는 도덕적이고 영적인 절대 진리에 무관심하고, 그것을 무시하며 반발하는 것은 그들이 경건의 모양만 갖추었다는 명백한 증거다(딤후 3:5). 그들은 멸망에 이르는 넓은 길을 걸어가면서 참된 기독교를 어설프게 흉내 내고 있다. 그들은 기도를 드리며, 웃는 얼굴로 자신을 편안히 맞아주는 모임에 참여한다. 나름대로 의미 있고 즐겁

---

[89] 찰스 레이터 목사와 나눈 대화에 근거한다.

기도 한 가정 중심적인 활동을 즐긴다. 그러나 그들은 스스로 속고 있다. 그들은 마음과 행위로는 불법을 행하는 자들일 뿐이다. 그들은 하나님의 계명을 의식하지 않고 살아가며, 자신이 옳다고 생각하는 것을 행한다. 그들은 적당한 신앙생활로 양심을 무마시키면서 육신을 만족시키며 사는 생활 방식을 터득했다. 그러나 그들은 마지막 날에 "불법을 행하는 자들아 내게서 떠나가라"(마 7:23)는 말씀을 듣게 될 것이다.

두려운 심판

그리스도께서는 마지막 심판의 날, 많은 사람을 향하여 인간의 귀로 듣기에 가장 두려운 판결을 선고하실 것이라고 경고하셨다. 그날에 그분은 불법을 행하는 자들에게 떠나가라고 명령하실 것이다. 이 명령은 다윗이 시편 6편 7-10절에 기록한 말씀과 매우 흡사하다.

> 내 눈이 근심으로 말미암아 쇠하며 내 모든 대적으로 말미암아 어두워졌나이다 악을 행하는 너희는 다 나를 떠나라 여호와께서 내 울음 소리를 들으셨도다 여호와께서 내 간구를 들으셨음이여 여호와께서 내 기도를 받으시리로다 내 모든 원수들이 부끄러움을 당하고 심히 떨리어 갑자기 부끄러워 물러가리로다.

이 본문에서 마지막 심판과 관련하여 생각할 수 있는 네 가지 진리를 발견할 수 있다. 첫째, 다윗은 원수들에게 자신을 떠나가라고 말했다. 그와 마찬가지로 그리스도께서도 마지막 심판의 날에 원수들에게 떠나가라고 말씀하실 것이다. 성경은 모든 사람이 본질상 "하나님이 미워하시는 자"요, 마음으로 그분을 대적하는 자라고 가르친다(롬 1:30, 8:7, 골 1:21). 하나님과 죄인 사이의 반목은 일방적이지 않고 상호적이다. 하나님은 거룩하고 의로우시기 때문에 죄인과 대적하시며, 그에게 전쟁을 선포하셨다.

> 곧 우리가 원수 되었을 때에 그의 아들의 죽으심으로 말미암아 하나님과 화목하게 되었은즉 화목하게 된 자로서는 더욱 그의 살아나심으로 말미암아 구원을 받을 것이니라(롬 5:10).[90]

죄인의 유일한 희망은 영원히 되돌릴 기회가 없어지기 전에 무기를 내려놓고 백기를 들어 투항하는 것이다. 일단 그리스도의 심판의 보좌 앞에 서면 평화의 감람나무 잎사귀가 거두어지고, 화목과 화해의 기회가 완전히 사라진다. 그때에는 히브리서 기자의 말대로 오직 무서운 마음으로 심판을 기다리는 것과 대적하는 자를 태울 맹렬한 불만 있게 될 것이다(히 10:27). 그리스도를 주님으로 고백하고 경건의 모양을 취했더라도(딤후 3:5) 주님은 그들이 뒤집어쓴 얇은 경건의 껍데기를 꿰뚫어보실 것이다. 그들은 공허한 고백에 만족하며 복음을 경홀히 여겼다. 그리고 하나님의 아들을 짓밟고, 언약의 피를 부정한 것으로 여겼으며, 은혜의 성령을 욕되게 했다(히 10:29). 따라서 그들은 타작마당에 모아놓은 곡식 단과 태워버릴 마른 나뭇가지처럼 될 것이다(미 4:12, 요 15:6). 그날은 하나님이 원수들에게 보복하시는 날이다(나 1:2, 히

---

90) 나훔 1장 2절, 이사야 63장 10절을 참조하라. 이 진리에 대해 더 자세한 설명을 원한다면 다음 자료를 참조하라. Thomas R. Schreiner, *Romans*(Grand Rapids: Baker, 1998), 264. Douglas Moo, *The Epistle to the Romans*(Grand Rapids: Eerdamns, 1996), 311, 312. 로버트 홀데인, 존 머레이, 찰스 하지, 크랜필드 등이 집필한 훌륭한 로마서 주석들도 이런 견해를 지지한다.

10:30). 그들은 하나님의 온전한 분노가 담겨 있는 진노의 포도주를 마시게 될 것이다(계 14:10).

둘째, 다윗이 떠나가라고 말한 자들은 큰 수치와 실망을 안고 물러날 것이다. "부끄럽다"는 "수치", "실망", "혼란"을 뜻하는 히브리어 "부쉬"(*buwsh*)를 번역한 것이다. 그리고 "심히 떨다"는 "경악", "불안", "공포"를 뜻하는 히브리어 "바할"(*bahal*)을 번역한 것이다. 다윗의 원수들은 수치와 불안과 공포를 느끼며 쫓겨날 것이다. 참으로 암울한 광경이 아닐 수 없다. 그러나 다윗이 언급한 심판의 말은 그리스도 앞에서 쫓겨날 사람들이 겪을 수치와 공포를 온전히 묘사하지 못했다. 그들은 자신 있게 보좌 앞에 나아갈 테지만, 곧 자신의 "곤고한 것과 가련한 것과 가난한 것과 눈먼 것과 벌거벗은 것"(계 3:17)을 보게 될 것이다. 가나안 땅이 부정한 가나안 족속들을 토해내고 불순종한 이스라엘 백성을 내쳤듯이, 그리스도께서도 입에서 그들을 토해내시고 가증스럽게 여겨 내치실 것이다(레 18:25, 28, 20:22, 계 3:16). 그들은 똥을 얼굴에 바른 채 쫓겨날 것이다(말 2:3). 그들은 욕과 수욕으로 덮여 수치스러워하고, 멸망을 당하게 될 것이다(시 71:13, 83:17, 109:28, 29). 다니엘의 예언대로 그들은 수치를 당하여서 영원히 부끄러움을 당할 것이다(단 12:2).

셋째, 다윗이 떠나가라고 말한 자들은 너무 늦게까지 자신의 임박한 운명을 알지 못한다. 심판이 칼날처럼 신속하게 그들에게 임한다. 그들이 가장 확신에 차 있을 때 내침을 당한다. 그와 마찬가지로 그리스도를 거짓으로 고백하는 자들도 마지막 날에 자신들에게 임할 심판을 의식하거나 대비하지 못한다. 심판의 날에는 예상을 뒤엎는 극적인 사건들이 일어날 것이다. 그리하여 현실을 바라보는 그들의 관점을 송두리째 뒤엎을 것이다. 그들은 자신들이 주님의 백성이기에 크게 환영받으며, 자신들의 공로에 대해 상급을 받을 줄로 생각하고 그분의 보좌 앞에 나아갈 것이다(마 7:22, 25:21, 23, 눅 12:37, 요 12:26, 벧후 1:10, 11). 그러나 그리스도의 얼굴을 보는 순간, 그들은 두려움에 넋이 나갈 것이다. 그들은 자신의 실수를 깨닫고 하만이 에스더 앞에 엎드린 것처럼 그리스도 앞에 엎드릴 것이다. 그들은 왕이신 주님의 말씀을 듣고 하만처럼 얼굴이 싸인 채 끌려가 처벌을 받을 것이다(에 7:8). 그들은 예복을 제대로 갖춰 입지 않고 혼인 잔치에 참석하려고 한 사람과 같은 운명에 처할 것이다(마 22:10-14). 그는 환영받을 것을 확신하고 잔치의 즐거움을 만끽하리라고 기대했다. 그러나 왕 앞에 서는 순간, 그의 어리석음이 여실히 드러났다. 그는 아무 변명도 하지 못한 채 서서 왕의 이런 판결을 들어야 했다.

> 그 손발을 묶어 바깥 어두운 데에 내던지라 거기서 슬피 울며 이를 갈게 되리라(마 22:13).

여기에서 우리는 이와 같은 질문들을 생각해 봐야 한다. 복음주의 목회자와 사역자들이 아무 준비도 갖추지 않은 채 그리스도의 심판대 앞으로 보내는 사람이 얼마나 많을까? 목회자가 건넨 확증만 믿고 자신 있게 그리스도의 보좌 앞에 나아갔다가 거절당할 사람이 얼마나 많을까? 그때 그들은 과연 자신의 영혼을 보살펴준 사역자에게 어떤 심정을 느낄까?

사역자는 잘못에도 관대하고 친절했을 뿐 아니라, 매력 있고 쾌활하고 매사에 긍정적이었다. 그러나 그는 그들의 상처를 심상히 다루었고, 온통 곪아터진 곳을 죄인의 기도로 대충 싸매주었다. 그리고 서로를 인정하는 영적 공동체 안에서 각자 자기 자신을 흐뭇하게 여기도록 이끌었다. 그는 그들에게 몇 가지 실천 원리를 가르쳐 삶을 잘 헤쳐 나가면서 여러 유익을 얻을 수 있도록 돕고, 약간의 도덕성을 일깨워주었다. 그러나 그는 그들이 하나님을 만날 수 있도록 준비시키지 않았다. 그는 자신이 가르치는 신앙의 중요한 문제를 다루지 않았다. 그들은 그리스도의 죽음의 본질을 알지 못했다. 또한 회개하고 믿으라고 요청하는 말이나(막 1:15) 부르심과 택하심을 굳게 하고, 두려움과 떨림으로 구원을 이루라고 권고하는 말을 듣지 못했다(빌 2:12, 벧후 1:10). 그는 그들이 거미줄 같은 종교적 외관을 의지한 채 영원한 세계를 향하도록 방치했다(욥 8:14). 따라서 그는 영원히 그들의 울부짖음을 들으면서 그들이 그렇게 된 것에 책임을 느끼게 될 것이다. 그는 그들의 상처를 가볍게 여기면서 평강이 없는데도 "평강하다 평강하다"라고 말했다(렘 6:14). 그는 무익한 파수꾼이었기 때문에 하나님은 그의 손에서 그들의 피 값을 찾으실 것이다(겔 3:17, 18).

넷째, 다윗이 떠나가라고 말한 자들은 그의 인격과 소명을 가차 없이 짓밟아 그를 슬프게 만들었다. 따라서 그들의 갑작스러운 몰락은 다윗을 옹호하기 위한 하나님의 역사였다. 그와 마찬가지로 그리스도께서도 심판의 날에 그분의 백성임을 자처하면서도 말씀을 실천하지 않은 사람들의 악한 행위에서 벗어나 온전히 옳다 인정하심을 받게 되실 것이다. 그들은 하나님의 은혜를 방탕한 것으로 바꾸었다(유 1:4). 그들은 이방인들에게서조차 발견되지 않는 부도덕한 죄를 저질렀다(고전 5:1). 그들은 "선을 이루기 위하여 악을 행하자!", "은혜를 더하게 하기 위해 죄에 거하자!"라는 신조를 따라 살았다(롬 3:8, 6:1). 그들 때문에 그리스도의 이름이 이방인들 가운데서 모욕을 받았다(롬 2:24). 그들의 악한 행위 때문에 그리스도께서는 자기 백성을 구원할 수 없는 구원자, 곧 자기 백성을 애굽에서 이끌어내어 그들의 땅으로 인도하지 못한 구원자라는 모욕을 당하셨다(민 14:13-16, 겔 36:20). 악인을 의롭다 하시고 그들을 거룩하게 할 능력이 없는 신이요, 착한 일을 시작했지만 그 일을 완성하지 못한 건축가라는 조롱을 당하셨다(눅 14:28-30, 빌 1:6, 엡 2:10). 그리고 해산의 고통을 느끼지만 아이를 낳을 힘이 없는 무기력한 존재라는 비난을 당하셨다(사 66:9). 입으로는 하나님을 시인하지만 행위로는 부인하는 불경건한 사람들 때문에 그리스도께서 이 모든 비난을 당하신 것이다(딛 1:16). 그러나 마지막 날이 되면 그 모든 중상과 비방이 그칠 것이다. 그리스도를 "주님, 주님!"으로 부르던 모든 사람을 그분이 다 알고 계시지도 않고, 또 자신의 형제로 여기지도 않으신다는 사실이 밝히 드러날 것이다. 그날에 그리스도께서는 옳다 인정하심을 받으실 것이고, 그들은 제멋대로 행동한 사생자로 밝혀질 것이다. 이 모든 진리가 하나님을 옹호하고 불순종하는 이스라엘을 책망한 모세의 말을 통해 예고되었다.

> 그는 반석이시니 그가 하신 일이 완전하고 그의 모든 길이 정의롭고 진실하고 거짓이 없으신 하나님이시니 공의로우시고 바르시도다 그들이 여호와를 향하여 악을 행하니 하나님의 자녀가 아니요 흠이 있고 삐뚤어진 세대로다(신 32:4, 5).

이런 진리는 현대 복음주의자들이 이해하기 매우 어렵지만 엄연한 사실이다. 이것은 암울한 주제이지만 감추거나 무시할 수 없다. 아모스 선지자는 이렇게 선포했다.

> 사자가 부르짖은즉 누가 두려워하지 아니하겠느냐 주 여호와께서 말씀하신즉 누가 예언하지 아니하겠느냐(암 3:8).

이런 진리를 청중에게 숨길 생각인가? 그들이 결국에는 우리를 저주하게 될 것이다. 사람들이 우리를 미쳤다고 생각하더라도 진실을 말해야 하지 않겠는가? 그렇게 한다면 그들은 마지막 날에 우리를 축복할 것이다. 인간에게서 칭찬과 인정을 받으려고 하지 말고 그리스도께 인정받으려고 힘써야 한다. 사랑이 없고, 병적이고, 까다롭고, 모질다는 비난을 받더라도 그리스도의 진리를 전해야 한다. 사람들을 하나님의 영원한 진노에서 구원할 수만 있다면 그들의 일시적인 분노를 기꺼이 감당해야 한다. 사람들이 하나님을 만날 준비를 갖추게 해야 한다(암 4:12).

지옥의 현실

앞서 살펴본 대로 마태복음 7장은 그리스도를 주님으로 고백하지만 나중에는 거짓 고백으로 드러나 그리스도 앞에서 쫓겨날 사람이 많다고 가르친다. 이것은 지금까지 언급한 모든 경고 가운데 가장 강력한 경고다. 즉 우리가 진지하게 관심을 기울여 반응하지 않으면 안 될 최후통첩이다. 이 점에 근거하여 우리가 생각해야 할 진리를 몇 가지 살펴보자.

첫째, 거짓 회심자들이 그리스도 앞에서 쫓겨나는 것이 그분의 뜻이다. 본문이 묘사하는 광경은 그리스도께서 사람들이 스스로 지옥으로 뛰어드는 것을 보고 사력을 다해 저지하려고 애쓰시는 듯한 슬프고 안타까운 광경과는 거리가 멀다. 오히려 그리스도께서 크게 분노

하시며 그들을 사정없이 내치신다. 그들이 살아 있는 동안 그리스도
께서는 친절과 관용과 인내를 풍성하게 베푸셨다. 그들은 회개했어야
마땅했지만 강퍅한 마음을 더욱 완악하게 만들어 심판의 날에 임할
진노를 더 크게 쌓았다(롬 2:4, 5). 그분은 암탉이 병아리를 날개 아래 품
듯 그들을 모으려고 하셨지만, 그들은 그것을 원하지 않았다(마 23:37, 눅
13:34). 그분은 그들에게 손을 내미셨고 자신을 낮춰 그들에게 다가가
셨지만, 그들은 거부했다. 하나님은 이사야 선지자를 통해 이렇게 말
씀하셨다.

> 나는 나를 구하지 아니하던 자에게 물음을 받았으며 나를 찾지 아니하던
> 자에게 찾아냄이 되었으며 내 이름을 부르지 아니하던 나라에 내가 여기 있
> 노라 내가 여기 있노라 하였노라 내가 종일 손을 펴서 자기 생각을 따라 옳
> 지 않은 길을 걸어가는 패역한 백성들을 불렀나니 곧 동산에서 제사하며 벽
> 돌 위에서 분향하여 내 앞에서 항상 내 노를 일으키는 백성이라(사 65:1-3).

그리스도께서 그들을 위해 그렇게 많은 노력을 기울이셨지만, 그들
은 더욱 반항을 일삼고 도발을 멈추지 않았다. 그분은 부르셨지만 그
들은 거절했고, 그분은 손을 내미셨지만 그들은 관심을 기울이지 않
았다. 그들은 그분의 교훈을 멸시했고, 그분의 책망을 외면했다. 따라
서 이제는 그들이 부르더라도 그분이 대답하지 않으실 것이고, 그들
이 부지런히 찾아도 그분을 발견하지 못할 것이다. 그들은 지식을 미
워했고, 하나님을 경외하기를 원하지 않았으며, 그분의 교훈을 멸시
했고, 그분의 책망을 받아들이지 않았다. 그러므로 자기가 한 일의 열
매를 먹으며, 자기 꾀에 배부를 것이다(잠 1:24-31). 심판의 날에 그리스

도께서는 더 이상 구원을 제시하지 않으실 것이다. 그들을 끌어내어 지옥에 던지라고 명령하실 것이다. 이것이 그리스도께서 이렇게 경고하신 이유다.

> 내가 내 친구 너희에게 말하노니 몸을 죽이고 그 후에는 능히 더 못하는 자들을 두려워하지 말라 마땅히 두려워할 자를 내가 너희에게 보이리니 곧 죽인 후에 또한 지옥에 던져 넣는 권세 있는 그를 두려워하라 내가 참으로 너희에게 이르노니 그를 두려워하라(눅 12:4, 5).
>
> 그의 아들에게 입맞추라 그렇지 아니하면 진노하심으로 너희가 길에서 망하리니 그의 진노가 급하심이라 여호와께 피하는 모든 사람은 다 복이 있도다(시 2:12).

둘째, 거짓 회심자들은 그리스도를 떠나라는 명령을 받았다. 만일 이것이 지옥의 가장 고통스러운 현실로 느껴지지 않는다면 우리의 구원을 진지하게 의심해 봐야 한다. 성령으로 거듭난 그리스도인들에게 그리스도 없이 존재한다는 것은 도저히 견딜 수 없는 일이다.[91] 주님의 선하심을 맛보아 알고 주님 앞에 있는 충만한 기쁨을 경험해 본 그리스도인은 그리스도 없이 산다는 것을 상상할 수조차 없다(시 16:11, 34:8). 거듭난 그리스도인은 영원한 삶을 끝없는 유토피아로 생각하지 않는다. 거듭난 그리스도인에게 영원한 삶이란, 그리스도와 친밀한 교제를 중단 없이 누리는 것을 의미한다. 참된 그리스도인은 그리스도 없이 천국에 있기보다 차라리 그분과 함께 지옥에 있기를 선

---

91) 찰스 레이터 목사와 나눈 대화에 근거한다.

택한다. 천국을 유토피아로 선전하는 설교는 그리스도를 모욕할 뿐 아니라, 육적인 사람들에게 그곳이 자신들을 위한 장소라는 착각을 불러일으킬 것이다. 천국은 물리적으로 지극히 아름답고 완전하지만, 그리스도께서 그곳에 계시기 때문에 그들에게는 더할 나위 없이 고통스러운 장소가 된다. 그들은 그분의 거룩하고 의로운 임재를 감당할 수 없다. 죄인들에게 그리스도께서 그들과 같으시거나 그분이 천국에 계시지 않는다는 확신을 심어준다면 내일이라도 당장 천국은 북새통을 이룰 것이다(시 50:21).

사람은 누구나 천국에 가기를 원한다. 그러나 사람들은 대부분 그리스도를 원하지 않는다. 따라서 우리는 육적인 사람들에게 그리스도와 교제를 나누지 못하거나, 그렇게 하고 싶은 마음이 없거나, 의를 좇는 일에 무관심한 것은 천국의 시민권자가 아니라는 확실한 증거임을 일깨워주어야 한다. 우리는 그리스도를 믿는다고 고백하면서 그리스도의 충만하심보다 미래의 유토피아에 더 많은 관심을 기울이는 사람들에게 엄중히 경고해야 한다.

셋째, 거짓 회심자들은 그리스도를 떠나 지옥에 들어가라는 명령을 받았다. 일부 복음주의 설교자들은 지옥에 관한 설교보다는 예수님의 가르침과 복음의 좋은 소식에 초점을 맞추는 것이 더 바람직하다고 생각한다. 그러나 그렇게 생각하는 설교자들은 그리스도의 가르침과 복음에 무지하거나 아니면 일부러 기만적인 태도를 취하거나 둘 중 하나다. 사실 예수님의 가르침이 없었다면 우리는 지옥의 현실에 관해 거의 아무것도 알지 못했을 것이다. 구약성경에서도 영원한 형벌에 관한 진리가 발견되지만, 전체적으로 그 내용이 그렇게 많지는 않다(단 12:2). 서신서도 마찬가지다(살후 1:8, 9, 히 10:26, 27, 유 1:7). 사실 지옥의 교리에 관해 우리가 알고 있는 대부분의 지식은 복음서에 기록된 그리스도의 가르침과 밧모 섬에서 요한에게 주어진 그리스도의 계시를 통해 주어졌다. 지옥에 관해 설교하면 종종 사랑이 없고, 비판적이고, 관대하지 못하다는 비난이 쏟아진다. 그러나 그런 비난은 아무런 근거가 없다. 역사상 가장 사랑이 많은 인물이신 주님이 지옥의 현실을 가장 자세하고 폭넓게 묘사하셨기 때문이다. 그분의 말씀을 사실로 믿는다면 지옥은 말로 형용할 수 없는 고통이 주어지는 장소임이 틀림없다(마 13:42, 50, 22:13, 24:51, 25:30, 눅 13:28, 16:28). 지옥은 정의가 온전하게 이루어지는 장소다. 악인들은 제각기 정확한 양의 형벌을 당하게 될 것이다(마 11:21-24, 16:27, 눅 12:47, 48, 롬 2:6, 고후 5:10, 11:15, 딤후 4:14, 계 18:6, 20:12, 13). 지옥에 관한 성경의 가르침이 대부분 그리스도에 의해 주어진 이유를 묻는 질문이 제기되어왔다. 신망 있는 신학자 쉐드는 일리 있는 대답을 제시했다.

끝없는 형벌의 교리를 가장 강력하게 뒷받침하는 것은 인류의 구원자이신 그리스도의 가르침이다. 바울 서신을 비롯하여 성경의 다른 곳에서도 이 교리가 언급되어 나타났다. 그러나 성육신하신 하나님의 분명하고도 확증적인 말씀이 없었더라면 이 끔찍한 교리가 교회의 신조 안에서 항상 뚜렷한 위치를 차지해 온 사실에 대해 많은 의구심이 생겨났을 것이다. …… 사도들은 이 엄숙한 교리를 그리스도처럼 상세하게 묘사하지도 않았고, 특별히 강조하지도 않았다. …… 사실 그럴 수밖에 없었을 것이다. …… 인간의 영혼에 영원한 죄의 형벌을 부과할 수 있고, 또 그 형벌의 본질과 결과를 규정할 수 있는 권한을 지닌 존재는 하나님 외에는 아무도 없기 때문이다. 이것이 구원받지 못한 자들의 운명을 묘사한 가장 두려운 표현들이 구원자이신 주님의

가르침에서 발견되는 이유다. 주님은 경종을 울리기 위해 친히 그런 가르침을 베푸셨다.[92]

성경은 지옥의 현실을 생생하게 묘사한다. 그런 표현을 문자 그대로 받아들여야 하는지에 관한 문제가 보수주의 학자들 가운데서조차 오랫동안 논란이 되어왔다. 지옥은 과연 불과 어둠과 유황과 연기가 가득한 곳일까?(마 3:10, 12, 7:19, 8:12, 13:42, 18:8, 22:13, 25:30, 41, 유 1:13, 계 20:10, 14, 21:8) 지옥에서 악인들이 당하는 고통을 축소시킬 목적으로 이런 표현의 문자적 의미를 부인하는 견해는 결코 용납할 수 없다. 그러나 그런 표현이 인간이 생각할 수 있는 범위를 넘어서고, 인간의 언어로는 형용할 수 없는 고통스러운 현실을 비유적으로 묘사한 것이라는 견해는 받아들여도 무방하다. 성경 기자들은 인간 세상에 알려진 가장 두려운 공포의 현실에 지옥의 공포를 빗대었다. 그러나 지옥의 공포는 세상에 알려진 그 어떤 공포보다 끔찍할 것이 분명하다. 불과 어둠과 유황과 연기는 그보다 훨씬 더 두려운 현실을 묘사하기 위한 미미한 시도에 지나지 않는다. 악인들은 하나님의 의로우신 임재와 그분의 완전한 정의를 영원토록 감당해야 한다.

지금까지 그리스도를 거짓으로 고백한 자들은 그분 앞에서 쫓겨나 지옥에 던져질 것이라는 진리를 배웠다. 그러나 우리는 언어 사용에 신중해야 한다. 지옥을 그리스도 없이 영원히 존재하는 장소로 묘사했지만, 그것을 그리스도께서 지옥과 아무런 관련이 없으시다는 뜻으로 오해해서는 곤란하다. 복음주의자들은 흔히 천국은 하나님이 계시

---

92) W. G. T Shedd, *Dogmatic Theology*(Phillipsburg, N.J. : P&R, 2003), 2:675.

기 때문에 천국이고, 지옥은 그분이 계시지 않기 때문에 지옥이라고 말한다. 그러나 그런 말은 어폐가 있다. 지옥이 지옥인 이유는 하나님이 그곳에서 죄인들에게 의로우신 분노를 온전히 쏟아내고 계시기 때문이라고 말하는 것이 더 정확하다. 심판의 날에 죄인들은 그리스도 앞에서 쫓겨나 그분의 은혜로우신 임재를 경험하지 못할 테지만, 그분의 진노는 그들 위에 영원히 쏟아질 것이다. 요한 사도는 이 진리를 이렇게 증언했다.

> 그(비그리스도인)도 하나님의 진노의 포도주를 마시리니 그 진노의 잔에 섞인 것이 없이 부은 포도주라 거룩한 천사들 앞과 어린양 앞에서 불과 유황으로 고난을 받으리니(계 14:10).

지옥에 가야할 자들

성경은 장차 세상에 돌이킬 수도 없고, 피할 수도 없는 심판이 임할 것이라고 가르친다. 그날에 인류를 최종적으로 가려내는 심판이 이루어질 것이다. 이 진리를 현실에 적용하면 지구상의 인류가 영원한 영광을 얻게 될 사람들과 지옥에서 영원한 형벌을 당할 사람들로 나뉘어 있다는 사실을 알 수 있다. 많은 사람이 이 진리를 불쾌하고 역겹게 생각할 테지만, 성경의 명백한 가르침인 것은 누구도 부인할 수 없다(마 5:22, 29, 30, 10:28, 18:9, 23:33, 25:41, 46, 막 9:43, 45, 47, 눅 12:5, 벧후 2:4, 계 20:15).

길거리나 예배당에 있는 사람들은 지옥의 교리에 다양하게 반응한다. 자신의 생각이 틀렸는지도 모른다며 께름칙해하면서도 지옥의 현실을 애써 부인하는 사람들이 있다. 또한 지옥은 가장 악한 사람들만 가는 곳이라고 생각하는 사람들도 있다. 사람들은 무신론자도 신중하게 행동하고, 최선을 다해 살고, 이웃에게 선을 베풀면 지옥의 형벌을 피할 수 있다고 믿는다. 또 어떤 사람들은 그리스도를 완강하게 거부하는 사람들은 지옥에 가지만 그분의 가르침을 받아들여 그분을 주님으로 고백하는 사람들은 지옥의 형벌을 피할 수 있다고 생각한다. 이런 다양한 반응은 "누가 지옥에 갈 운명인가?"라는 한 가지 중요한 질문을 제기한다. 옛 설교자들은 이렇게 말했다.

"문제는 사람들이 지옥을 믿지 않는다는 것이 아니다. 사람들은 지옥을 믿는다. 문제는 자신이 그곳에 가게 될 것이라고 생각하는 사람이 아무도 없다는 것이다."

예수님은 마태복음 7장에서 지옥에서 영원히 살게 될 네 부류의 사람들을 언급하셨다. 우리는 각 부류를 신중하게 살펴보고 그들이 지닌 특징에 우리를 비춰봐야 한다. 이보다 더 중요한 일은 없다. 세상에는 잘못하거나 틀려도 그다지 큰 해가 없는 일이 많다. 그러나 이 문제는 잘못 생각하면 영원히 돌이킬 수 없는 결과를 낳는다.

지옥에 갈 첫 번째 부류는 "넓은 길을 걸어가는 사람들"이다(마 7:13). 그들의 생각과 행위와 삶의 방향은 그리스도의 뜻과는 거리가 멀다. 그들은 타락한 세상의 정욕과 가치관에 영향을 받아 그것들을 좇아 살아간다. 이들은 기독교의 외관을 갖추었지만, 입술의 고백과는 다른 사고방식과 생활방식을 따른다. 이들은 세상을 사랑하고 닮았으며, 세상과 동일한 정서를 공유한다. 오늘날의 복음주의 교회는 그런 사람들로 가득하다. 이들은 좁은 문(곧 그리스도)을 통과했다고 믿고, 자신의 구원을 확신한다. 이들은 넓은 길을 아무런 방해 없이 걸어가고 있다는 사실이 자신의 믿음이 헛되다는 명백한 증거인데도 그 점을 전혀 의식하지 못한다.

지옥에 갈 두 번째 부류는 "삶의 열매를 맺지도 못하고, 성부 하나님의 가지치기를 경험하지도 못하는 사람들"이다(마 7:16-20, 요 15:2). 이들은 그리스도를 믿는다고 고백하지만, 그들의 삶은 그분의 성품과 행위를 반영하지 않는다. 또한 징계를 통해 그들을 거룩하게 하시는 성부 하나님의 사역이 이루어지고 있다는 증거를 보여주지도 못한다. 열매를 맺지 못하는 사람은 그리스도인이 아니다. 이 진리를 축소하거나 외면해서는 곤란하다. 세례 요한은 이렇게 경고했다.

> 이미 도끼가 나무 뿌리에 놓였으니 좋은 열매를 맺지 아니하는 나무마다 찍혀 불에 던져지리라(마 3:10, 눅 3:9).

예수님도 세례 요한에게 동의하시며 이렇게 경고하셨다.

> 아름다운 열매를 맺지 아니하는 나무마다 찍혀 불에 던져지느니라(마 7:19).

우리는 그런 사람들이 오늘날의 복음주의 교회를 가득 메우고 있다는 사실을 깨달아야 한다. 이들은 경건의 모양을 갖추었으되 해마다 아무런 열매를 맺지 못함으로 그 능력을 부인한다(딤후 3:5).

지옥에 갈 세 번째 부류는 "성부 하나님의 뜻에 복종하며 살지 않는 사람들"이다. 예수님은 이 말씀으로 이 진리를 분명하게 가르치셨다.

> 나더러 주여 주여 하는 자마다 다 천국에 들어갈 것이 아니요 다만 하늘에 계신 내 아버지의 뜻대로 행하는 자라야 들어가리라(마 7:21).

복종은 구원의 근거가 아닌 그 증거다. 그와 마찬가지로 불순종은 유기의 증거다. 이런 이유로 예수님은 마지막 날에 불법을 행한 자들에게 떠나라고 말씀하실 것이다. 불법을 행한 자들이란, 예수님을 주님으로 고백하면서도 마치 그분이 복종해야 할 계명을 허락하지 않으신 것처럼 살아온 자들을 가리킨다. 항상 하나님의 뜻을 무시하거나 외면하며 살아가는 그리스도인은 절대 있을 수 없다. 만일 그럴 수 있다고 말한다면 그것은 예수님의 가르침과 상충된다. 오늘날의 복음주의 교회에는 그리스도를 믿는다고 고백하면서도 비그리스도인과 다름없이 살아가는 사람들이 가득 차고 넘친다. 곧 스스로 옳다고 생각하는 일을 행하고 지식이 없는 탓에 멸망의 길을 재촉하는 사람들 말이다(호 4:6). 세상에서 성경이 모두 사라진다고 해도 이들의 삶에는 아무런 영향도 없을 것이다. 이들은 법과는 무관하게 살아간다. 이들은 하나님의 말씀을 듣지 못하는 기갈을 자초한다(암 8:11).

지옥에 갈 네 번째 부류는 "그리스도의 말씀을 듣기만 하고 실천하지 않는 사람들"이다(마 7:26). 회심은 실천적인 복종을 통해 입증된다. 거듭난 사람들은 그리스도의 인격을 사모하는 새로운 성향을 지닌다. 따라서 그들은 그리스도의 뜻을 알기 원하고, 복종으로 그분을 기쁘시게 하려고 노력한다. 그들은 그리스도의 말씀의 축복을 감사하게 생각하고, 그 말씀을 배워 삶에 적용하는 특권을 겸손하게 받아들인다. 그들은 자신의 냉랭함과 무관심과 불순종을 깨달으면 스스로 크게 부끄러워한다. 한마디로 참 회심자는 이와 같은 그리스도의 말씀에 담겨 있는 의미를 옳게 이해한다.

그러나 너희 눈은 봄으로, 너희 귀는 들음으로 복이 있도다 내가 진실로 너희에게 이르노니 많은 선지자와 의인이 너희가 보는 것들을 보고자 하여도 보지 못하였고 너희가 듣는 것들을 듣고자 하여도 듣지 못하였느니라(마 13:16, 17).

이와 달리 거짓 회심자는 그리스도의 가르침에 아무런 감동을 느끼지 못한다. 그 이유는 그리스도의 인격에 감동하지 못하기 때문이다. 그는 말씀을 들어도 아무런 경이로움을 느끼지 못하고, 말씀을 풀이하는 설명을 들어도 마음이 뜨거워지지 않는다(눅 24:32). 그리스도의 말씀을 이해하지 못할 뿐 아니라, 말씀에 무관심하거나 불순종해도 아무 거리낌이 없다. 주일마다 그리스도의 가르침을 듣고 그 진리에 동의하지만, 예배당 문을 나서는 순간 모든 말씀을 뒤로 던져버린다(시 50:16, 17). 이사야의 예언이 그런 그에게 고스란히 이루어진다.

너희가 듣기는 들어도 깨닫지 못할 것이요 보기는 보아도 알지 못하리라 이 백성들의 마음이 완악하여져서 그 귀는 듣기에 둔하고 눈은 감았으니 이는 눈으로 보고 귀로 듣고 마음으로 깨달아 돌이켜 내게 고침을 받을까 두려워함이라(마 13:14, 15).

그리스도를 믿는다고 고백하지만 그분의 말씀에 복종하지 않는 사람들이 믿는 기독교는 과거에 한 차례 죄인의 기도로 그리스도와 거래를 맺은 것으로 종료되었다. 그들은 헌신과 복종의 깊이를 가시적으로 드러내지 못한 채 살아간다. 그들은 단지 천국에 갈 생각으로 다른 사람이 요구하는 대로 행했을 뿐이다. 그들은 양심이 마비된 상태로 예배당에 앉아 있다. 경고의 말씀에 귀 기울이지도 않고, 자신의 행위와 고백(곧 그들 자신과 그들이 고백하는 주님) 사이에 큰 괴리가 있다는 사실을 의식하지도 못한다.

사역자는 임박한 심판을 의식하지 못한 채 시온에 안일하게 앉아 있는 수많은 사람과 그리스도를 떠올리며, 지금까지 자신이 복음과 교회에 많은 해악을 끼친 행위를 깊이 뉘우쳐야 한다. 그들은 수많은 사람을 파멸로 이끈 잘못을 깨끗이 청산하고, 예수 그리스도의 복음으로 돌아가야 한다. 강단에 선 사람들은 열정을 다해 복음을 있는 그대로 전하여 심판의 날에 책임을 면하고, 그 설교를 듣는 자들이 변명할 수 없게 해야 한다. 우리 모두 찰스 스펄전의 말에 귀기울여보자.

> 죄인들이 정죄당하더라도 최소한 우리의 몸을 타고 넘어 지옥에 가게 하자. 죄인들이 멸망하더라도 우리의 손으로 그들의 무릎을 붙잡고 힘껏 만류하다가 멸망하게 하자. 지옥이 가득 차더라도 최소한 우리의 저항을 뚫고 그렇게 될 수 있게 하자. 아무런 경고나 기도 없이 그곳에 가는 사람이 단 한 사람도 없게 하자.[93]

---

93) C. H. Spurgeon, *The New Park Street and Metropolitan Tabernacle Pulpit*(Pasadena, Tex.: Pilgrim Publications, 1969-), 7:11.

사명선언문

너희가 흠이 없고 순전하여……세상에서 그들 가운데 빛들로
나타내며 생명의 말씀을 밝혀 _ 빌 2:15-16

1. 생명을 담겠습니다
만드는 책에 주님 주신 생명을 담겠습니다.
그 책으로 복음을 선포하겠습니다.

2. 말씀을 밝히겠습니다
생명의 근본은 말씀입니다.
말씀을 밝혀 성도와 교회의 성장을 돕겠습니다.

3. 빛이 되겠습니다
시대와 영혼의 어두움을 밝혀 주님 앞으로 이끄는
빛이 되는 책을 만들겠습니다.

4. 순전히 행하겠습니다
책을 만들고 전하는 일과 경영하는 일에 부끄러움이 없는
정직함으로 행하겠습니다.

5. 끝까지 전파하겠습니다
모든 사람에게, 땅 끝까지, 주님 오시는 그날까지
복음을 전하는 사명을 다하겠습니다.

서점 안내

광화문점　서울시 종로구 새문안로 69 구세군회관 1층
　　　　　　02)737-2288 / 02)737-4623(F)

강남점　　서울시 서초구 신반포로 177 반포쇼핑타운 3동 2층
　　　　　　02)595-1211 / 02)595-3549(F)

구로점　　서울시 동작구 시흥대로 602, 3층 302호
　　　　　　02)858-8744 / 02)838-0653(F)

노원점　　서울시 노원구 동일로 1366 삼봉빌딩 지하 1층
　　　　　　02)938-7979 / 02)3391-6169(F)

일산점　　경기도 고양시 일산서구 중앙로 1391 레이크타운 지하 1층
　　　　　　031)916-8787 / 031)916-8788(F)

의정부점　경기도 의정부시 청사로47번길 12 성산타워 3층
　　　　　　031)845-0600 / 031)852-6930(F)

인터넷서점　www.lifebook.co.kr